IN A BASEBALL FIELD
MIGUEL UTSUNOMIYA

一球の記憶
宇都宮ミゲル

TSUTOMU WAKAMATSU
YOSHIHIKO TAKAHASHI
ATSUSHI NAGAIKE
DAIJIRO OHISHI
KAZUMASA KOHNO
HIROMASA ARAI
YUTAKA FUKUMOTO
MASATAKA NASHIDA
TAKAYOSHI NAKAO
HIROMI MATSUNAGA
MITSUO SUMI
HIROMICHI ISHIGE
KEIICHI NAGASAKI
TAKASHI YAMAGUCHI
JUNICHI KASHIWABARA
MASAHIRO YANAGIDA
HISASHI YAMADA
ISAO SHIBATA
MASASHI TAKENOUCHI
DAISUKE YAMASHITA
OSAMU HIGASHIO
YOSHIHARU WAKANA
TADASHI MATSUMOTO
KAZUHIKO ENDOH
KAZUYUKI YAMAMOTO
KEN HIRANO
KAZUHIKO USHIJIMA
YUKIO YAEGASHI
CHOJI MURATA
SUGURU EGAWA
MASAYUKI KAKEFU
SHIRO MIZUNUMA
SHIGERU KURIHASHI
MASARU UNO
KENJI AWAGUCHI
TAKESHI YASUDA
KAZUNORI SHINOZUKA

Bases on Balls per 9 Innings Pitched in Career［通算与四球率］
Batting Title［首位打者］/ Best Nine Award［ベストナイン］
Best on-Base-Percentage Title［最高出塁率］
Career Caught Stealing Percentage［通算盗塁阻止率］
Career Hits［通算安打数］/ Career Hits Allowed［通算被安打数］
Career Home Runs［通算本塁打数］/ Career Innings Pitched［通算投球回数］
Career Sacrifice Bunts［通算犠打数］/ Career Saves［通算セーブ数］
Career Stolen Bases［通算盗塁数］/ Career Triples［通算三塁打数］
Career Whip［投球回あたり与四球数＋被安打数の通算数］
Career Wild Pitches［通算暴投数］/ Career Wins ［通算勝利数］
Consecutive Games with an RBI［連続試合打点］
Consecutive Opening Day Starts［連続開幕投手］
Doubles Leader［年間最多二塁打］
ERA Leader［最優秀防御率］
Fewest Strikeouts in a Season［最少三振記録］
Game Ending Grand Slam［サヨナラ満塁ホームラン］
Game Hitting Streak［連続試合安打］/ Golden Glove Awards［ゴールデングラブ賞］
Hit by Pitches in One Game［1試合の死球数］
Hitting for the Cycle［サイクル安打］/ Home Run Title［ホームラン王］
Home Runs from Both Sides of the Plate［左右打席でホームラン］
Intentional Walks in Career［通算敬遠四球］
Lead-off Home Runs in His Career［通算先頭打者ホームラン数］
Lifetime Batting Average［通算打率］
Lifetime on-Base Plus Slugging［生涯ops（通算出塁率＋通算長打率）］
Lifetime on-Base Plus Slugging［通算長打率］
Most Hits by Pitches［年間最多死球数］/ Most Single Season Hits［シーズン最多安打記録］
Most Stolen Bases［盗塁王］/ Most Valuable Pitcher Award［最優秀投手賞］
MVP［最優秀選手］
On-Base-Percentage Title［最高出塁率］
Pinch Homer on Opening Day［開幕戦代打ホームラン］
Pinch Homers in Career［通算代打ホームラン数］
Pitching Starts, Complete Games［先発完投数］
Played 24 Seasons［在籍24年間］
RBI Title［打点王］/ Relief Pitcher of the Year［年間最優秀救援投手賞］
Rookie of the Year［新人王］
Saves Leader［セーブ王］/ Stolen Base Champion［盗塁王］
Strikeout Leader［年間最多奪三振王］/ Strikeouts in a Single Game［1試合の三振数］
Three Consecutive Triples［3打席連続3塁打］
Total Games Played as Pitcher［通算登板回数］
Winning Percentage Leader［最高勝率］/ Wins Leader［最多勝］

一球の記憶　目次

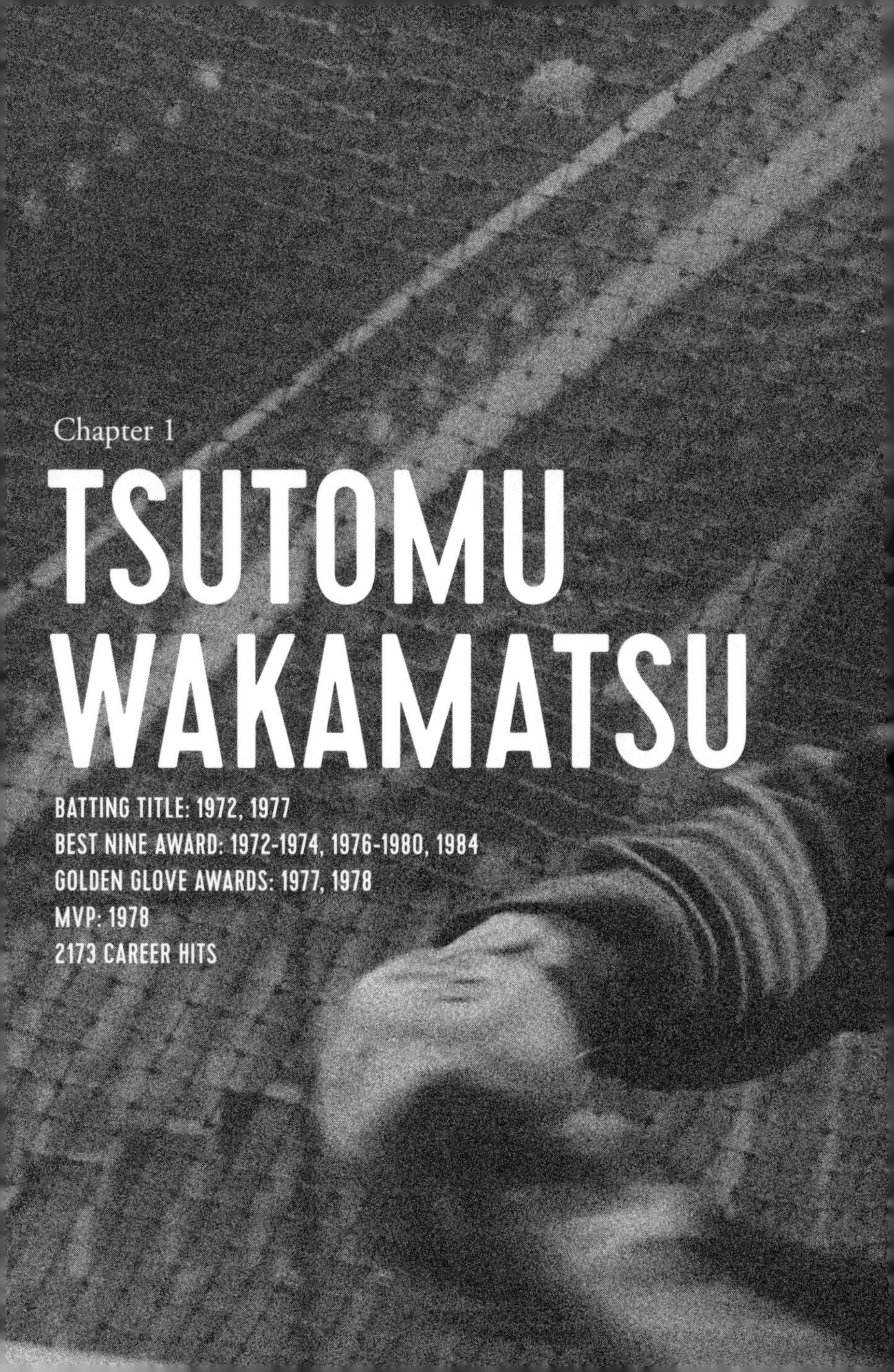

Chapter 1

TSUTOMU WAKAMATSU

BATTING TITLE: 1972, 1977
BEST NINE AWARD: 1972-1974, 1976-1980, 1984
GOLDEN GLOVE AWARDS: 1977, 1978
MVP: 1978
2173 CAREER HITS

そうだねえ、バットスピードってことでいうと、俺は誰にも負けてなかったかも。

Chapter 1

若松 勉

チームが三番打者に期待するのは、一、二番打者が作った好機を点に結びつけること、あるいは好機を広げる打撃で四、五番打者へとつなぐこと。時には、膠着《こうちゃく》状態の試合で流れを変える巧打も求められるし、勝敗を左右する決定力、長打も欲しい。そんな期待に応えるためにはまずコンスタントな高打率が必要であるし、長打力も秘め、逆境に強いメンタリティも必要だ。こうした資質をすべて兼ね備え、長きにわたり、理想的な三番打者として機能し続けた代表格が若松勉であろう。十九年間の現役通算で打率3割1分9厘(二〇二二年十一月現在、6千打数以上の選手では歴代一位)、通算サヨナラ本塁打8本(二〇二二年十一月現在、セ・リーグタイ記録)などの記録は、その至高の打棒を十分に証明するものだ。身長168センチメートルの「小さな大打者」はなぜそこまで長短打を量産できたのか。まずは本人に、打撃における思想と技法について聞いていく。

「その試合の一打席目をとても大事にしていた。最初にヒットが出ると二本、三本といけるじゃないですか。だから一打席目は特に集中して気合を入れる。初球でも、追い込まれてもヤマは張らない。あとは基本的に変化球を待っていて、真っ直ぐがきたらそれに対応しようというスイング。イメージとしてはインコース引っ張るでしょ、真ん中はセンター方向、アウトコースはレフト方向にっていう素直な考え方ですよね。でもアウトコースはレフト前ヒットじゃなくて、インパクトの瞬間、レフトオーバーを狙ってね。だからアウトコースは当てるだけじゃダメで、上からバーンと振り切らないといけない。俺はアウトコースの球を、バットを引っ張る右手じゃなく、左手でガツンといくタイプ。インコースのイメージはバットを払う感じでね。コースに関係なく、バットを握る左手の人差し指はクルっと返らないように意識して」

無類のバットスピードを武器に

バッティングの話から取材を始めると、熱のこもった言葉が次々と紡がれる。滑らかな口調は自信の現れとも感じられた。そして、その内容は汎用性の高い打撃の基本のようにも思えたが、よく考えれば実にユニークな部分も盛り込まれていた。筆者が特に気になったのは「変化球を待ち、直球にも対応する」という部分である。速いストレートを想定しておき、緩い変化球がきても対応できるようにしておくというのが一般的な打者の対応に思えるからだ。

「直球を待っている時、変化球がきてそれに対応しきれず泳がされることってあるでしょ？　じゃあ、最初から変化球を待ってて、速い球がきたらバットスピードで打てるような打撃をしていこうかなと思うようになったんです。この待ち方は確かに普通とは逆。速い球がくるでしょ？　でもバットスピードがあれば、キャッチャーミットへ収まる直前にバットを出してバーンと打っても、三塁ベースの横を抜けるような強い打球になったりもする。このバッティングができるようになって打率が上がっていったという感じかな」

打者として最大の強味だと本人も認めるバットのスピード。その速さにどれだけ自信を持っていたかを聞くと、しばし考えた後、こう答えた。

「うーん、王（貞治）さんはやっぱりすごい打者でしたよね。軸足に力入って、構えだけで迫力あったし。だけど俺とは全然違う打ち方だし、王さんはバットを払う感じでとにかく引っ張るというスタイル。そうだねえ、バットスピードってことでいうと、俺は誰にも負けてなかったかも分からないですね」

ヤクルト入団以前はガンガン引っ張る打撃が好きで長打を持ち味としていた若松。その調子でプロ入りしたものの、初めてのキャンプで「そのままでは通用しない」と指導された。

「プロの速い球を引っ張っていたら全部、ファールになっちゃって。どうすればいいですかとコーチの中西（太）さんに相談したら、下半身を徹底的に鍛え、下半身で打つようにしなさいと言われてね」

そこで中西コーチは相撲の力士が稽古で行う鉄砲、すり足、四股《しこ》などで下半身を鍛えるよう指導。畳の間で足の裏が擦り切れるほど、力士ばりの稽古がひたすら続いた。中学生の時からノルディックスキーの優れた選手だった若松。この稽古で強靭な下半身がさらに鍛えられていく。

「バッティングは下半身主導ですよね。膝、腰、上体の順に身体を連動させながら、下半身から伝わる力をインパクトの瞬間に伝える。インパクトの瞬間は腰を一塁方向にクルっと回転させるんじゃなく

て、キャッチャー方向へひねるようなイメージ。中西さんから教わったツイスト打法というんです。弓を引っ張って射るという感覚ですかね。これが上手くできるとスイングが大きくならないし、両サイドの速い球もさばける」

下半身の強さを活かして、身体を下から正確な順序で素早く連動させながら、ツイスト打法でバットスピードを加速し、仕留める。この打法を完成させるまで四、五年はかかったものの、若松流広角打法はその後の圧倒的な成績につながっていく。

攻略した相手、できなかった相手

打率3割を超えたシーズンはなんと十二回。だが、これほどの打者でも打ち崩せなかったピッチャーが当時のセ・リーグには数人ほどいたという。そんな話題を向けると即座に挙がった名前が江夏豊だった。

「そうねえ、打てなかったのは江夏だねぇ。真っ直ぐ速いし、コントロールはいいし、とにかくボールが重い。アウトロー、インローにすごいコントロールでドスンとね。ある時、広島戦で江夏から左中間の良い当たりを打ったことがあったんですよ。これはもう絶対抜けるなって思いながら走ったんだけど、外野に捕られて。あいつのボールだけは打ってもなんかインパクトの瞬間に戻されるっていう感覚。どんなピッチャーでもそのシーズンやられたら次のシーズンやり返すっていうのがプロの世界なんだけど、江夏だけは打てなかった。嫌だなと思っちゃったら打てないから、負けたくないって感じで打席に行くんだよ。あいつの時だけはインサイドは捨てて、変化球じゃなく真っ直ぐを待って」

自分の「型」を崩さなければならないほど、手強い相手だった江夏。一方、他のピッチャーはことごとく攻略したというこの偉大な打者が、どのような相手とどう対峙したかについて聞いていった。すると、微妙な修正、調整を少しずつ繰り返しながら手強い投手の苦手なボールを克服していった過程が、おぼろげながら見えてくる。

「思い浮かぶのは堀内（恒夫）の大きなカーブ。相当、このカーブにやられたんだけどよく考えたら全部、引っ張っちゃってたんだよね。それでアウトコースはもちろんインコースもレフト方向に打ってみようって。そういう考えでレフトへのホームランを打ってからは、堀内も苦手じゃなくなってきた。あとは西本（聖《たかし》）のシュートかな。アウトコースいっぱいに落ちてくるシュートなんだけど、4打席すべてを引っ掛けてセカンドゴロっていう時もあったほど。これも、この野郎って感じで無理矢理引っ張っちゃってたんだよね。それである時、ゴルフ大会があったの。そこに川上（哲治）さんが来ていてね。俺に言うんだよ。『お前、あんなバッティングじゃダメじゃないか。シュート引っ掛けるくらいだったらフォアボールでいいんだよ』って。それからですよね。西本と当たっても打席で少し余裕ができるようになった。フォアボールでいいと思えば苦手じゃなくなったというわけ」

二夜連続の劇的な幕切れ

では本書のテーマである、記憶の中に残り続ける一球とはどのようなものだったのか。その瞬間について聞いていくうち、若松という打者の持ち味が打率の高さだけではなく、勝負強さでもあったことが思い出された。

「俺ね、二試合連続で、しかも代打でサヨナラホームランていうのをやってるの。それがやっぱり一番、頭に残ってるかな。二本とも右中間、同じような場所に入って」

つまり正確には記憶に残る一球ではなく、二球ということになる。一九七七年六月十二日と十三日、舞台はともに神宮球場でのヤクルト対広島戦。十二日は十回裏に広島のピッチャー、池谷公二郎から。十三日は九回裏に松原明夫から。どちらも遊撃手である渡辺進の代打として登場という、まるでリピート映像のような二夜連続のホームランを放ったのだ。

「その頃、ちょうど脇腹に肉離れがあって、四打席は難しい状態だった。だからスタメンを外してもらって、一振りならいけますって。それでテーピングを胴の周りにグルっと巻こうと思ったんだけど、普通のテープだと固定されすぎちゃって身体全体が動かないんですよ。じゃあってことで自分で考えて、自転車のタイヤ用チューブを買ってきて、それを割いて身体に巻くといい感じだった」

二夜ともに、代打の声が掛かればすぐにチューブを巻いて打席に向かえるよう、心身の準備をしていた若松。そしてどちらの代打の場面においても、自分にしか分からない大きな制約があったと話を続けた。

「一振りで決めないといけないっていうのがあった。肉離れだから空振りしたり、何度も振るっていうのが本当にできない状態。だからね、偶然なんだけど、どちらの打席も狙い球をスライダーに絞って。一球で仕留めてやる！と思いながら」

言葉通りに二本のホームランはそれぞれ一振りで達成され、空振りやファールなどはなし。まさに一撃必殺、それも連夜の代打サヨナラホームランであったのだ。

「ホームランを狙っていたわけじゃなくて。しっかり打ってなんとか塁に出ようと考えていた。本当に良い記憶です。だけどね、代打って結構難しいですよ。勝負どころが分かってないと、行けって言われた時にピタっと気持ちを合わせられないからね」

ちなみに二試合連続代打サヨナラホームランを達成したのはプロ野球史上、若松と豊田泰光（一九六八年に記録）の二名。通算代打サヨナラホームランとなると若松、高井保弘の二名が3本で日本記録となっている。そう、若松は一九八七年から代打の切り札として活躍し、引退までの三年間、好機で快打を連発。通算での代打打率は3割4分9厘で歴代一位（2リーグ制後、300打席以上のランキング）と、滅法チャンスに強い打者でもあった。

打ちたかった、あと一本のアーチ

都合十九年間、ヤクルト一筋に長短打を放ち続け、四十二歳で現役を引退した若松。ここまで現役を続けられた理由について問うと、こんなエピソードについて語り始めた。実は、そのおよそ六年前、三十六歳の時に引退しようと決めかけたことがあったというのだ。

「その頃、身体が動かないなと思って辞めようかと。それで、ヤクルトでバッティングコーチをやっていた町田行彦さんに相談したら、王さんに一度会ってみなよと言われてね。都内の寿司屋でね、王さんと二人っきりで相談する機会があったんですよ。そうしたら王さんが俺にこう言ってくれて。『プロに入るのが遅かったからその分、もう一度、下半身を鍛えたらどうか。まだまだ、できるよ』と」

世界の王からこのような勇気づけられる言葉をもらい、心変わりに至ったという若松。結局、この寿司屋での出来事を経て、以降、六年間も現役続行することになっていった。同じ左の偉大な打者として、王の言葉はそれだけ信頼できる重みを持っていたということなのだろう。

高校時代、社会人野球時代、そしてプロ入りしてからも優勝とは無縁だったが、一九七八年、念願のセ・リーグ優勝を果たした際には歓喜のあまり、同僚の大矢明彦と抱き合いながら号泣。結局、現役、一軍打撃コーチ、二軍監督、一軍監督と立場を変えながらも、ヤクルトに在籍中は五度の日本一を経験し、果たしてやり残したことはあるかと最後に聞くと、本人はニコリと笑いながらこう答えた。

「そうね、やっぱりホームラン。俺にはね、王さんを抜けるチャンスがあったの。通算サヨナラホームランの数が8本で王さんと並んでたんですよ。だってホームランの記録で王さんに勝てるなんてサヨナラくらいしかないじゃない。そう考えたら力んじゃって全然、打てなくなっちゃった(笑)。記録としては並んでるんだけど、あと一本ですよ。一本打てば王さんより上にいけた。これは、打ちたかったたな」

卓越したミートの技術と、強烈なパンチ力。この打者が終始、ホームランだけを狙い続けていたら、一体、どれほどの頂《いただき》に到達できたのか。そんな夢想が頭を駆け巡った。

わかまつつとむ
1947年北海道生まれ。北海高校時代は夏の甲子園出場を経験。その後、電電北海道を経て、1970年のドラフト3位指名を受け、ヤクルトアトムズ(後のヤクルトスワローズ)に入団。翌年から二番、レフトで出場機会を増やし、存在感を発揮。1972年には3割2分9厘でデビュー2年目にして初の首位打者を獲得する。1974年からは三番打者としてチームを牽引し、4年連続の打率3割以上を記録。このシーズンから13年間は不動の三番打者として起用され続けた。1976年には打率3割4分4厘の好成績ながら、中日の谷沢健一が打率3割5分5厘だったため首位打者のタイトルを逃す。翌年はリベンジに成功し、打率3割5分8厘で2度目の首位打者を獲得。1978年には打率3割4分1厘でチームの初優勝に大きく貢献し、阪急との日本シリーズにも勝利した上、優秀選手賞も獲得。以降もコンスタントに3割以上の打率を記録し続け、1987年からは代打の切り札として3年間活躍。1989年オフに引退し、通算打率3割1分9厘の記録を残した。

Chapter 2

YOSHIHIKO TAKAHASHI

MOST STOLEN BASES: 1979, 1980, 1985
MOST SINGLE SEASON HITS 169: 1980
BEST NINE AWARD: 1978-1980, 1983, 1986
33 GAME HITTING STREAK: 1979

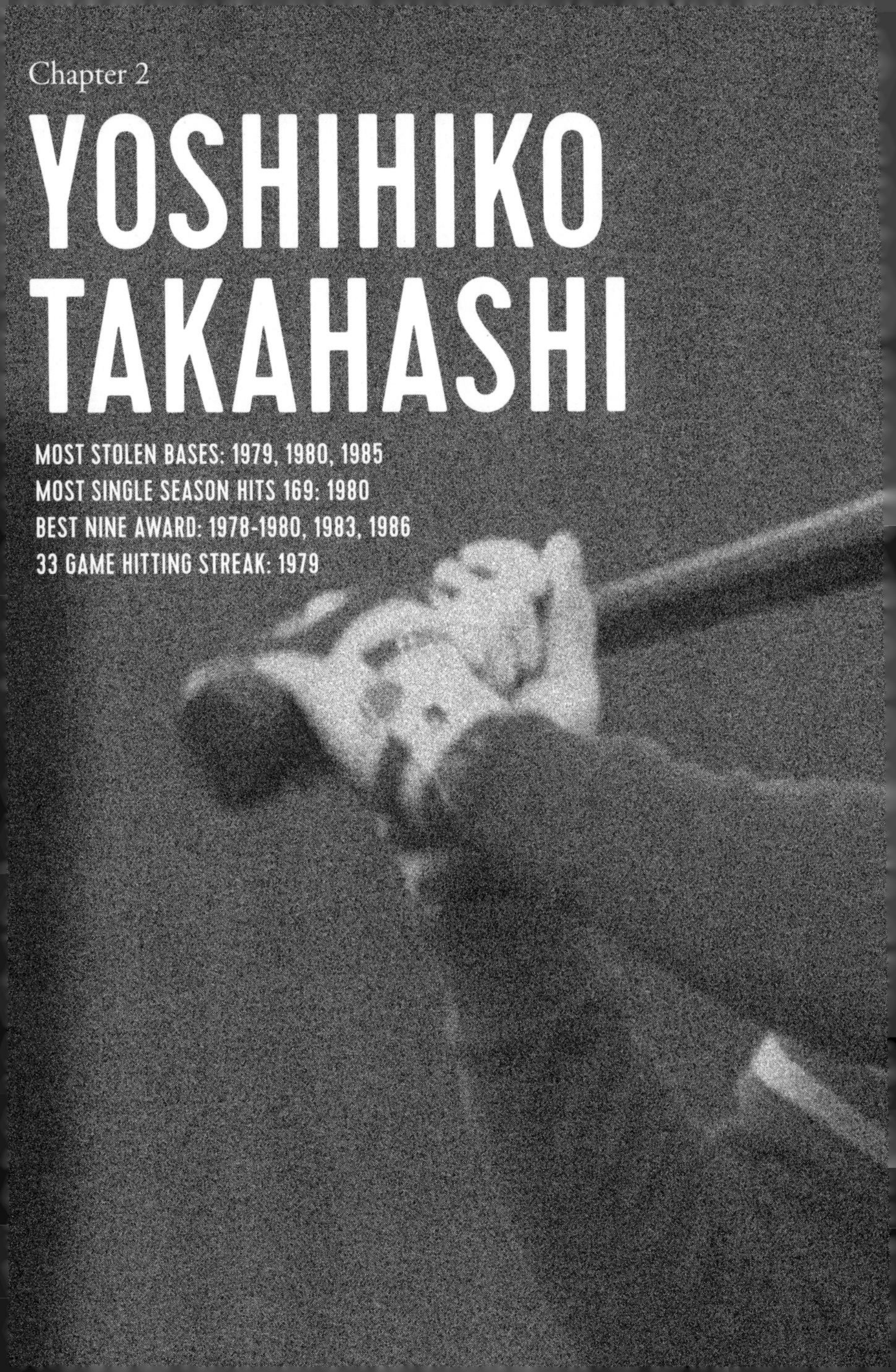

相手ベンチは慶彦を塁に出すなと思うわけ。そこから俺の楽しみが始まる。

Chapter 2

高橋慶彦

例えるならネコ科の俊敏な野生動物。バッターボックスでも、塁上でも、守備位置についた時でも、獲物を狙うような視線で一瞬のチャンスを逃さない。その時が来ると、体中の筋肉が爆発的に躍動する。しなやかでスピードにあふれる動きは、野球選手というよりサッカー選手の所作にも近い。カープのファンではなくてもつい注目してしまう稀有《けう》なプレーヤー、高橋慶彦である。

会ってみると、とにかくトークの上手い人だった。そして楽しそうによく笑う。相手に壁を作らせないし、自分でも垣根を作らない。人間味、ヤンチャな男っぽさ、サービス精神とユーモア、そして時折見せる体育会系の爽やかさと力強さ。こうした魅力的なキャラクター性が、言葉やしぐさから自然と伝わってくる。そんな高橋慶彦を前に、思わず聞いてしまった唐突な質問がこれだった。

「女性にはモテましたよね?」

間髪を容《い》れずに返ってきたのはいかにもな言葉だった。

「ああ、モテたよ。抜群にモテました（笑）。だって若い頃はモテたいと思って生きてたもん。うん、モテたいっていうより女性に嫌だなって思わせたくなかった。今だってモテたいという気持ちは変わらない。モテないけど（笑）」

プロでは足だけで飯が食えるんだぞ

練習でも試合でもプライベートでも、とにかく全身全霊、全力で打ち込む。そうやって人生も野球も楽しんできたと高橋は話す。全力というフレーズから思い立ったのか、なぜ自分がカープの主力に成長していったのかについて、饒舌に語りだした。

「高校では四番で投手。卒業して安易な気持ちで俺はプロに入った。だけど初めてのキャンプで、もう力の差がありすぎてこりゃすぐクビになるなと思った。そのキャンプで、まだコーチだった古葉（竹《たけ》識《し》）さんが声をかけてくれたんよ。『慶彦、プロでは足だけで飯が食えるんだぞ』って。それがキッカケだよね。じゃあクビになるまで足を活かしてやってみようかって思えた。そうやって古葉さんが俺の方向を決めてくれた。それがすべて」

この直後に監督就任を果たした古葉には機動力で勝つ、という明確なビジョンがあった。新チームのキーマンとしてとりわけ目をかけたのが高卒ルーキーの高橋だったのだ。その足はきっと新生カープの起爆剤となる。それゆえ多少、守備に不安があっても高橋は一番、ショートで起用され続けた。

「それでも二軍の時、ショートをクビになって外野に回されたことがあってね。だけど一軍の外野には（山本）浩二さん、水谷（実雄《じつお》）さんとかがいて上にあがっても入れんわけ。だから古葉さんは俺をショートに戻そうとしてくれたんだけど、俺の守備がダメだったからコーチは全員反対したらしい（笑）。そういう経緯があったから、古葉さんの言うことはもう、信じてその通りやると」

ここはどこ？　私は誰？

高橋の足に目をつけた古葉監督は次にスイッチヒッターへの移行を命じる。それまで何年も右打席で勝負してきた男が左での挑戦をゼロから始め、プロで通用する一番打者になろうというのだから周囲もその行く末には懐疑的だった。左打者への挑戦はどのようなものだったか、本人はこう振り返る。

「左で構えた瞬間、ここはどこ、私は誰？って（笑）。そこまで違う。だって振ったことないんだもん（笑）。だけど、待てよと。俺は10歳くらいの時から野球を始めて、19歳まで右打ちだけでやってきた。10年でそこまでやれたの。じゃあ10年かければ左もできるよねって。スイッチなんてやればできるやんって思えるようになった。人間、追い込まれればどこまでもできる。それくらい追い込まなきゃいけないだけ。こう打て、ああ打てっていう指導はない。赤ちゃんに、はい、箸はこうやって持つんですよっていう状態と同じで、ひたすらやるだけ。それで自分としてはこれまで右で練習した量を一年でやると決めた。十年分の練習を一年でやったらいいだろうって。まあ大変だったけどそうやって続けてたらある日、突然、できるようになった感覚よね。左で構えてバット振ってたら、待てよ、右ならこうやろ、左だったらこうよねって気づいた。まあ、覚悟があればどんな選手だってスイッチヒッターになれると思う。そ

れとね、俺、やっぱり野球が楽しかったんだよ。だから野球をやりたい、レギュラー獲るためなら何でもやるっていうこと。背水の陣だったから。前にしか行けない、そんな感じで」

苛烈な一年を経て、翌年には左打席で本塁打まで出るほど、スイッチヒッターとして驚異の成長を遂げた高橋。入団から四年目にはまんまと一番、ショートに定着し、赤ヘル軍団の黄金時代を引っ張っていくことになる。

スピードキングは球種もカウントも選ばない

一九七九年には55個のスチールを決め、初の盗塁王を獲得。その翌シーズンも二年連続で盗塁王となり、以降、「ヨシヒコを塁に出すな」は長年、敵チームの共通言語となっていく。毎試合、どん欲に走り続けた結果、引退までに盗んだ塁は477個。走ることだけでもファンを喜ばせることのできた華麗なランナー、高橋。盗塁に対する自身の哲学については、こんな考えを持っていたという。

「ボックスに立った瞬間、相手ベンチは高橋慶彦を塁に出すなと思うわけ。そこから楽しみが始まる。それで俺が塁に出ると、当然、誰もが走るぞって思う。そんな状況で盗塁するのは『走りますよ』っていうプラカード持って、走るようなもん（笑）。そうやってみんなが見てる前で走るのが好きなのよ。あとはできるだけ早いカウントで走ることだよね。遅ければ遅いほどバッターは困るわけ。早いカウントで走れば、次のバッターのバントとか右打ちで俺はサードまで行ける。そこまで進めば次のバッターが凡打してもホームに還れる可能性がある。ヒットとかホームランだけで点を取るのが野球じゃないからね。

打者が失敗しても点を取るっていう野球を古葉さんは目指してた。だから俺も、球種とかカウントを選ばずにとにかく走る」

塁に出ればノーサインのお墨付き。監督やコーチの指示なしで自由に走る権利を得ていた。主軸の衣笠祥雄や山本浩二がチャンスを迎えられるよう、とにかく走った高橋。その結果、8試合連続盗塁や1試合4盗塁、一シーズン70盗塁以上を二度経験するなど、卓越した走塁技術でカープの機動力野球を先導した。

盗塁の決め手は高性能ブレーキ

「盗塁には3S（スタート、スピード、スライディング）が求められるって言うけど、やっぱり足のスピードだよねえ。あと俺の場合はリード、でかいやん。なんであれだけリードを大きく取れたと思う？　牽制されても戻るのが速いからよ。だからいくらでもリードできた。みんな次の塁に行くことばっかり考えるでしょ。戻るってこと考えなきゃ。盗塁の時は、前に行くのが100、後ろに戻るのも100っていう感覚。自分の気持ちはいつも真ん中にあって、状況に応じて二塁に走るか、一塁に戻るか。戻るっていう意識さえないかな。どっちにも走りますよという感じやね。スポーツカーが速いっていうのはブレーキが優れてるってことでもあって、ブレーキが悪いとアクセルも踏めないからね」

世界の盗塁王、福本豊とは日本シリーズやオールスターで何度か対戦した経験を持つ。盗塁の記録を次々と塗り替えた福本との技術の違いについて、高橋はこう説明した。

「一回、福本さんに盗塁のコツを聞きに行ったことがあるんよ。そうしたらあの人、こう言ったね。『いいか、ピッチャーの目を見ろ』って。いやいや、見えない、見えないのよ、一塁から右ピッチャーの目は（笑）。福本さんはもう全く次元が違う。もう忍者かっていうくらい、ササササって次の塁に行っちゃう。俺にはもう無理無理、そんなって感じでね。だけど、盗塁もバッティングもその人、その人に正解があるってことだよ。人それぞれ、筋肉とかバランスとか感性があるから。自分で何がベストかをひたすら探っていくしかないんだよ」

いま、あらためて33試合連続安打の重みを

高橋がカープで活躍した七〇年代後半から八〇年代終盤まで。その間、チームは四度のリーグ優勝、三度の日本一を果たし、正真正銘の黄金時代と言えた。一番打者として打ちまくり、走りまくった高橋は果たしてどんな、記憶に残る一球を選ぶのか。

「うーん、なんだろう、なんかなぁ。日本シリーズでもないし……。あ〜、オープン戦だったかな、村田兆治さんのフォークボールを初めて見た時は忘れられないな。もうびっくりですよね、あのフォーム。エポック社の野球盤か！消える魔球か！って（笑）」

そうやって記憶を辿りながら、幾多の名場面についてコメントを加えながら、楽しそうに話す。セ・リーグのエース級ピッチャーとの対戦についてはこう回想した。

「江川（卓）さんは、まあ、いいピッチャーだったよね、球が速くて。だけど自分としては苦手でもなかっ

た。あの人ってもう大学の時、肩を壊してたから。ここって時はビシってくるんだけど、手を抜く時もあるからさ(笑)。うーん、そうそう、俺は江川さんより小林(繁)さんの方が全然嫌だったよね。あの人の内角のボール、引っかけちゃうというか、引っかかるんだよね。それにあのフォームでしょ。連続安打の時は25試合目くらいだったかな、小林さんとの対戦で。4打席目までヒットなしで、九回にギリギリ5打席目が回ってきて、なんとかヒットを打てた。連続安打の記録で一番苦労したところだね」

「連続安打」とは、言わずもがなの日本記録である33試合連続安打だ。弱冠二十二歳で達成したこの記録は未だに破られることのない金字塔。安打を続けた33試合の間は一切、セーフティバントの試みもなく、盗塁も21個マークした。まさに、攻めに攻め続けた33試合だった。

「まあ悩むけど、一番記憶に残る一球って言ったら、33試合目にヒット打った瞬間かな。リラックスしてたけどな。記録って引退した後の方がぐっとくるもんだと分かったけどね」

そこまで話しても、納得のいった答えでないことは本人の表情から容易に見てとれた。これほど偉大な記録達成の瞬間以上に、鮮烈な一球があるのか。それとも……。

ただひたすら楽しかったすべての瞬間

「なんだろう、自分でもすごい記録だとは思うけど、プレーしてたすべての時間がやっぱり楽しかったんだとあらためて思う。いやほんと、すっげえ楽しかったから。楽しいから身体は疲れてても頭は疲れてなかったし、それだからこそ何年も続けてこられた。スイッチやったおかげで右脳と左脳を両方使えるようにもなったし、古葉さんというすごい監督に出会って、監督は下手くそな俺の方向を示してくれた。衣笠（祥雄）さんとか、江夏（豊）さんなんていうすごい人たちにも会えたし、本当に強いチームで野球をやらせてもらってね。俺にとっては〝野球は楽しい〟ってことが一番、記憶に残ってるよね。すべての瞬間、楽しかったよ」

最初から最後まで、その言葉使いや独特の視点で存分に楽しい時間をくれた高橋。言ってみれば、男も惚れる、男っぷり。なるほど。いつの時代もやっぱり、こんな男がモテるのだろう。

たかはしよしひこ
1957年北海道生まれ。東京の城西高校時代は甲子園にも出場。1974年のドラフト会議で広島から3位指名を受け、入団。直後に投手から野手へと転向。同時にスイッチヒッターの道を歩み始める。1978年には一番打者として98試合に先発し、3割2厘の成績でベストナインに選ばれる。翌1979年には33試合連続安打の日本記録を樹立すると同時に、55盗塁で盗塁王も獲得。翌1980年も打率3割7厘、盗塁38で2年連続盗塁王に。2年連続リーグ優勝、日本シリーズ2連覇を達成した赤ヘル旋風の中核として機能した。1983年はロングヒッターとしてさらに飛躍を遂げ、本塁打24本、打率3割5厘、盗塁70個と強力な一番打者としてチームを牽引した。1989年オフには15年間、在籍した広島を離れロッテへ移籍。翌年には阪神へ移籍し、1992年に引退。盗塁王3回、日本シリーズ3試合連続盗塁、3年連続最多三塁打など印象的な記録を数多く残した。

3

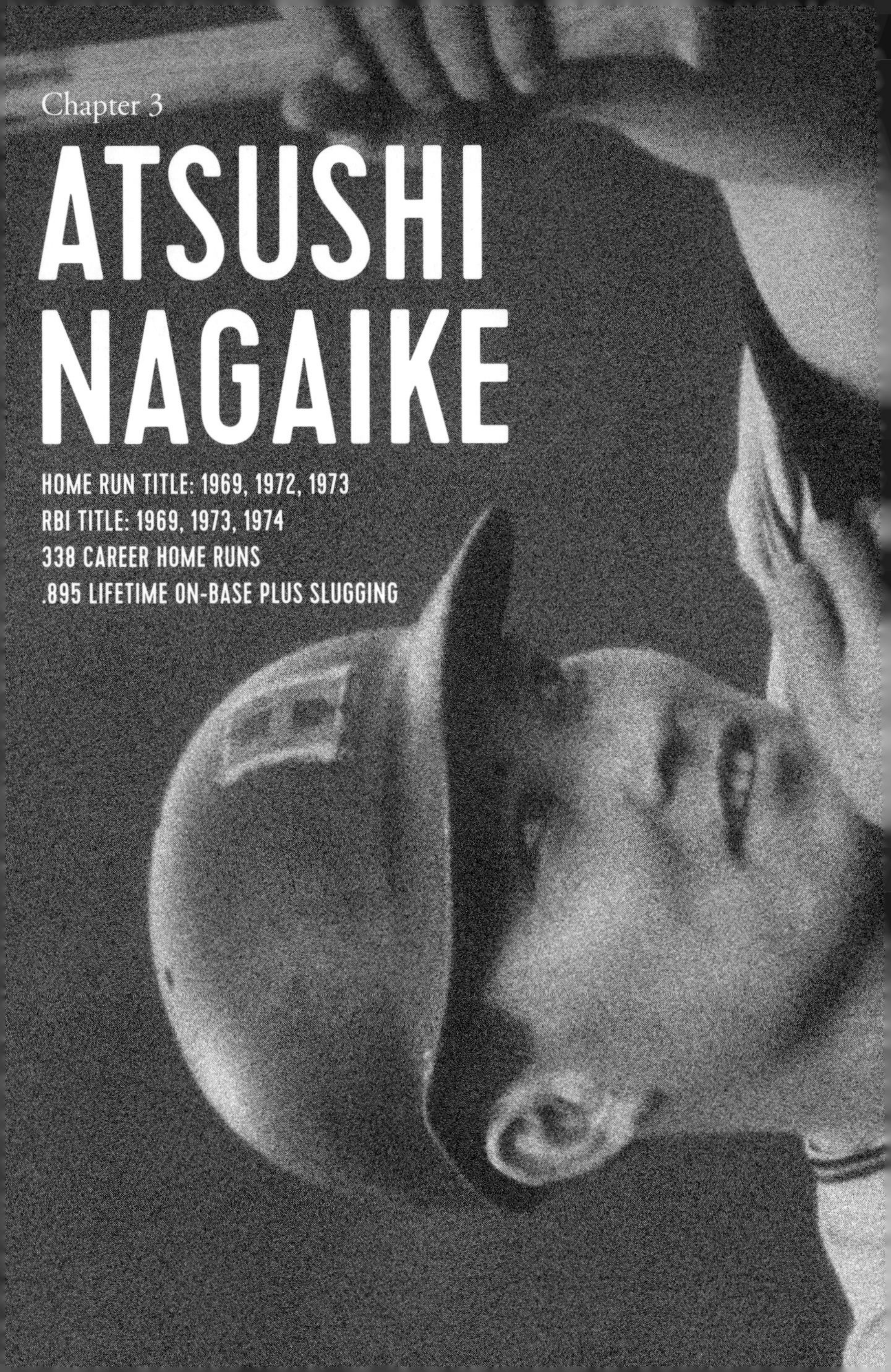

Chapter 3

ATSUSHI NAGAIKE

HOME RUN TITLE: 1969, 1972, 1973
RBI TITLE: 1969, 1973, 1974
338 CAREER HOME RUNS
.895 LIFETIME ON-BASE PLUS SLUGGING

僕は外角が全然、打てない。それでもう、外角は打たないというか、全部、見逃すことにした。

Chapter 3

長池徳士

その日の勝敗に一喜一憂するのはもちろんだが、プロ野球ファンにとって非日常の興奮、得も言われぬ緊迫感を味わえるのはやっぱり日本シリーズだと言える。昭和には、現在のようにセパ両リーグの優勝チームがコロコロ変わるということも少なく、いわゆる定番の常勝チームがシリーズ出場を果たすという時代だった。なにしろセ・リーグでは巨人の優勝が一九六五年から一九七三年まで続くと同時にその間、シリーズも全制覇を成し遂げ、V9まで達成。一九七四年、七五年は中日、広島に優勝を譲ったが、再び一九七六年、七七年に巨人がセ・リーグを連覇し、なんと十三年間で十一度も巨人がシリーズ出場を果たしたのだ。一方のパ・リーグでもこの間、南海が三度、ロッテが二度優勝しただけで阪急が八度のシリーズ出場。この時代、野球に熱中していたファンの脳裏には、シリーズにおける宿命の対決として、巨人と阪急の激烈な戦いがくっきりと刻まれている。

ON健在の巨人こそ倒すべき相手

そんな阪急にあってひときわ、巨人ファンを震え上がらせたのが球界屈指の「右の大砲」、長池徳士《あつし》である。一九六七年から七六年まで四番、主砲としてチームを牽引。シーズン40本塁打以上を四度も記録し、巨人相手にも猛烈な一発を何度も浴びせた。ところがシリーズでは五回連続、巨人に挑戦してすべて敗退。六回目のシリーズ出場では見事、日本一に輝いたがこの時は相手が広島だった。そして一九七六年にはペナントで四番を堅持していた長池だったがシーズン途中で調子を崩し、シリーズで巨人と再会した際は代打で二度の出場のみ。結局、阪急が日本一の座を奪取したものの、長池の打棒で巨人を倒したとは言えない結果になってしまったのだ。誰もが認める長打力を持ちながら、ついに巨人という大きな壁を打ち崩すことのできなかった悲運の四番打者。そんな印象を本人に告げると、まるで現役選手のように締まった表情でこう語りだした。

「一九七六年、巨人に勝ったと言っても長嶋（茂雄）さんはいませんでしたから。あの時、僕は確かに阪急のメンバーだったし、やっとのことで日本一を獲りましたけど、やっぱり今でも巨人に勝ったとは思えない。ON健在の時代に倒してこそ価値があったと思います」

どれほど悔しかったかは推量さえできない。自分は不動の四番として毎年コンスタントにホームランを量産し、チームも幾度となくリーグ優勝。にもかかわらず毎年のようにシリーズで敗れ、ようやく勝った時には長嶋不在であり、自身のキャリアがちょうどピークを過ぎたタイミングだったのだ。阪急というチームや長池自身が巨人やONに対して当時、どんな気持ちを抱いていたか、あらためて聞いてみた。

「毎年、ペナントレースはとにかく勝つ。そして巨人をどう倒すか、という感覚でしたね。つまりペナントの時点からどうやって巨人と戦うかを少なくとも僕は考えていて、シリーズで負けた直後からまた巨人のことを考えてた。それだけ巨人は偉大な存在でしたし、絶頂にあるチームを倒してみたかった。はじめて僕が日本シリーズに出場した時、巨人のメンバーが球場に入ってくる瞬間のことを今でも覚えていますよ。川上（哲治）さん、牧野（茂）さん、長嶋さん、王（貞治）さん……。皆さんのユニフォームから本当にオーラが出ていました。たとえば長嶋さんは話せばとっても気さくな方ですよ。でも間違いなくすごいオーラが出ている。だから近寄りがたいんです。あの頃の巨人には、もちろん野球も上手いんですが存在自体が他のチームとは別格の選手がたくさんいた。ＯＮはその筆頭で、しかもあの二人は肝心な時に必ず打つ。僕はその二人が大活躍する巨人にとうとう勝てなかったわけです」

僕のライバルは彼しかいない

ＯＮをライバルとするのは恐れ多いと言いながら、おもむろに自身の携帯電話を見せてくれた長池。優しく笑いながら動画を再生し、そこに映し出された映像について話し始める。携帯のなかでフルスイングしていたのはかつて、東映フライヤーズやヤクルトスワローズで猛打をふるった大杉勝男だった。

「いまでもたまにこの映像を見るんです。本当に素晴らしい選手でした。僕が打つと大杉も必ず打つ。彼とホームラン王を争ったことは五度あって、３勝２敗。うち二回は１本差でホームラン王が決まった。僕のライバルは彼しかいませんでした」

互いに強く意識しあう間柄ではあったが、試合以外の時間を共有することはまったくなかった。たとえ阪急対東映の試合で相まみえても、野球の話はしない。同じ土俵でがっぷり四つに組むライバル同士というのはそういうものなのかもしれない。

「でも僕は試合前の練習中、大杉を見つけると黙って彼の方に向かって隣に立ってね。何を話したかは忘れましたが野球の話はなぜか出てこないんですよ。だけどある時、僕は打撃の調子が悪く、なにげなく彼にバットをくれと言ったんです。すると彼は何も言わず自分のバットを僕にくれてね。あんなに大きな体なのに思いのほか軽いバットだった。それを参考に僕も軽いバットを使うようになったんです」

ひときわ懐かしそうに、そして少し残念そうに、逝ってしまったかけがえのないライバルについて語る長池。少ない言葉のなかから、自らを奮い立たせてくれた大杉への熱い感情が確かに垣間見えた。

狙うは一点だけ、望みはホームランのみ

デビュー二年目から四番の座に収まり、通算338本もの本塁打を量産できたのは、ひとえに内角打ちを徹底的に磨き抜いたからだと断言する。「自分は引っ張り専門」という通り、そのホームランはほとんどがレフトスタンドへ叩き込んだもの。自分のツボに入ったボール以外は見向きもしなかったというほど、極端な狙い打ちがあれだけのホームランにつながった。

「もともと体が硬くて内角が全然打てなかった。そこで青田（昇）コーチの特訓を受けたんです。『ボールの内側から手を出せ』と。それで僕はバットの先を立てて、バックネットすれすれに正対して立ち、

スイングの練習を繰り返した。普通に打つとネットにバットが当たっちゃうでしょう。だから上手に腰を回転させて、バットを立てないといけない。そうやって少しずつ内角を打てるようになったんですが、同時にバットが体から離れていかないというか、自分の顔の前を通るようになった。内角はきれいに飛ぶようになったんですけど外角が全然、打てない。それでもう外角は打たないというか全部、見逃すことにした。その代わりホームベースぎりぎりの位置に立って、ベースに覆いかぶさるように構えて。そうすると、普通のアウトコースでも自分には真ん中くらいに思える。いつも、バッターボックスの白線を消してしまうくらいの位置に立ってましたね」

そしてもうひとつ、自らが引っ張り専門で現役をまっとうできた理由にチームメートのサポートを挙げた。当時の阪急で長池とともに長打を量産したダリル・スペンサーだ。この選手は野球博士と呼ばれるほど卓越した理論の持ち主で、陰になり日向になり、チームへ多大な影響をもたらした。

「僕は引っ張るバッティングばかりするもので、併殺打がとても多かった。それを見てスペンサーが俺にまかせろと言ってくれてね。彼が一塁ランナーで僕が内野ゴロを打つと、決まってスペンサーは二塁手にぶつかるようなスライディングで併殺打を防いでくれたんです。いわゆる殺人スライディングと呼ばれたプレーですが、これに随分、助けられました。打撃不調の時の練習法や相手投手のクセを見抜く方法も教わって。スペンサーがいなかったら僕はあれほど活躍できていませんよ」

すべての打席でホームランを狙っていたという現役時代。長池に言わせればヒットはただの「打ち損ない」だ。だが3割、40本塁打を三回も達成したほど、相手からすればスキのない打者でもあった。その気になれば首位打者だって獲れたのではないか、と尋ねてみる。

「首位打者には執着がなかったですね。プロに入った時からホームラン王になるのが目標でした。だから狙うのは内角高めのストレートだけ。僕は欲張りなんです。もうこれ以上欲張れないというくらい一点だけを狙ってた。ピッチャーもそれを分かってるのにね。だからライトスタンドに放り込んだホームランで覚えているのは1本だけ。僕に流し打ちはできないと言っていい。自分のスタイルっていうものがやっぱりありますし」

こうした打撃における方針は極めて偏っているようにも思えるが、生粋のホームランバッターにとっては理にかなった思考方法でもあったようだ。その証拠に現役引退後、複数のチームで打撃コーチを歴任した際には、秋山幸二(西武)、古田敦也(ヤクルト)、佐々木誠(南海)、谷繁元信、鈴木尚典《たかのり》(共に横浜)といった強打者を数多く育て上げた。後進に教え込んだ最大のポイントはやはり、内角高めの速いボールをどう打つか。自分のツボを磨き抜くというこだわりと潔さは、時代を超えて受け継がれたのだ。

打てない自分は許せない。だから練習あるのみ

どんな質問を投げかけても淀みなく明解に、真っ直ぐな回答を口にする。数々の栄光に彩られたキャリアのうち、最も記憶に残る場面はと問うてもそれは同じだった。一九七一年七月六日の西鉄戦。32試合連続安打(二〇二二年十一月現在でもパ・リーグ記録)を決めた日の対戦投手、すべての球種を正確に覚えているのも驚きだった。

「やっぱり記憶に残る、となると大試合や大きな記録です。そのなかでも僕にとって忘れられないの

は32試合連続安打の記録を作った試合ですね。西京極球場で三打席連続ホームランを打ちました。一番の記憶といえばこれしかありません。第一打席で三輪（悟）という投手のカーブを叩いてホームラン。これで記録達成して第二打席はシュートをまたホームラン。第三打席目は柳田（豊）に投手が代わってカーブをまたホームランです。すべてがレフトスタンドへ。僕はレフトしか打てませんから」

記録がかかった場面でも当然、ホームランを狙う。しかもレフトスタンドに突き刺してしまうのである。ボールにバットをあわせるなどという意識は1ミリもなかったのが実に、長池らしい。

「最初のホームランは大きな記録がかかった第一打席目でしたけど、それほどの緊張はありませんでした。ただここまでくる過程ではずっとプレッシャーに苛《さいな》まれていましたよ。連続安打の23試合目くらいに新聞記者が教えてくれたんです。すごい記録がありますよと。僕はまったく知らなかったんですが記録達成が近づいてくるとプレッシャーが大きくなっていきました。そのなかでピンチもあったんです。東映との対戦で負けている状況、三打席無安打になってしまったことがあった。ああ、この試合は負けて終わって、自分の記録も終わるんだなと思ったら九回に打席が回ってきて二塁打を打てた。これがタイムリーにもなって延長に持ち込んで。本当はここでとぎれていてもおかしくなかったんです。確か16試合目だったと思います」

増大しながら押し寄せてくるプレッシャー、そして記録達成の前に突然訪れるピンチ。こうした状況で自身の打撃を萎縮させる「緊張」とはどう向き合ってきたのだろうか。

「連続試合打点とか連続打席本塁打とか。まあ、いつもやっていることですから。それに本物の緊張っていうのはやっぱり開幕戦とか日本シリーズの最初の打席です。それに比べると個人記録はさほどではありませんでした。ただ、記録を作ってとてもうれしかったのは事実。打った後は思わず、手を少しだけあげて喜んだかな。僕は感情表現するのがうまくないというか、出さないタイプなんです」

確かに試合中はほとんど感情を表に出さず、クールな表情ばかりが印象的だった。しかしこの打席のビデオを見てみると、ホームに還ってきた時に顔をほころばせているのが分かる。身体からほとばしっていたのは喜びというより安堵の感情。奇跡を成し遂げた感激ではなく、期待通りのバッティングができたという満足感が柔らかい笑顔となって表れていたのだろう。

入団当時の阪急は、球団創設三十年余にもかかわらず優勝を知らない弱小チームだった。それでも自身のホームラン王、チームの日本一を疑わず、手を血だらけにしながらバットを振り続けた。どんなに大記録を打ち立てようと、どんなに勝利を重ねようと、浮かれることなくホームランの量産を目指したまさに侍のような四番打者。長池は最後に、その根底にあった信念を短い言葉でこう言い表した。

「打てなければ自分が許せません。だから練習でバットを振るしかない。それを続けるのは苦しいし、しんどい。だけど、四番っていうのはチームで最も打つ打者でなければならない。そして常に一番信頼される選手でなければならないんです」

ながいけあつし
1944年徳島県生まれ。撫養高校卒業後、法政大学に進学。東京六大学リーグでは外野手として3度の優勝を経験。1965年のドラフト会議では阪急から1位指名を受け、入団。プロ入り2年目からはいきなりレギュラーで四番を任されるようになる。このシーズンは四番打者として125試合に先発し、本塁打27本、2割8分1厘の好成績を残す。翌シーズンは本塁打30本、その翌シーズンには41本で本塁打王、打点101で打点王の2冠を獲得し、打率も3割1分6厘と球界を代表するスラッガーに成長した。同年の日本シリーズでは巨人に敗れるも本塁打2本でシリーズ敢闘賞を受賞。1972年からは2年連続本塁打王を獲得するなど、長年、常勝阪急の四番打者に君臨した。1979年に引退するまで14年間、阪急一筋。本塁打王3回、打点王3回、32試合連続安打、月間15本塁打、ベストナイン7回、最優秀選手2回、日本シリーズ敢闘賞2回など圧倒的な記録を残した。

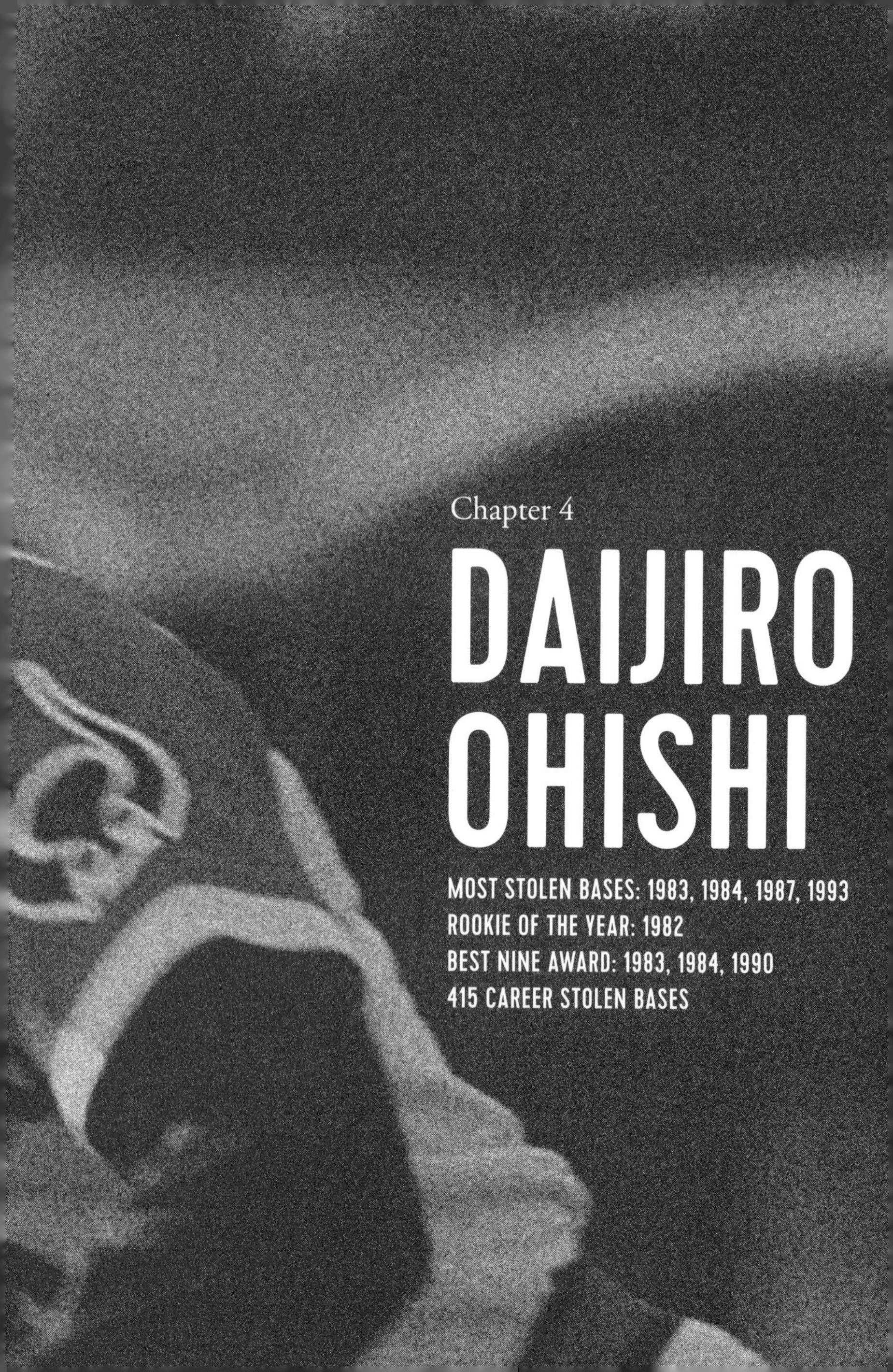

Chapter 4

DAIJIRO OHISHI

MOST STOLEN BASES: 1983, 1984, 1987, 1993
ROOKIE OF THE YEAR: 1982
BEST NINE AWARD: 1983, 1984, 1990
415 CAREER STOLEN BASES

どんなにピンチでもなんとかしちゃうのが近鉄っていうチーム。

Chapter 4

大石大二郎

現役時代、一貫して一チームに在籍し続ける選手をフランチャイズ・プレーヤーと呼ぶ。安定したクオリティを常に発揮し、トレードとも無縁。そんな選手はどのチームでも精神的支柱として機能するだけでなく、ファンの心をがっしりと鷲づかみにする。一九八一年に近鉄バファローズでデビューを果たした大石大二郎も、昭和の猛牛ファンにとっては絶対的に不可欠なフランチャイズ・プレーヤーだった。17シーズンもの間、近鉄一筋で一番打者の重責を果たし、俊足と打棒を存分に発揮。トップバッターとして抜群の出塁率を誇るだけでなく、長打で打線を活気づける役目も果たし、いわゆる「いてまえ打線」の切り込み隊長としてチームに勢いと勇気を与えた。

当時のパ・リーグにあって、圧倒的な実力を見せつけることで注目を集めたのが八〇年代初頭からの西武であり、対照的に奔放な野球でパ・リーグ王者に対抗し始めたのが八〇年代中盤からの近鉄だった。少し大げさに言えば、石毛宏典《ひろみち》、秋山幸二、清原和博といった正統派スターが集結した「体制」に真っ向からぶつかる、近鉄という「反体制」。そんな猛牛軍団の先頭で猛り狂うチームを鼓舞し続けたのが大石だったのだ。

覚えているのは全力で走ったことだけ

現役引退後はオリックスやソフトバンクで指導者としての手腕を発揮した大石。二〇一六年からは社会人チーム「ジェイプロジェクト」監督として後進の育成に力を注いでいる。練習場を訪れると、現役時代とまったく変わらない爽やかな笑顔の大石が出迎えてくれた(二〇一八年当時)。

「僕、過ぎたことはすぐ忘れちゃうんですよ。とにかく忘れっぽいから、あんまり覚えてない(笑)。いろいろと気にしないたちだしね」

そんな大石を前に、キャリア中、最も記憶に残るシーンを語ってもらおうと詰め寄る。すると、こんな答えが返ってきた。

「今日は勝った、今日は負けた。プロ野球ってその連続でしょう。だからこのシーンが特別、印象に残ったというのは僕にはあまりない。現役時代を思い起こして真っ先に浮かぶ印象っていうのは、全力で走ったなっていうことだけなんですよね。そうね、どの試合も、全力で走ったのは確か。一塁まで走るというのももちろんだし、一塁から二塁、二塁から三塁、三塁からホームへという走塁。盗塁だけじゃなく、タッチアップで一つでも先の塁に進むということにはこだわってましたから。そういう意味で、自分としても十分出し切ったし、プロ野球選手として成功したと思える。後悔なんてないですね」

勝ってもおごらず、負けてもひきずらない。そんな性格も十七年間のキャリアを支えたと認める。話を聞くにつれ、何事にも動じない精神的なタフさがどんどんと鮮明になっていった。その象徴が、一九八四年のオールスターゲーム第3戦でのエピソードかもしれない。投手はあの怪物・江川卓。伸びのある速球が冴えに冴え、パ・リーグの打者は8連続の三振に。次に打席に入った大石が三振すれば、一九七一年の江夏豊に続き、江川が9連続三振という偉業を達成、という場面である。結果は、大石がボール気味の球になんとか食らいつき、セカンドゴロ。アウトにはなったものの、パ・リーグにとっては9連続三振という屈辱をまぬがれる格好になった。この場面について尋ねても、大石は涼しい顔のまま。どう考えても緊張でカチカチになりそうなあの打席について、こう振り返った。

「まあ普通にヒットを打ちたいなとは思ってましたけど、何がなんでもバットに当てようって気持ちでもなかった。もちろん緊張もしてませんでした。ただストレートがあれだけ速かったのに、なんで最後のボールはカーブだったのかなって今でも思う。そこは謎なんですけど、それでも結果はセカンドゴロですからね。9連続三振を阻止してどんな気持ちだったかと言われても、別にうれしくなかったとしか言えない（笑）」

でも当時のVTRを見ると、このコメントにはやや違和感がある。打席に入る直前、大石は肩を大きく回しながらほんの少し天を仰ぐしぐさを見せ、ふぅっと深呼吸をしているように思えたからだ。

「あの場面は、打者より投手の方が緊張するはずでしょう。だけど、球場の雰囲気が盛り上がっていて、僕もそれなりの感じで打席に入った方がいいだろうと（笑）」

決して強がっているのではなく、本心からコメントしているのは疑いなかった。どこまでも図太い神

経でその瞬間に没頭し、結果を出すことだけに集中する男。華々しい舞台で9連続三振を阻止した一球でさえ、長いキャリアのほんの一瞬に過ぎなかったのだ。

野球をやってきたのは、この感覚を求めていたから

大石が近鉄に在籍した十七年間は、名将・仰木彬監督の手腕もあり、チーム力がとりわけ充実した時期だ。ところが意外にもこの間、リーグ優勝を果たしたのは一九八九年の一度だけ。ならば、常に前を向き、勝つことだけに集中してきた大石にとって、この優勝体験は格別の味わいだったに違いない。が、本人の回答は予想外のものだった。

「ほとんど覚えてないんですよ、そのシーズンのこと。自分がケガで出遅れていたっていうのもあるし。優勝は確かに嬉しかったですけど、やっぱりその前年の方が僕にとっては大きかったから」

優勝の前年といえば、あの「10・19」である。最終戦で惜しくもリーグ制覇を逃した伝説のシーズンだ。大石の記憶に残るのは、すんでのところで優勝を逃したくやしさだろうか、それとも、他の特別な感情なのか。このシーズン、九月の時点で首位西武に6ゲーム差をつけられていた二位の近鉄。十月には十三日間で15連戦という鬼のようなスケジュールをこなしただけでなく、脅威の追い上げで西武を追い詰める。そして十月十九日、ロッテとのダブルヘッダーに連勝すれば奇跡の逆転優勝となるはずだった。が、結果は知っての通り、最終戦で時間切れの引き分けにより優勝がその手からスルリと逃げていってしまったのである。

「もちろん悔しい引き分けですけど、やっぱり、野球をやっていてよかったと、実感できましたよね。130試合フルに集中できる状況にあったのは野球選手としては幸せだと思う。ひとつも負けられないというシビアな試合ばかりでしたけど、そういう状況とか感覚を求めて自分は野球をやってきたんだなとあのシーズンには思えた。連戦で体力的にきついということも全然なかったのはとにかく毎試合、集中できていたから。だから優勝を逃した悔しさというより、充実したという感覚の方が強いんです」

当時、中継された映像を覚えているファンなら、この大石の言葉が理解できるはずだ。最終戦で最後の攻撃を終え、近鉄にはもう勝利がなく、優勝の可能性がついえた十回裏。それでも守備につかなければならなかった近鉄ナインは、見るからに悲壮感でいっぱいだった。生気を失ったような表情、やりきれない様子で守備の準備を整える選手。そんな中にあってセカンドにいた大石の表情だけは意外にもサバサバして見えたのだ。

「もう優勝がなくなったという時点で、気持ちを切り替えてましたね。冷静というか、落ち着いていたというか。だってその時点で悔しがっても仕方ないでしょう。だからマウンドにいた投手（加藤哲）に声をかけにいった」

その時、味方投手に大石が発した言葉はこうだ。

「絶対、点を取られるな」

たとえゼロに抑えても、もう優勝はない。だが、負けて終わるよりは引き分けの方が絶対いい。完全に気持ちを切り替えた大石から発せられた、選手会長らしい一言だった。

「ロッテの攻撃をいくら抑えても優勝はないんですけどね。最終戦までとにかく集中してプレーを続けられたという充実感が強かったのかな」

抗議の最中でも「まだいける」と思った

猛牛ファンの筆者としては、大石本人に感想を聞いてみたい特別な場面もこの最終戦にはあった。そもそもこの試合が時間切れ引き分けになってしまった遠因は、九回裏にロッテの有藤道世監督が一つの微妙な判定に対し、執拗な抗議を行ったことにある。4対4で同点の場面、近鉄としてはロッテの攻撃を一刻も早く終わらせてしまいたい状況だ。二塁の走者が大きめのリードをとっていたのを見た投手、阿波野秀幸はセカンドへ牽制球を投げた。高めに浮いたボールをジャンプして捕球したのがセカンドの大石。ボールをつかんで着地すると同時に二塁走者にタッチし、アウトの判定がなされた。確かに走者の足がベースから離れていたためその点では文句なくアウト。だが、空中から着地した大石が走者を故意に押した走塁妨害だと、有藤監督は抗議したのだ。試合時間が4時間を超えると次の延長イニングはなし。そのため一分でも早く相手の攻撃を終わらせて逆転に望みをつなぎたかった近鉄だが、有藤監督の抗議はなんと九分にも及んだのだ。この場面において、まさに当事者と言えた大石。この時の牽制球を今、本人はどう受け止めているのだろうか。

「ボールを捕ってベースの近くに着地した時は、間違いなく走者がベースに戻れていなかった。だから理屈上、どう考えてもアウト。でも僕もベースについてほしくないという気持ちが強かったから、走者をグラブで押したというか、止めた。止めて押したって言った方が正しいかな。だけど明らかに走塁妨害じゃないからアウトはアウト。それだけの話ですよ。まあ、抗議の時間が長くてイライラはしましたし、はよ、終わってほしいとは思った。はっきりと覚えてないですけど、走者の古川（慎一）には『自分でアウトだって分かれよ』と言ったかもしれない。でもこの牽制球を一生、忘れられないかと言われると、そうでもないです（笑）。現に、その次の回のうちの攻撃ではチャンス作れましたしね。どんなにピンチでもなんとかしちゃうチームだよっていう気持ちもあったから。だからあの抗議の最中でも、僕はまだいけるって思えてた」

どんな場面でも前を向いて、目の前の勝利をつかむことだけに集中しようとする姿勢。ミスや不運をいたずらにひきずらない精神面でのタフさは、怒濤の大逆転を得意としていた「いてまえ打線」の真髄。大石の話を聞いているとなぜあの時代、近鉄があれほどまで逆境に強かったのかが、少しずつ分かってきたような気がした。

二日酔いたちがうごめく近鉄の練習場

ところで、当時、お世辞にも人気チームとは言えない近鉄というチームに対し、大石はどんな思いを抱いていたのか。大石ほどの実力があればどんなチームでも長年、トップバッターを務めることができただろう。少しはセ・リーグの人気球団でプレーしたいという気持ちがあったのだろうか。

「プロ入り前はセ・リーグでもパ・リーグでもどっちでもよかった。その気持ちはずっと変わらなかったけど、近鉄というチームの水は自分には合ってましたね。あまり選手を縛らないとか、いつもは皆バラバラだけど試合になると驚くほどまとまるとか、酒好きが揃ってたとか（笑）。自分は結構、飲む方だからシーズン中でもチームメートと飲んだり、一人で飲んだり。練習中、酒くさい選手も普通に多かった。二日酔いだから調子が悪い、と言われないために集中してプレーできてましたし（笑）。二十代が終わる頃にはすでに、普通の会社員が一生で飲むくらいの量を飲んでたんじゃないかな（笑）。それに仰木監督はとにかく〝相性〟を重視する人だったのでそれはとても勉強になりました。監督はいつもノートを付けていて、データを整理してた。相性を見ながら選手起用するという部分では自分が指導者になった時、非常に参考になりましたよ。こう考えると、自分にとってはやっぱりいいチームだったのかなと」

豪放磊落《ごうほうらいらく》というイメージの強かった当時の近鉄にあって、常に冷静で、ひたすら全力で走り、ふてぶてしい態度なども見せなかった大石。おまけに童顔で寡黙な印象だったトップバッターはどちらかと言えば、ジャイアンツやライオンズのように紳士的なイメージのチームがふさわしかったようにも思えた。だが話を聞いていくと、「いてまえ打線」の急先鋒はやはりこの男だったのだと痛感する。過ぎたことは一切、気にせず、ひたすら今できることに全力を注ぎ込む。その精神こそが、逆境をものともしないチームのキャラクターであり、勝利の原動力となっていたのだ。

「もう少しホームランを狙いたかったたっていうのはありますけど、別にタイムマシンで昔に戻ってやり直したいわけでもない。もう十分やりましたから」

こう、はっきり言える男に心底、憧れてしまう。結局、大石に「追憶の一球」は一つもなかった。彼の心にあるのは、とにかく今、成すべきこと。そして、全力を尽くした人間にだけ訪れる、真の充足感だけなのだろう。

おおいしだいじろう
1958年静岡県生まれ。静岡商業高校では野球部で春、夏の2回、甲子園に出場。卒業後は競輪選手を志望するも結局、亜細亜大学へ進学し、東都大学リーグ新記録の1シーズン17盗塁を記録するなど活躍。1980年のドラフト会議で近鉄から2位指名を受け、入団。デビュー2年目にはセカンドの定位置を獲得し、2割7分4厘、47盗塁で新人王、ダイヤモンドグラブ賞を獲得。1983年には60個の盗塁で初の盗塁王、翌年も盗塁王と、パ・リーグきっての一番打者に成長。1988年には伝説の10.19でリーグ2位に甘んじたが、翌年には自身初のリーグ優勝を経験する。走塁の巧さに加え、広い守備範囲、長打も多い切り込み隊長として17年間、チームをけん引。現役時代は盗塁王4回、ベストナイン3回、ダイヤモンドグラブ賞3回、オールスター9回出場。通算盗塁415は歴代7位の記録。引退後は近鉄のコーチ、オリックスの監督などを歴任した。

Chapter 5

KAZUMASA KOHNO

BEST NINE AWARD: 1977

GOLDEN GLOVE AWARDS: 1974

THREE CONSECUTIVE TRIPLES: 1974 / NPB RECORD

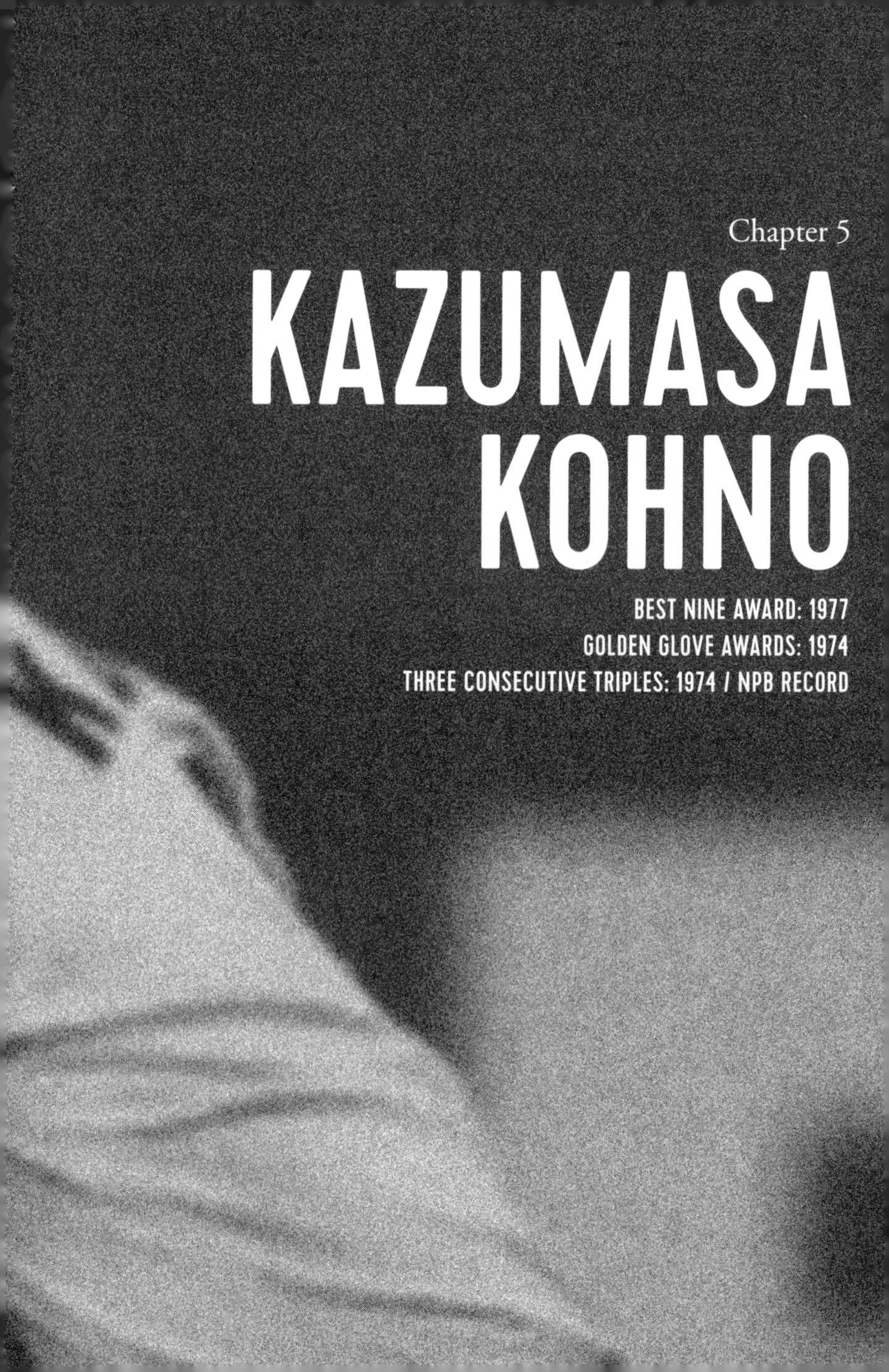

守備って見た目は受け身に見えますけど、実は攻撃あるのみなんです。

Chapter 5

河埜和正

巨人がV9を達成した翌年の一九七四年。衰えを見せ始めた名手、黒江透修《ゆきのぶ》に変わって、ショートのレギュラーに定着したのが河埜和正だった。持ち味は「鉄砲」と呼ぶにふさわしい肩とリズミカルで正確なステップ。その後十年以上にわたって巨人のショートを守り続けた、正真正銘のレジェンドだ。どんな打球だっていとも簡単そうにさばき、何事もなかったようにアウトを一つ増やす河埜のプレー。見る者に、世の中には地味だけど大切な仕事がある、と教えてくれた守備の職人である。

「四国の田舎で育って、小さい頃からサツマイモを背負いながら山に登ってましたからね。重いものを持ったり、長時間上り下りしたり。重い荷物を持って山道を上り下りするっていうのは知らずのうちにウェイトトレーニングやってたようなもんだと、今になって思う。それで肩や足腰が強くなっただけのことです。中学で野球部に入ったんだけど、いきなり初日にケツバットされて、一日で辞めた（笑）」

その後はバレーボールに熱中し、本格的に野球を始めたのは高校から。肩の強さを見込まれてキャッチャーを務めた時期も長く、ようやくショートの位置についたのは高校3年時の半年間だけだった。

「だからドラフトにかかるなんて思ってなかったし、プロでやれる自信なんてなかった。巨人に入ってからも周りはすごい人ばっかりでとにかく一年でも長く続けたいっていうだけ。だから引退するまでずっと、レギュラー安泰だなんて感じたことがないんですよ」

指導者が示唆した進むべき道

ポテンシャルは申し分なかったものの、ショートとしてはまだ未熟だった入団直後の河埜。その可能性を見抜き、つきっきりで指導に当たったのが鬼コーチの須藤豊だった。

「やっぱりね、須藤さんとの出会いが大きかったですよね。まず第一声で『野球、上手くなりたいか』って聞かれたから、はいって答えたんです。そういう流れであれば、すぐにいろいろな技術を教えてくれると思うじゃないですか。でも、そうじゃなかった。『野球が上手くなりたかったら毎月、自分の給料から親に仕送りをしろ』と。驚きましたけど、僕はその教えを現役引退するまでずっと続けたんです。それは一応、僕の誇りなんですけどね。須藤さんは僕に、丈夫に産んで育ててくれたからプロ野球選手になれたわけだし、そんな親に感謝しなさいということを伝えたかったんです」

もちろん、須藤コーチはまだまだ野球を知らない河埜に、たっぷり技術指導も行った。

「試合を見ながらたくさんのことを教えてくれました。僕の特徴は肩と足の速さ、バネなんだからと、とにかく守備のことを毎日、練習で教わってね。こんな僕がプロの試合に出る一番の近道は、まず守備を磨き抜いて守備固めの要員として認められることだって。他球団のバッターがどんな打球を打つかをしっかり頭に入れておけということも言われ、僕はセ・リーグ5球団のレギュラーがそれぞれどんな打球を放つかを勉強して、記憶した。そのことで、自然とベストな守備位置が取れるようになって、少しずつ余裕がでてきたんです。誰がどんな打球を打つかってことを意識する前は来るボールに反応してただけなんですよね。だけど打者によってここに来そうだなって位置に守備位置を変えておき、ある程度、打球も想定しておくとアウトにできる確率がどんどん上がっていったんです」

守備練習といえば、河埜の登場で多摩川グラウンドの芝が変更されたというのは有名な話である。須藤コーチは河埜の肩に可能性を見出し、広域な守備範囲を実現すべく、ショートの定位置から後方3メートルほどまで芝を刈ることで通常の遊撃手よりも広いエリアでの守備を意識させたのだ。

「他の選手にしてみればいい迷惑ですよね(笑)」

多くの学びはV9メンバーの下で

当時の指揮官、川上哲治も進むべき道を決定づけたひとりだ。レギュラー獲りのためには、攻撃力もある程度は磨かなくてはならない。そのためにはどうすればよいか、迷いのあった河埜に、川上監督はこう言ったという。

「打ちたいっていう気持ちが強すぎたのもあって、入団して数年はなかなかうまくいかなかった。そんな僕に、お前は打たなくていいんだと言ってくれたんです。打順を見てみろと。王(貞治)さん、長

嶋（茂雄）さんを始め、打てる打者がずらりと揃ってるだろうと。だからお前はヒットになりそうな打球を巧い守備でアウトにしてくれればいい。そうすれば自分がヒットを一本打ったのと同じだって言われまして。それで気持ちがすごく楽になって、守備はもちろん打撃でもいい結果が出るようになっていったんです。僕にとってはありがたい言葉でしたよ」

川上監督からは試合の流れについても深く学ばされたと話す。ベンチにいる時は必ず、隣に座れと指示されていたという若手時代の河埜。その理由について本人はこう振り返る。

「監督の考えた作戦を僕がグラウンド上の牧野ヘッドコーチへサインによって伝える。牧野さんはそれを理解して打者やランナーへサインを出すと。川上監督が言葉やちょっとした仕草で隣にいる僕に司令を出すわけです。エンドランとかバントとか。最初は監督の隣に座るなんて怖すぎて嫌だったんですけどね（笑）。だけど、こんなことをやっていれば、監督がどういう場面で何を考えているかが分かるようになる。これはすごい勉強になりました」

絶対的なレギュラーとして安心できた時期は、現役時代を通じて一瞬もないと話す守備の名手。16シーズンもの間、巨人軍でプレーを続けられたのは川上監督や須藤コーチを始め、あまたの名手たちが周囲で支えてくれたことが最大の理由だとしみじみ語った。

「巨人V9時代の後半に僕は入団して、ものすごい先輩たちに囲まれてたわけです。そういう実績のある先輩たちの中に年下の僕が入った。タイミングも良かったですよね。セカンドの土井（正三）さんとはどこに打球が来たらどう連携するとか、よく話しあいましたし、キャンプで同じ部屋になることが多かった柳田（真宏《まさひろ》）さん、末次（利光）さんとは外野手と内野手の連携についていろいろ話をしたり、素振りの練習を一緒にしてアドバイスをもらったりね。初めて一軍のキャンプに合流した時はファーストの王さんに送球する時、ちょっと遠慮しちゃってですね（笑）。あんまり強く投げるのもどうかなと思って少し緩い送球をした。すると王さんが怒り出して。『お前の強味は肩だろう』って。『どんどん投げてこい』と言ってくれた。王さんにそういうことを言われると気が休まるというか、安心して全力でプレーできるわけです」

鉄壁の守備を支える攻撃的な気持ち

優れた指導者の金言や苛烈な練習によって、圧倒的な守備範囲を誇るようになっていった名手、河埜。あらためてショートの守備の極意はどんな部分にあったかと問うと、こんな答えが返ってきた。

「技術的なことはたくさんあるけど、やっぱり気持ちで攻めることでしょうね。内野手は第一歩が大事ってよく言われますけど、特にショートっていうのは打撃以上に攻撃的な気持ちが必要だと思う。あと一歩、前に出られるかどうか。守備って見た目は受け身に見えますけど、実は攻撃あるのみなんですよ。勇気といってもいいかな。受け身の気持ちや迷いがあると絶対、うまくいかない」

そう語る河埜には、どうしても忘れられない一球がある。一九八五年四月十六日、阪神戦の四回裏。なんの変哲もないショートフライをグラブに当てて、ポロリと落としてしまうのだ。この一球によって阪神は勢いづき、結果、10対2で巨人の黒星。翌日には、ランディ・バース、掛布雅之、岡田彰布によるバックスクリーン3連発で、阪神の勢いは本格的になっていく。最終的にはそのシーズン、二十一年ぶりに阪神がセ・リーグを制覇。メディアもファンも、阪神優勝の発端は河埜のエラーだったと騒ぎ立てた。

「あの時は、夜露で足が滑るってことも事前に分かってた。いつもだったら絶対に落とさないような簡単なフライですよ。だから余計にショックでね。ちょっとバランスを崩しただけだと思ったんですけど、やっぱり悔しいからその直後、多摩川グラウンドでフライの練習をし直して」

ところが名手のエラーはこれだけでは終わらなかった。その十二日後に行われたヤクルト戦でも簡単なフライを落球。これが逆転を許すタイムリーエラーとなり、この直後に2軍行きを命じられた。

「二回も簡単なフライを落としてしまってね。足が滑ったとか、目がブレたとか、原因はいろいろ考えられるんだけど、一番大きいのはやっぱり攻める気持ちがなくなっていったこと。エラーの翌日だって試合はあるんだからと自分に言い聞かせても、ショックは大きかったわけです。すると今度は、余計なことまで考え出す。河埜は歳をとったと周囲が思っているんじゃないかとかね。それまで一軍でやらせてもらえたのは守備力があったからだと自分が一番、良く知ってる。それなのになんでもない一球を落とし、阪神の優勝を許したとまで言われて。ようやくこうして当時のことを話せるようにもなりました。でも僕にとって、あの一球を思い出すのは今でも正直、きつい」

結局、阪神優勝の翌年、引退を決意。たった一つのエラーが名手のメンタルを大きく揺さぶり、キャリアの終焉にまで進むキッカケとなってしまう。鉄壁の守備で地位を築きながら、現役時代は自信なんてほとんどなかったと語る、どこまでも謙虚な河埜。それでも、あの一球を語る苦々しい表情からは、名手の静かなプライドが確かに透けて見えた。

こうのかずまさ
1951年愛媛県生まれ。八幡浜高校卒業後、ドラフト6位で巨人に入団し、1974年にはV9時代を支えた黒江透修に代わり、レギュラーに定着。強肩を武器に広い守備範囲を誇り、1974年にはダイヤモンドグラブ賞を獲得。1981年には一番打者として先発することも増え、シーズン全試合出場を果たしたほか、リーグ最多の21犠打をマーク。日本シリーズでは打率4割2分9厘で優秀選手賞にも輝く。大洋ホエールズの山下大輔と共に同時代の球界を代表する遊撃手として活躍し、1986年のシーズン終了後に引退。巨人一筋、現役生活17シーズンを全うする。坂本勇人に更新されるまでは球団最多の遊撃手出場記録(1370試合)を誇っていた。3打席連続三塁打(1974年/現在も日本記録)を記録したほか、ベストナイン(1977年)、日本シリーズ敢闘賞(1977年)を受賞。引退後は巨人の三軍コーチ、二軍育成コーチ、二軍内野守備・走塁コーチなどを歴任した。

Chapter 6

HIROMASA ARAI

BATTING TITLE: 1987
RECORD FOR MOST SINGLE SEASON HITS 184: 1987
FEWEST STRIKEOUTS IN A SEASON / SIX TIMES
300 CAREER SACRIFICE BUNTS
BEST NINE AWARD: 1979, 1982, 1986, 1987

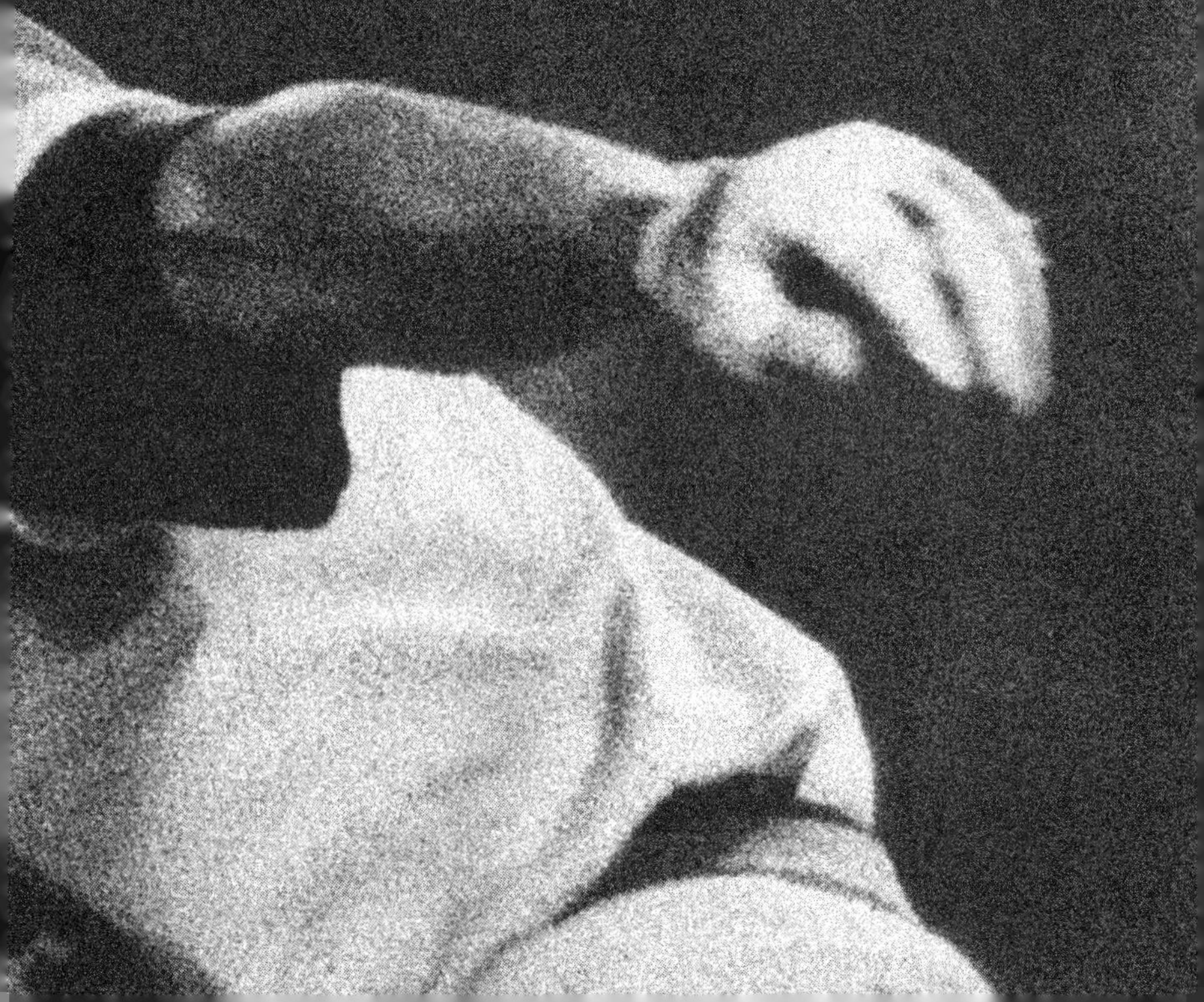

外角でも合わせるんじゃなく、しっかり振り切る。だから三遊間に飛んでいてもいわゆる流し打ちとは違う。

Chapter 6

新井宏昌

三振の数を打席で割った数字は三振率と呼ばれ、その選手の特徴を指し示す一つの目安となる。この数字が低い打者は、当然だが球をバットに当てるのが巧く、高打率を残しているケースが多い。時代やリーグ、打順によって影響を受ける数字だが、この三振率にフォーカスした時、思い浮かぶ選手の一人が新井宏昌である。昭和から平成にかけ、南海と近鉄で通算十八年、活躍。リーグ年間最少三振を六度記録し、通算での三振数は422、打席数は7963で三振率は0・053である。たとえばイチローは日米通算で三振1413、打席数14832で三振率0・095。国内では極めて三振の少なかった打者として知られる吉田義男は、三振325、打席数7833で三振率0・041、現役ではオリックスの吉田正尚が三振300、打席数3189で三振率0・094（二〇二一年十一月現在）。こうして見ると、新井がいかに三振の少ない打者であったかが明確に理解できる。

早いカウントからの勝負で、自分を活かす

筆者を含め近鉄ファンにとってはチームに不可欠であった頼れる巧打者。本人を前に、三振の話題を振ると即答でこんな言葉が紡がれた。

「信条として、打席に立つ以上は見逃し三振を自分自身に対して許さない、と決めていたんです。しかも、当てるだけで終わらせないという難しいテーマを自分に課していました。結果として三振が少なかったという自負もあります。一つの理由は、僕がストライクを積極的に打ちにいくからでしょう。また、早いカウントで振っていった時にあまり空振りやファールにならない。前に飛ぶことが多いので三振が少なかったのだろうと感じています」

論理的な自己分析は、つねに思考が整理されていることの現れなのだろう。実直かつ洗練された言動は、会話が進むにつれより鮮明になっていく。現役時代、3割を七度も記録したシュアーな打者。スランプはあったかについて聞くと、「早いカウントでの勝負」を好んだ理由がおぼろげながら見えた気がした。

「初めて首位打者を獲った一九八七年とか、2千本安打を目前にした一九九二年ですね。打撃練習からカメラや記者が追ってくるんです、そのような機会があまりなかったのに。特に2千本安打の時はドキュメンタリーを撮るということで、自分としては早く達成しなければならないとあせりが出たんでしょうか。要するに注目されるのが好きじゃないんです。だからさっさと打席に入りたいし、打席に立っても長時間、あの場所にいたくない。緊張するわけではないんですけど、早くバッティングを終わらせたいんです」

ただひたすら快打を放ち、派手なアクションもなく、黙々と塁間を駆ける。本人の言葉を聞くうちに、仕事人と呼ぶにふさわしいその活躍が脳裏にフラッシュバックした。

功績を残した巧打者にはそれぞれ独自の打撃理論が存在する。芸術的な流し打ちが印象的だったところのイメージを伝えると、少々、困惑した表情でこう応えた。

「僕は、流し打ちっていう言葉があまり好きじゃないんです。押っつけて打つとか、近めの球でも逆方向に打つとか、バットに球を乗せるとか。僕はそういうバッティングをしませんでした。言ってみればコースに逆らわずに打つ。自分が先に打つ方向を決めるのではなく、内角なら右、外角なら左に打つ。そして外角でも合わせるんじゃなく、しっかり振り切る。だから三遊間に飛んでいてもいわゆる流し打ちとは違うんです」

ではどのように打てば、そのような打撃ができるのか。三振が少なく、振り切りながらも広角に打て、しかも高打率を残せた秘訣を分析してもらった。

「ボールの内側を打つ、ということですね。これを意識して無駄なく力まないフォームで逆らわずに振り切る。外角低めについては打ち上げようとせず、上から振っていく感覚で低く打ち返し、強いゴロをイメージする。でも結局は、右方向だろうが左方向だろうが良い当たりをしてもサードライナーとか大きなライトフライで終わってしまえば意味がありません。だから打撃練習ではどんな時にヒットとなるかを確認していくんです。たとえば、バントの構えから一球目は三遊間方向に、二球目は一、二塁間からライト前へ打つことから始める。そのポイントとバットの出し方をおさらいした後、フリー打撃でコースに逆らわないで打つ。もちろん力強く振り切った上でショートライナーになっているな、センター

が追いつくような飛球だなと思えば、その感触がどれだけいい感じであろうと、調整していきます。これであればヒットゾーンに飛ぶなとか、ゴロであろうと三遊間を抜けるなという、バットとボールのマッチングを考えるということです。これが確認できていればゲームの中で何も考えることはありません。身体が反応してくれるんです」

陥った不調、そして恩人と出会う

苦手な投手について問うと、各チームのエースに対して、自身が決めていた方針を話し始めた。そして、懐《ふところ》から用意していたノートをサッと取り出す。そこには現役時代、ホームランを打った対戦投手名、格上の名球会投手との対戦結果などが詳細に記されていた。

「南海でデビューした時から、自分より格上の投手になんとか食らいついていかないとレギュラーポジションを獲れないという意識が強くありました。このノートには苦手というより、自分が打たなければならない投手に対する成績や印象をメモしていたんです。近鉄では鈴木啓示さん、阪急では山田久志さん、ロッテは村田兆治さん、ライオンズは東尾修さん、工藤（公康）ですね。この偉大な投手と対戦したら、一試合4打席でヒット一本が目標。これができればまずまずだと思っていました」

数々の言葉からはっきりと感じ取れるのは、確立された打撃の手法と、打席に立った際の確固たる哲学。それにしてもこれほどの巧打者がなぜ南海から近鉄へと移籍することになったのか。そこにはバッティングフォームに迷いを生じさせる、ある出来事が関係していると本人は振り返った。

「移籍する直接的な原因ではありませんが、門田博光さんの一言は大きかったんです。南海のキャンプで酔った門田さんが僕にこう言った。『お前、外野でレギュラーやったらもっとホームラン、打たなあかんぞ』と。それで僕は体格や筋力も考えず、無理を強いるような、少しでも飛ぶような、動きを入れるバッティングに変えていった。それが失敗でした。バットを高い位置で構えて、クローズドスタンスで、身体をひねっておいて飛ばそうと。それがミスショットを連発して、打撃が低迷する要因になっていきました」

さらにはチーム事情もあり、スタメン機会が減少。その状況に、打棒や足を計算できる二番打者を求めていた近鉄が目を付け、南海に働き掛けたのだ。そして移籍後、薫陶《くんとう》を受けたのがかつての偉大なスラッガーであり、数々の優れた打者を育て上げた中西太コーチだった。

「中西さんは恩人ですね。非力なのに無理に力を出しにいってボールを捉えていると。これがミスショットの原因だとズバリ、指摘していただいたんです。そこで、相手のボールの力を利用しなさいと言われました。現役時代の中西さんは思いっきり引っ叩いて打っていましたけど、その球が右中間に飛ぶことも多かった。振り切った上で左右の方向に大きな打球が飛ぶというとても良い打ち方です。その方に影響を受けたからこそ、自分としても納得できる打法にたどり着いたんです。指導を受けて、自分が打者としてコロっと変わったという自覚もありました」

こうした転機に加え、近鉄というチームのカラーも自身の能力をさらに引き出すことにつながっていく。当時の南海には緻密な野球を目指す伝統が受け継がれていたと話す新井。一方の近鉄には選手のポテンシャルを存分に活かすべく、自由に思い切りプレーさせるという風土があった。岡本伊三美監督、仰木彬監督とともに一番の大石大二郎や二番の新井にはサインを出さず、各自の自主性やひらめきに期待。送りバントでさえサインが出ることはなかったと本人は語る。

「大石が塁に出たら彼優先なので、まずは走るまで僕が待つ。彼は自分のコンディションが良くないとか、投手のモーションが盗みにくいという時に、走れませんというサインを三塁ベースコーチに送る。さらにそのコーチがそのことを僕にサインで伝えてくれたら、さて、バントをしようとか、バスターしようとかを決める。ヒットエンドランを狙おうと思った時には僕がヘルメットの後部を触って、そのことを大石に知らせるという具合です。このように二人で点の入りやすい状況を作れと。一つ岡本監督から指示されていたのは、ランナー二塁の時にはバントしないでほしいということ。僕の次はブライアントで、彼はホームランかヒットか三振という打者で犠飛がほとんどありません。ですから二塁から三塁へ送るためにバントでアウトを一つ増やすのは無駄です。もちろんブライアントにもノーサインなので上位打線は皆、自分たちで考えてプレーしていました」

プロ初打席の初ストライクに相対して

現役時代、最も記憶に残る一球について聞くと、一切迷いを見せず、実に〝らしい〟シーンを挙げた。それは一九七五年七月二十五日の平和台球場、南海対太平洋クラブ戦。新井にとってはプロデビューとなる試合、一番、レフトでのスタメン起用だった。

「初めて二軍から一軍に上げてもらって、野村（克也）監督からは一番でいくからと言われまして。それもビジターでの一番打者ですからプレイボールの第一球から打席に立つことになります。相手の先発は東尾さんでした」

打席に入る前、キャンプの時にドン・ブレイザーコーチから指導されたバント練習が頭をよぎった。試合に出たら一試合に一度は必ずセーフティバントをしろというアドバイスももらっていた。

「そういうことを思い出して、ああ、じゃあセーフティバントをしようかと。相手バッテリーにしても、僕のデビュー戦ですから情報はまったくないはずです。そのような状況で東尾さんは1ボールからの二球目、簡単にストライクを投げてきてくれた。僕はそのバントに成功して初ヒットを記録したんです。デビュー戦、一番としての初打席を思い通りのプレーで終えることができた。セーフティバントって一度、失敗すると三塁手が前に出て警戒してくるので次はなかなか成功しにくいでしょう。だから一球しかチャンスがないと言っていい。この場面でおあつらえ向きのストライクが来たということを考えると、自分にはとても運があるなあと感じるんです。自分だけではどうしようもない部分というか、僕には運としか思えません。その日はこのプロ入り初安打に加えて、初盗塁、猛打賞まで記録することができました。つくづく、プロ野球選手としてのキッカケをつかんだ一球だったなと思いますよね」

この体験は、その後の野球人生に大きく影響を及ぼした。現役を通じ、一貫して重視したのは、バントヒットなのか、ホームランなのか、犠打なのかではない。新井には、自分が意図した通りのプレーで、狙い通りの結果につながったかどうかがテーマとなっていた。プロとしていつも追い求めたのは、チームを少しでも有利な状況に導く、自身の的確な判断とこれに連動する身体の動き、なのである。

「自分が納得できた打席と言われれば、いくつかの対戦を思い出します。例えば村田兆治さんには決め球のフォークがあるので、ストライクであれば初球から打っていかなければなりません。ですけどそんな村田さんと対戦して、ツーストライクに追い込まれてしまった時がありました。本来ならここでフォークでの三振を狙われるはずなんですが、この打席では三球勝負でインサイドの真っ直ぐが来るんじゃないかとなんとなく感じたんです。なんとなくとしか言えないんですがなぜだか、この場面でフォークボールの三振では面白くないと村田さんは思っているんじゃないかと。だから僕は、裏をかいた速い真っ直ぐのインサイドで見逃し三振を狙ってくるだろうとイメージした。すると予想通り、インサイドのストレートが来て強くスイングしたらそれがホームランになったんです。根拠はないですが感覚だけで次の球を読み、意図通りのプレーができたという打席でした。この時も納得感があったというか、運があるなと感じましたね。そう、定められた何か、僕はそういうものが運であると思っているんです」

一九八八年の十月十九日。ペナントレース最終戦のダブルヘッダー第2戦で引き分け、惜しくも優勝を逃した日でさえ、運がなかったと早々に自分の中で結論付け、その悔しさを後に引きずることはなかった。こんな潔さも選手としての成長、ブレずに安定したプレーを支えたのだろう。

自身の哲学やスイングには日々、磨きをかけつつ、運気の流れに抗うことなく、感覚を研ぎ澄ませた上で正確な動きを実践する。一時間超の濃密な対話を終え、どこまでもしなやかで美しかったそのプレーの背景に、少し、迫れたような気がした。

あらいひろまさ

1952年大阪府生まれ。PL学園時代には甲子園に出場し、準優勝を経験。法政大学を経て、1974年のドラフトで2位指名を受け、南海に入団。デビューイヤーには一番打者として期待され、規定打席未達ながら3割3厘の好成績を残す。翌年から二番打者に定着し、1979年には3割5分8厘を記録し、ベストナインに初選出。1981年からは2年連続で3割以上の打率を残し、パ・リーグでも屈指のシュアーな打者として知られるようになる。1985年オフには近鉄へ移籍し、翌年からは二番、センターとしてフル出場。1987年には3割6分6厘で初の首位打者を獲得すると同時に、パ・リーグ最多安打も記録した。1989年には3割2厘の高打率でチームの優勝に大きく貢献。1992年には2000本安打とともに、300犠打も達成する。同年の引退まで現役生活18年間で、通算打率は2割9分1厘。引退後はオリックス、福岡ダイエー、広島などで打撃コーチ、二軍監督などを務めた。

ANKYU

Chapter 7

YUTAKA FUKUMOTO

STOLEN BASE CHAMPION: 1970-1982
MOST SINGLE SEASON HITS: 1973, 1974, 1977, 1978
BEST NINE AWARD: 1972-1974, 1976-1982
1065 CAREER STOLEN BASES / NPB RECORD
115 CAREER TRIPLES / NPB RECORD
MVP: 1972

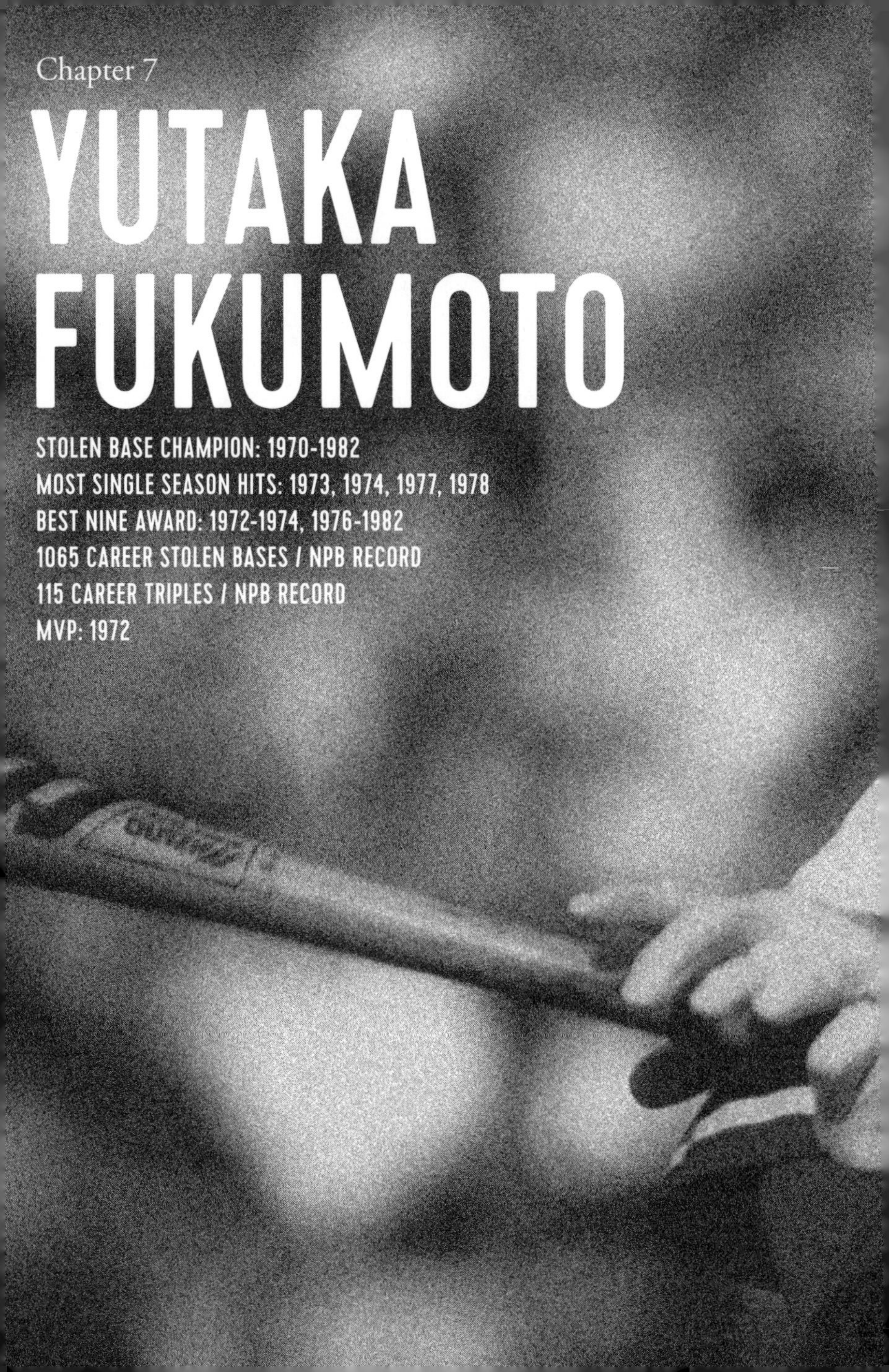

なんかイライラしてきてね。しつこく牽制がくるもんで、もうそれやったら走るわと。

Chapter 7

福本 豊

前人未到、通算1065盗塁の日本記録を持つ史上最高の一番打者は自身の経営するバーで待っていた。七十半ばを過ぎた今でも眼光鋭くなかなかの威圧感があるが、話を始めると、冗談たっぷり、表現力豊かでどこまでも気さくな福本豊である。

あらためて現役時代の記録を眺めてみるとやはり度肝を抜かれる。デビュー二年目からの13年連続パ・リーグ盗塁王、そして一九七二年に打ち立てた日本記録であるシーズン106盗塁、日本シリーズ通算14盗塁などなど。七〇年代から八〇年代前半にかけ、福本の盗塁がなければ阪急の黄金時代はなかったと思える。そんな名手に塁を盗む瞬間のメンタルについてまず聞いてみた。

「自分が走れば走るほど相手は必死になって殺そうとしよる。こっちはそれをかいくぐってセーフになろうと必死や。それがスリルちゅうか面白いし、楽しい。塁に出て、ピッチャー見て7割行けると感じたら走る、それ以下なら走らんと。続けていくうち、いいスタート切れたら100パーセントセーフになるんやなと分かりましたんで、自分としてはギャンブルという感覚はない。シーズン中、いつも考えとったのは自分の次に盗塁の多い選手より10個は多く走ったろと。まあ50くらいはいつでもできるわなという感じですわ」

あっけらかんとした表現の中に、達人らしい境地も透けて見える。現役時代、数だけを追求すれば通算1500盗塁は残せる自信もあったと話す福本。だが、「ボロ勝ちの時に楽勝な盗塁やってもしゃあない」という言葉通り、あくまでチームの勝ちにつながらない盗塁は「つまらん」という理由から、クレバーなランナーとして敵にダメージを与え続けた。

塁に出たら、とにかく走れ

100メートル走は11秒そこそこで特段、速いわけではなかったが、新人時代、陸上競技のコーチに一歩一歩が横に広がらず、縦一直線に近い形で足を前に出す走法を学んだことがまず大きかった。だが、当時の監督であった西本幸雄からは具体的な指示などなく、「試合のなかで練習せい」と発破をかけられるのみ。塁に出て、次打者の早いカウントでスタートを切れなかったとなれば、後で監督から「はよ、走らんかい」と言われる始末。ただ、監督は福本のデビューからほどなく自由に走っていいというお墨付きを与え、稀代のランナーが走れる環境を整えてくれていた。

「塁に出たら、とにかく早よ行くんやぞと言われてましたから。あんまり待つと二番打者が困るやろと。そういうこと考えて走れと教えられましたね。たとえば二番の大熊（忠義）さんがまず塁上の僕に『行けるか？』ってサイン出すんです。そしたら僕が『あきまへん』ってサイン返すと、大熊さんはガーンと打ちます。エンドランも単独盗塁もそうやって二人でサイン出し合って決めてましたね。楽しかったですよ」

少ない歩数で加速する能力にはもともと長けていたので、走るコースは無駄なく一直線に、ヘッドスライディングは時間の無駄や怪我が多いので避けるなど、細かい技術を積み上げていく。そして課題として残ったのが、スムーズなスタートを切るためのタイミングだった。駆け出しの時代はピッチャーの癖が分からず、このタイミングを計るのに苦労したと話す。大きなキッカケとなったのは、たまたま知人から譲り受けた8ミリカメラだ。始めは何気なしに自分のプレー映像を見るだけだったが、ある日、操作ミスによって映像が早回しに。チョコマカ動く選手の映像を面白く見入っていたその時、思いもしない発見があった。

「近鉄の鈴木啓示投手が投げてる映像やった。牽制の時と投球の時では動作がほんの少し違うことに気づいた。牽制の時は微妙にアゴが下がるんやけど、捕手への投球の時は塁上の僕と目が合う。別に癖を探してたわけやないんやけど、早送りで何度も見ると『あれ、なんか違うやん』って。他の投手にしても早送りで見ると、牽制と投球の動作の違いを見つけることができた。偶然やったんですけどね」

癖というより、リズムだと福本は話す。言葉では明確に表現できないものの、一塁への牽制か、捕手への投球かで確かに異なるピッチャーのリズム。これを観察し、感じることで盗塁の数が積み上がるようになっていったと本人は認める。

「この癖や！思うて走ってもそんなん遅い。だからリズムを感じるというかですね。この人はグロー

ブ止めてから何秒くらいで放るとか、背中がちょこっと緩んでから牽制がくるとか。よーく見てたらその人のリズムがなんとなしに分かる。自分はそれを早いとこ、見つけましたよね」

映像で投手のリズムを感じ、試合でそれを確認。これを繰り返すことでスタートのタイミングは俄然、スムーズになっていった。初対戦のピッチャーに対しては情報を得るため、わざと牽制球を何球か投げさせるということも実行した。

「一塁と二塁を結ぶ線上よりほんの少しライト側、つまり投手より遠い位置でリードを取ると牽制球が多くなる。逆にできるだけ投手に近い位置でリードを取ると牽制球はあんまり来ない。投手からすると目の錯覚ちゅうやつですね。投手から遠い位置だと大きなリードに見える。こういうリードも利用してね」

ライバルたちとの熾烈な駆け引き

面白いように盗塁を決めていく福本に対し、ライバルチームもあの手この手で応戦した。ロッテはホームスタジアムの一塁ベースと二塁ベース付近にたっぷりと水を含んだ土を投入し、福本が走りづらくなるよう砂場にも似た地点を作った。あるいは野村克也監督率いる南海はこんな対策も編み出した。一塁牽制時に一塁手が捕球せず、塁上の福本の足に当て、ダメージを負わせるというダーティな作戦だ。

「砂場はね、走る位置を少しずらして対応しました。ボール当てられた時は、まあ『痛っ』ちゅうくらいでそのまま走りましたわ（笑）。汚いなあと思ってましたけど、まあそれがプロやと。だから気にせず僕は走りましたよ、それでもね。南海が始めたクイックモーションには最初、手こずりましたけど、見てるうちにやっぱりクイックなりのリズムが分かってきてね。クイックちゅうのは、腰、クっと下げてそこでポッと行くねん。足上げへん。体重かけてガッとするやろ。そしたら、こうカッと足動かすんやけど、ちっさい動きで。最後はグチャッといってな？」

達人ならではの表現でクイックモーションの動きを語った福本。ふと思い出したようにライバルチームのエースについて感心したように言葉を続けた。

「僕がそうやってクイックを盗んでいくでしょう。そうするとエースピッチャーは必ず修正してくるの。兆治（村田兆治）なんかはあの投げ方でしょ？　最初はカモにしとったけど、直して、直して、走りづらいよう工夫してきよる。鈴木も東尾（修）もそう。さすがエースやという感じですわ。中でも一番は巨人の堀（堀内恒夫）ね。牽制自体はどうってことなかったんやけど、クイックのリズムを一球一球変えるとか、僕を一塁に釘付けにする技術を持っとった。小さく、早く、身体開いたまんまで投球しよる。そんなピッチャー他にいないわね。大抵、どんなピッチャーでも走りましたけど、堀は一番。やられたと思うた唯一のピッチャーでしたわ」

盗塁談義をひとしきり終え、「記憶に残る一球」について聞くと福本は低くうなりながら、記憶を絞り出し始めた。

「なんやろねー、うーん、ないですねぇ」

そこで筆者は、盗塁の世界記録を抜き去った一九八三年六月、西武との試合はどうかと話を振ってみる。通算939個目の盗塁を決めた瞬間だ。「そうやね」という答えを期待したが、本人は全く逆の返答で応じたのである。

「いやいや、それはもう一番、おもろない盗塁ですよ。だってもう5点もリードされててボロ負けでしょう。なんで九回に走らなあかんねんていう。普通、シーズン中やったら5点差つけられて走らんかったし。明日、やったらええなと思うてたんですよ」

状況としてはあとひとつの盗塁で世界記録を抜くという九回表。四球で塁に出た福本が次バッターの内野ゴロで二塁に進んだ状態。走っても試合に勝ち目はない中、ここでは走らないと決めていたのだ。

「一塁におる時から二番打者にバッテンのサイン出して『盗塁は嫌や』と伝えてあった。そんな気持ちで二塁に行って、ショートの石毛（宏典《ひろみち》）にも、今日は走らんからなと言うた。記録のために楽な場面で稼いだと思われてもいややし。それに三盗でしょう。そんなん簡単やし、おもろない」

ところがそんな福本の心境などおかまいなしに、西武バッテリーは二塁への牽制球を繰り返した。盗塁の気配はなく、大きなリードもないのに、である。

「なんかイライラしてきてね。しつこく牽制がくるもんで、もうそれやったら走るわと」

結果はあっさり三盗成功で世界記録を達成。その時のリプレイを見ると、記念の花束を掲げながらも福本には笑みがない。

「自分、通算でも三盗は149個しかしてへんのです。全部の中で約1割くらい。簡単やいうのと、タイムリー出れば二塁からホームへ還れるやろというのもあって三盗は少ない。なのにあん時は走らなあかんようになって。だから記憶に残るもんでもありませんね」

ようやく脳裏に蘇った、一つのシーン

ならば、福本にとって生涯忘れられない一球とはどんなシーンなのか。筆者はしつこく食い下がった。たとえば一九七二年、シーズン106個の盗塁を決めた時などはと聞いてみる。

「いやあでも、あの時は初めて打率3割超えてて、もう優勝も決めてるし、監督から休んどけと言われてるような感じやったし、あんまりねぇ」

と、その時、福本の脳裏に一つのシーンが蘇ったように見えた。ようやく「あれやな」という確信に満ちた表情で口にしたあるシーンは、一九七八年の日本シリーズ。阪急対ヤクルトの第4戦での一コマだ。ここまで阪急2勝、ヤクルト1勝で、この試合、阪急が勝てば王手の状況だった。スコアは4対5で阪急1点リード。九回表を抑えれば勝ちという状況である。ピッチャーはなんとかここまで投げてきた今井雄太郎。打席にはヤクルトの巧打者、デーブ・ヒルトンが立った。

「ボール放りゃいいのにストライクゾーンにカーブ投げて、ボコーンとホームランですわ。それで逆転、負けてんのよ、その試合。なんでカーブ放るねんて。ヒルトン、カーブ好きやのにって」

このホームランで勝利を目前で逃すことになった阪急。ここでの逆転劇をターニングポイントにヤクルトが勢いを取り戻すことに。結局、シリーズは4勝3敗でヤクルトが日本一を達成。確かにシリーズの明暗を分けた重要な場面ではあった。それにしても福本が今井に対して「なんで?」と思う背景には、きちんとした理由がある。

「試合前のミーティングでヤクルトのデータとかみんなで確認するやん。そん時もミーティングでヒ

ルトンにカーブを放ったらあかんでって言っとったからね。ヒルトンへのカーブだけは忘れるなと、はっきり（笑）。それでまんまとホームラン打たれて。自分はセンターで見ててね。もう、ミーティングで言うたやろうと（笑）。今井の雄ちゃん、それ、ちゃんと聞いてたやろうと（笑）」

盗塁記録が破られる日は来るのか？

愛情とユーモアたっぷりに今井の失投について語った福本。なんだか日本一のスピードスターらしくない「記憶に残る一球」だと筆者は一瞬、思ったが、そもそも、究極の盗塁シーンについて話し始めるだろうとこちらが勝手に期待しすぎていたのもあった。なにより、ヒルトンへの失投についての描写が実に味わい深くもあり、面白おかしくもある。自身の盗塁にまつわるエピソードでは格好つけ過ぎだと、控え目な態度をとったのかもしれなかった。

終始、サービス精神満載で、そしてあくまで謙虚に、かつての記憶を掘り出してくれた。最後に、自身の盗塁記録が誰かに破られる可能性について聞いてみる。

「いやあ、そら分かりませんで。今は昔より試合数も多いやろ。まあ走れる選手はおるやろうけど。要はそこまでやるか、でしょうね」

ふくもとゆたか
1947年大阪府生まれ。大鉄高校時代に外野手として夏の甲子園に出場。卒業後は松下電器を経て、1968年のドラフト7位指名を受け、阪急に入団。1年目から一軍の試合に出場し、1970年からはレギュラーポジションを確保。同年いきなり75盗塁でパ・リーグタイトルを獲得する。この時から一番、センターの座を15年余もキープ。1972年にはシーズン106盗塁(2022年11月現在、日本記録)、13年連続パ・リーグ盗塁王、17年連続二桁盗塁など圧倒的な活躍で阪急の黄金時代を支え続ける。シュアーなバッティング、パンチ力にも長け、3割以上の打率は7度、シーズン最多安打4回、通算本塁打208本、通算三塁打115(2022年11月現在、日本記録)など打者としても好機で期待に応える活躍を見せた。加えて、ダイヤモンドグラブ賞は12年連続12回(最多回数、及び最多連続記録)など俊足を活かした圧倒的な守備力も持ち味であった。通算20年間、阪急一筋、1988年オフに現役を引退。

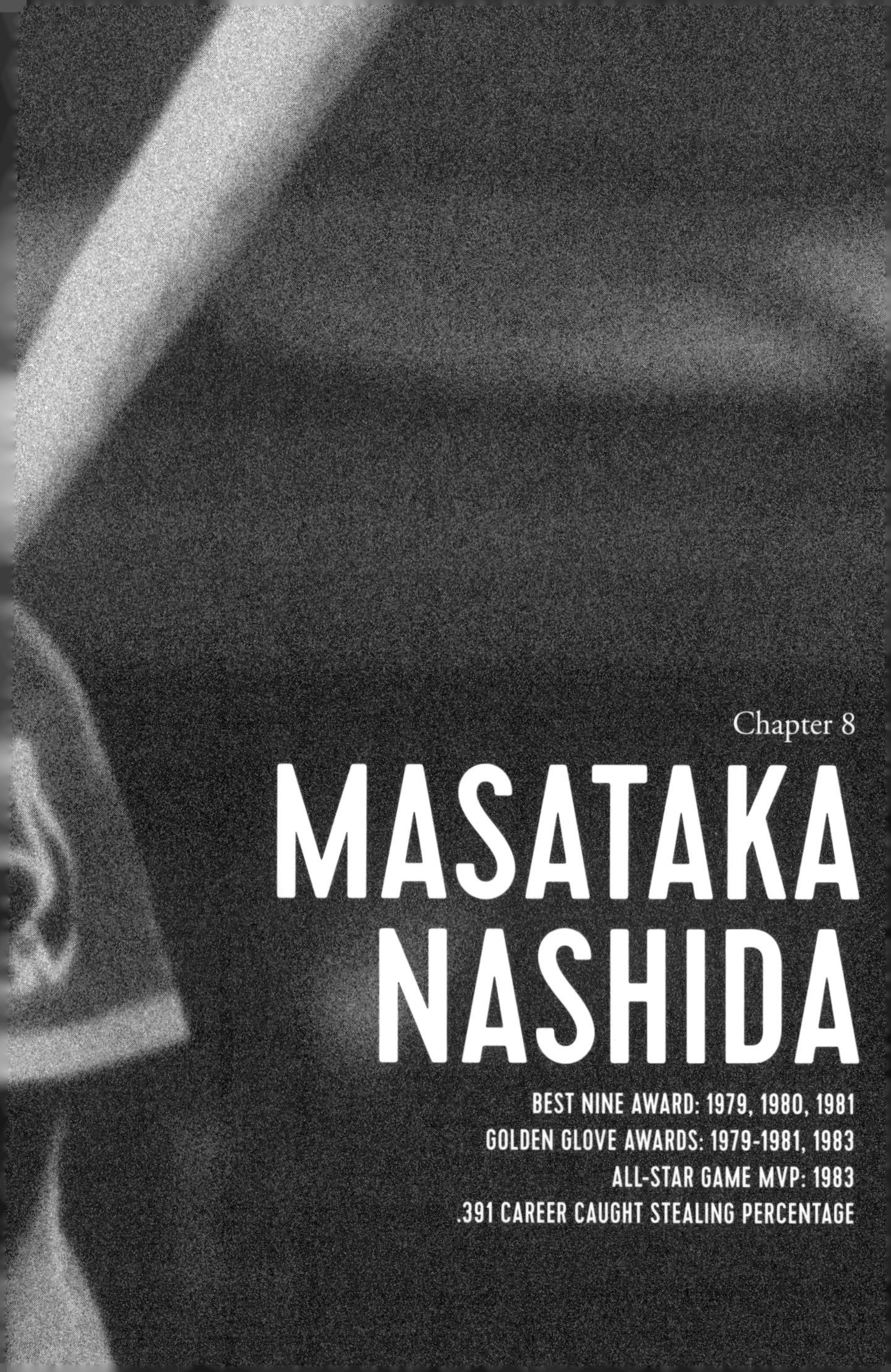

Chapter 8

MASATAKA NASHIDA

BEST NINE AWARD: 1979, 1980, 1981

GOLDEN GLOVE AWARDS: 1979-1981, 1983

ALL-STAR GAME MVP: 1983

.391 CAREER CAUGHT STEALING PERCENTAGE

最後の打席はあのヒット、それで最後の守りはなんの夢もないあの場面。

Chapter 8

梨田昌孝

長年のプロ野球ファンなら、これまで幾多のユニークな打法、投法を目にしてきたはずである。打者なら一本足打法に振り子打法、神主打法に猫背打法やガニ股打法まで。投手ならマサカリ投法にトルネード投法、ザトペック投法にサブマリン投法、近年ではガチョーン投法にあっち向いてホイ投法なんてのもあった。そんな回想をする時、決まって脳の奥底から蘇る鮮烈な打法が、そう、コンニャク打法である。バッターボックスに入るや否や、バットと体をクネクネ。投手がサインを覗き込む間もクネクネとした動作は継続。そしてボールが投手の手を離れた瞬間から間合いを取り、ビシッとボールをインパクトするのである。このプロ野球史上に燦然《さんぜん》と輝く独創的なフォームの主こそ、近鉄バファローズ一筋、二〇〇四年のチーム消滅時も最後の監督として辣腕《らつわん》を振るった梨田昌孝だ。重労働を強いられる捕手でありながら強烈な打棒でチームを牽引。一九七九年には球団創設以来の初優勝、そして翌年のパ・リーグ二連覇にも貢献した。実に、十七年もの長きにわたり、パ・リーグの顔として大活躍した球界のレジェンドなのである。

酒場で生まれた特殊な打法

現役時代から甘いマスクと爽やかな笑顔で多くの女性ファンにも支持された男。しばしば見せるにこやかな表情と柔らかな物腰、そしてダンディな佇まいは今でもほとんど変わっていない。こちらが投げるどんな質問に対しても常に思慮深い言葉で受け答えし、ほんの数分で、名捕手らしくきっちり整理された脳内が容易に窺《うかが》えた。

「当時、近鉄本社がラジオ番組をやっていて、僕の打ち方に名前を付けるという企画があったんです。そこでリスナーの方が提案してくれた名前を絞っていってね。最終的に、一番人気があったコンニャク打法に決まったんです。他の候補にはスネーク打法とかクネクネ打法とかあってね(笑)。自分としてはスネーク打法の方がいいなと思っていたんですけど」

そもそもあの個性的な打法は一体、どのように生まれたのか、というテーマから話は進んでいった。聞けば、コンニャク打法がお披露目となったのは梨田がプロ入り五年目のシーズン。その前年から新打法の開発に勤しんでいた背景には、迫りくる極度のプレッシャーや強烈な危機感があったからだったと本人は語る。

「僕は高卒でプロ入りして、同学年の選手たちが大卒でプロに入ってくる時期でした。少しずつ何かを変えていかないといけない、負けてはいられないという気持ちですよね。僕にはボールをインパクトする直前にグリップの部分が下がるっていうクセがあって、これをなんとかしたいなとひとり、黙々と悩んでいたんです。それである時、大阪のミナミにあるスナックで飲んでいて、ブランデーのボトルをバット代わりに握って遊んでいたことがあった。そこでふと、こうやってグリップを下げて構えるとすごく楽だなと気づいてね。そうだ、グリップが下がるんだったら最初から下げて構えればいいんじゃないかって」

さらに梨田が悩んでいたのは体が硬いというマイナス面だった。そこでなんとか体を柔らかくしたいという気持ちから、バットを持つ腕を柔らかく、さらには上半身も下半身も柔らかくということで試行錯誤。グリップを下げた構えと、体全体をクネクネさせるという手法の組み合わせによってあの独特のフォームを会得《えとく》したという。

「それまで、自分にはパンチ力はあるのにその力が打つ時、バットにうまく伝わらないということをいつも考えていて。コンニャク打法が完成後、オープン戦で場外ホームランを打った。始めから体を柔らかくしておいてグリップも下げておけば、打つ瞬間、体がピタっと止まってブワーッとボールが飛んでいく。逆転の発想と自分では呼んでいるんですけど、これでいけそうだなと思えたんです。でも、あの打法を始めた頃は周りからも『なんやそれ』とかいろいろ言われましたよ。うちのお袋なんて、『お前、あんな打ち方しかできんのか』って（笑）」

頭脳によって怪我を克服

頭をひねって技術を高める、というやり方は打撃だけでなく、守備面でも功を奏した。梨田がマスクをかぶり始めた時期、パ・リーグ在籍の捕手にとって最大の脅威は、阪急の福本豊だった。後に盗塁の世界記録を樹立する福本の足がパ・リーグ捕手の盗塁阻止率を著しく低下させていたのだ。

「肩には自信があったんですけど福本さんだけはなかなか刺せなくて。おまけに命の次に大事な右肩を骨折してしまって、思うような球が投げられないということが重なってしまったんです。それでまた悩んで、盗塁を刺すために必要なことについてあらためて考えることにした」

思考を重ねた結果、答えが四つ、導き出された。それは、肩の強さ、捕球から二塁送球までの素早さ、コントロール、そしてボール自体の回転だった。肩の強さは怪我によってもうあまり活かせない。ならばということで梨田が着目したのは二つ目以降の項目。とりわけ、捕球から投球までをいかに早くするか、であった。頭の中に浮かんだのは硬いコンクリートと木の板、そしてベニヤ板だ。これら三つの素材がボールをどう跳ね返すかをイメージすることで、理想的なキャッチングの方法を煮詰めていったという。

「コンクリはボールを思いっきり跳ね返すから手の平、木の板はそんなにボールを跳ね返さないミットの芯、ベニヤ板はほとんど反発しないということでミットの網部分。つまり受けたボールをミットから摑み取って投げるんじゃなく、硬い部分で跳ね返らせ、力を吸収し、弾ませることで右手におさめて投げるという動作を目指した。コンクリと木の板とベニヤをミットの中で利用して素早くボールを投げると」

見事、梨田の盗塁阻止率は急激に上昇した。一九七九年には5割3分6厘の阻止率をマークし、このシーズン以降、梨田の数字を上回った捕手はパ・リーグに存在しない（二〇二二年十一月現在）。頭脳を駆使することで肩の怪我を克服し、捕手としての価値を高めることに成功したのだ。

「配球でも、やっぱり豊かな想像力が活きるんですよね。疑問を抱き、考える、頭を使うというのは選手にとって大切なことなんだと思います」

激烈な感情をもたらした10・19というドラマ

現役生活最後の打席は一九八八年十月十九日に訪れた。そう、伝説の10・19、ロッテとのダブルヘッダー第一試合だ。近鉄が優勝するには2連勝しかなかったが、八回裏を終わって試合は3対3。当時のパ・リーグはダブルヘッダー第一試合で延長は認められていなかったため、九回表は近鉄にとって最後の攻撃になることが分かっていた。試合はもつれにもつれた末、2アウト二塁という最終局面に。ここで次打者が倒れればジ・エンド。ついに監督の仰木彬はチームの切り札であり、そのシーズン限りで引退を決めていた梨田を代打に起用する。

「ベンチを見ても僕しかいないはずなのに、仰木さんの代打のコールが遅くて。あんまり遅いんで、小さい頃、三角ベースで遊んでいた時代や、中学、高校で野球をやっていた時代のことなどが走馬灯のように頭の中を巡ってね。ああ、これが最終打席か、なんて思いながら自分の原点ってなんだったんだ？

と自問自答したんです。その答えが、振る、ということ。最初のストライクを振らないと意味がないなと」

結局、二球目のファーストストライクを叩いた結果、ボールはセンター前へ。これが劇的な逆転タイムリーとなって近鉄は第一試合を勝利。あと一つ勝てば優勝という、運命の第二試合に突入することができたのだ。近鉄ファンならずとも印象に強く残っているであろうこのドラマティックな場面。梨田にとって最も記憶に残る一球とは、おそらくこのタイムリーだろうと誰もが予想するだろう。ところが本人の回答は意外にも違った。確かに、この一打でパ・リーグを盛り上げたという自負は、言葉の端々から感じられた。だが、第二試合はまさに暗転。九回裏、同点の場面から守備で登場し、試合はそのまま運命の十回表へ。結局、この回で惜しくも加点できなかった近鉄に優勝の可能性はなくなった（時間制限でそれ以上の延長戦はなかったため）が、十回裏の守備にはつかねばならなかったのだ。ロッテが加点すればサヨナラ負けで、引き分けのまま試合が終わっても近鉄の優勝はもうない。そんな場面で梨田は現役最後の守備を務めたわけだ。

「最後の打席はあのヒット、それで最後の守りは何の夢もないあの場面でしょう。優勝はないんだからもう守らなくていいじゃないかっていう気持ちもあったし、これほど惨めな場面もないなって。あの時、現役を引退するっていうことを考える余裕なんてありませんでしたから」

優勝に首の皮をつないだ歓喜のタイムリーと、優勝の目がついえた後の絶望の守備。10・19について語る時、それまで続いた爽やかな表情はほんの少し曇りがちになった。それほど複雑かつ激動の一日だったのだろう。一時は1位の西武に8ゲーム離されながら、最終局面で十三日間、15連戦を強いられても優勝の可能性を残した近鉄。そして頂点まであと1勝という最後の最後で砂を噛《か》むような守備である。

いま一つ表情が冴えないのも無理はない。

父が運んでくれた奇跡の一発

それではと、記憶に刻まれた一球についてあらためて尋ねると、梨田の表情は瞬時に緩んだ。よほどその一球は至福の瞬間であり、明確な記憶なのだろう。ほんの少し、懐かしそうに宙を見つめながら噛みしめるように話しだした。

「一九八〇年十月八日の西武戦で、松沼（雅之）投手から3ランホームランを打った。しかもバックスクリーンの左横。打った瞬間はライナーだったからまさか入るとは思わなかったんですが、そのままスタンドに入ってね。自分でもちょっと信じられないような打球だったんです。ひょっとするとこれは特別な風が吹いたと」

このシーズンも近鉄は優勝争いの只中にあり、十月八日の時点で残り二試合に連勝すればパ・リーグ後期優勝という極めて重要な局面に立たされていた。しかも十月八日は父親の命日。大事な試合を前に、「打たせてくれ」と天の父に願いを込めていたという。

「親父はとても野球が好きで、小さい頃からキャッチボールをよくやってもらってました。中学に入った頃から、お前の球を受けるのはちょっと怖いなんて言われたのも思い出します。僕の頭の中にはそんな父の姿がつねにありました。だけど、十五歳の時に親父が亡くなってね。プロとしてプレーする姿を見せたかったなという気持ちをずっと持ち続けてもいました。だから試合前はいつも父のことを考えるようになって。でもこの時は特に、亡くなった父に向かって勝たせてくれというか、打たせてくれと願ったのを覚えていますよ。その日はちょうど父の命日だったし、余計に思いが強かったのかもしれません。僕は非力でしょう？　ホームランバッターでもないからセンターへなんてなかなか打球が飛ばない。もちろんホームランなんて狙ってはいなくて、ただ普通にランナーをホームへ返したいってだけだった。スライダーにね、ピタっとタイミングが合ったあの時の感触は今でも手に残っています。こんな会心の当たりはないだろうという感じで。だからホームランになった瞬間、ちょっとまさかとは思いましたが、ああ、神風というか、親父が運んでくれたんだっていう感覚を覚えた。風が吹いたなって。あの打球がね、バックスクリーンに入るなんて今でも実は信じられないほどなんです」

満面の笑みが、この時覚えた感情のすべてを物語る。しびれるほど重要な場面で、父に願った強い思い。そして自分でも信じられないような打球の残像。そんな記憶と感覚がいつまでも心と身体に残っていると、梨田はしみじみ話した。

終始、にこやかに現役時代を振り返ってくれた濃密な時間。ふと、おそらくこの人は現役生活に悔いを残していないだろうとも感じた。そんな印象を伝えながら、最後に、タイムマシンがあったらどの場面に戻り、何をしたいかと尋ねると、いたずらっぽく笑いながらこう口にする。

「どうでしょう。う〜ん、やっぱり高沢（秀昭）へのあの一球？　10・19、第二試合の八回裏かな。ロッテの高沢にホームラン打たれて同点になったでしょう。あの場面の少し前に戻って、ピッチャーに球種を変えろと言いたい（笑）。いや、それより外野フェンスをちょっと高くしておきたいね（笑）」

なしだまさたか
1953年島根県生まれ。浜田高校時代に甲子園に2度出場。1971年のドラフト会議で近鉄から2位指名を受け、入団。1973年からは正捕手としてチームを支えるが、長年、有田修三と正捕手争いを展開。1979年にはレギュラーを奪還し、2割7分2厘、本塁打19と打撃でも威力を発揮した。翌年も2割9分2厘の好成績を残し、パ・リーグ2連覇に大きく貢献。1981年には五番打者としての起用が最も多く、長距離ヒッターとしての役割もまっとうした。1988年の伝説「10.19」をもって引退。17年間、近鉄一筋。盗塁阻止率はコンスタントに高く、通算3割9分1厘の盗塁阻止率はプロ野球歴代第9位(2リーグ制後に捕手として1000試合以上出場した選手中)。1979年の年間盗塁阻止率5割3分6厘はパ・リーグ歴代6位。ダイヤモンドグラブ賞4回、ベストナイン3回、オールスター出場6回など、目覚ましい記録も多数。引退後は近鉄、日本ハム、楽天で監督を歴任し、指導者としての手腕も高く評価される。

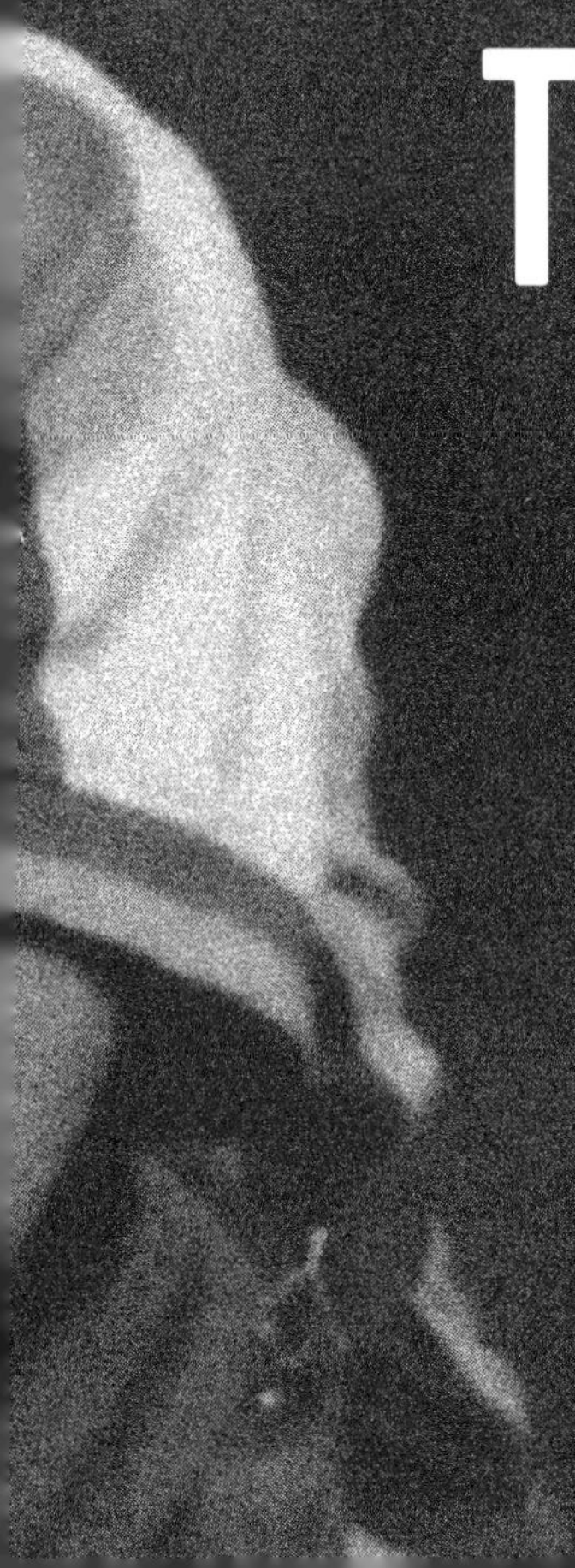

Chapter 9

TAKAYOSHI NAKAO

MVP: 1982

BEST NINE AWARD: 1982, 1989

GOLDEN GLOVE AWARDS: 1982, 1989

.758 LIFETIME ON-BASE PLUS SLUGGING

ブロックはやっぱり怖い。でもまあ、乱闘覚悟くらいの気持ちでやってたけどね。

Chapter 9

中尾孝義

昭和から平成、令和と移り変わるなかで、各ポジションのキャラクターは随分、様変わりした。投手は先発完投型がめっきり減り、当たり前となった小刻みな継投策において優れたセットアッパーがどんどん登場。かつてショートは俊敏で小柄、守備の人といった選手が多かったが、現在では大柄で素早く、長打も期待できるアスリートタイプが多い。とりわけキャッチャーはその理想形が最も大きく変化したポジションではないか。野村克也や森昌彦(現・祇晶《まさあき》)、田淵幸一、梨田昌孝ら、名捕手と呼ばれた選手たちに「俊敏」という言葉は決してふさわしくなかった。昭和の時代には的確なリードや強肩、圧倒的な打撃力が捕手の評価基準であり、このポジションにスピードを求めるようになったのは昭和も終わりかけの頃からだっただろう。そんな過去を振り返ると、やはり走攻守揃った中尾孝義の登場はインパクトがあったとつくづく感じる。

ピッチャーはワガママだから褒めればいい

身長173センチ、70キロ代半ばの本人と会うと、屈強にホームを守ったブロックの名手とは思えない。しかもニコニコと笑顔を絶やさない現在の姿からは乱闘上等といった態度だった現役時代を思い出すのが難しいほどだ。そんな柔和な印象の中尾にまず、捕手として最も大切な素養とは何かについてズバリ、聞いてみた。

「うーん。全部大事だけど、どれだけピッチャーに気持ちよく投げさせるかっていうのは意識してましたし、大事な部分ですよね。どうすればいいかっていうと、やっぱりピッチャーってワガママだから褒めることなんです。今日はいいボール来てるよとか、こんなボールきたらバッターは打てるわけないよとか。そういう言葉を使って褒める。優しいお兄ちゃんという感じですかね」

そんな中尾にのせられて、鈴木孝政、都《みやこ》裕次郎や小松辰雄、牛島和彦、郭源治らが活躍。中尾の入団二年目、中日は八年ぶりのリーグ優勝を達成する。ちなみにこのシーズン、中尾はセ・リーグ最優秀選手賞を受賞。二十六歳にしてリーグを代表する捕手にまで登りつめた。その理由は強気のリードに加え、強肩、スピード、中長距離の打撃力、そして強烈なブロックだ。当時はニュータイプの捕手として脚光を浴びたが、このような能力をどのようにして伸ばしていったのか、本人に聞いてみる。

「まず、木俣（達彦）さんを追い越すにはどうするかってことでしたよね。それがプロでのスタート地点になってる」

木俣といえば、中尾が中日に入団したシーズンに、チームで十八年目のベテランとして大活躍していた不動の正捕手だ。打率3割、本塁打30本以上の記録をしばしば残していた正捕手とは、異なる部分で技を磨かなければレギュラーは獲れない。そこでプロ入り直後の中尾は頭をひねった。

「少し衰えはきてましたけどまだ木俣さんの肩はすごくてね。第一印象ですげえって思ったのを覚えてる。だからこの人を押しのけて正捕手になるにはブロックだなと。木俣さんはホームであまりブロックしないっていう話が耳に入っていたんです。これを磨けばいけるかもしれないと思ったのが冬のキャンプの時でした」

相手より低い姿勢で、突き上げて、跳ね返す

現役時代、本塁でのクロスプレーでは無類の強さを存分に見せた中尾。大柄のランナーが突っ込んできてもまったくひるまず、強靭な壁を形成してホームベースを難攻不落の城に仕立て上げた。二〇一六年のルール改正によって、捕手が本塁でランナーの走路をブロックできないことになったが、それ以前はまるでホームベースを隠すようにしながらランナーを待ち構えることができた。そこに全力で走り込んでくるランナーと激しくぶつかるクロスプレーは実にスリリングな野球の醍醐味《だいごみ》でもあったのだ。

「ひとつは左足の使い方。左ひざを曲げて落として、ランナーが滑り込めないように待つ。だけど僕より大きい選手がほとんどだから同じ高さで正面衝突すると怪我するでしょう。だから相手より低く構える。ぶつかってきたら低い位置から突き上げて跳ね返す感じですよね。同時に相手が向かってくる力をどこかで逃してやる。そういうブロックを、もちろん外野からの返球を見ながらやるんだけどそれが

難しい。レフトからならランナーと同じ方向だからやりやすいんだけど、センターとかライトからの返球を待つ時は、ランナーの気配を感じながらブロックを準備する。練習でさんざんやるんですけど試合じゃ、やっぱり怖い。でもまあ乱闘覚悟くらいの気持ちでやってたけどね」

全力疾走のランナーを完璧に跳ね返してアウトにし、何事もなかったかのようにクールな表情でベンチに帰る中尾は最高にカッコ良かった。そんなクロスプレーの背景にはレギュラー獲りへの執念と工夫、そしてラグビー選手顔負けの覚悟があったというわけだ。それにしても本塁でのブロック対決が見られなくなったのはつくづく、寂しい。緊迫した場面で一点奪取か、本塁アウトかというシーンはそれだけファンを熱くさせたものだ。昭和の時代、中尾はこうした本塁クロスプレーの主役として君臨していたのである。

カープの野球を変えた中尾の守備

ブロックに加え、もとは外野手だったことでその強肩ぶりは間違いがなかった。ゆえにルーキーイヤーから116試合に出場し、存在感を示した。そしてレギュラーを獲得してからの中尾には、四年連続二桁本塁打など長打力に加え、スピードという強烈な武器があった。九〇年代前後に登場した中嶋聡や古田敦也ら、後の時代に現れる俊敏な捕手の先駆的存在はやはり中尾だったと言えるだろう。そのスピードは走塁時はもちろん、守備の時にも大いに活かされた。

「僕にとって送りバントをアウトにするっていうのは重要なこだわりでしたね。相手がバントしたらダッシュして捕球、送球してセカンドでアウトにするっていうのは快感なんですよ。特にカープに対してはさんざん送りバントを殺したっていう記憶があります」

七〇年代後半からカープのスカウトとして各球団の動向をつぶさに見ていた苑田聡彦《としひこ》によれば、カープの送りバントは球の勢いを殺して転がすのが鉄則だったそうだが、中尾があまりにバントを封じるため、なるべく捕手ではなくファーストに捕らせるバントへと移行。中尾のスピーディな守備が当時のカープの野球を変えてしまったのだ。

度重なる故障に泣かされつつも、セ・リーグを代表する捕手として活躍してきた中尾に転機が訪れるのは八八年のこと。突如として外野へとコンバートされたのである。その真相について本人にあらためて聞いてみた。

「前年に、ある事件があったんですよ。鈴木孝政さんが投げてる試合で三回まで四球一個に抑えててね。真っ直ぐ中心で組み立てて。そうしたら三回終わった時点でコーチがこそっとやって来て、四回から変化球主体でいこうと。それで四回、チェンジアップをホームランされて1点先制されてしまった。ベンチに戻るとさっきのコーチが『お前、真っ直ぐ走ってんのになんで変化球いくんだよ』って。そのことがあって、監督の星野(仙一)さんにこんな屈辱ないと、こういう状態ならキャッチャーはできないって言ったんです。コンバートはその翌年ですよ」

気持ちを切り替えて打撃に専念できたかと問うと、こんな答えが返ってきた。

「最初は切り替えようと思って試合に出てたんですけど、やってるうちにレフトってつまんねえなって(笑)。ボールが来ないんで暇やなあ、おもろないわって。つくづく思ったのはキャッチャーって面白いなってことだった」

そのシーズン終了後には捕手強化を目論む巨人から獲得の打診が。捕手へのこだわりが強かった中尾はここで移籍し、巨人ではいきなり正捕手として活き活きしたプレーを見せ始める。とりわけメンタル面が弱点だった斎藤雅樹のブレイクに大きく貢献。その経緯について中尾はこう話す。

「斎藤はインコースにいいボールを投げるのに、本人はもっと厳しくインコースに投げなきゃっていう気持ちが強すぎた。だから僕は〝この辺でええから〟っていう感じで、少々、甘くなってもいいからって。それであいつは気が楽になったんだと思う。一つのコースだけじゃなくていいんだって」

結果、斎藤は11試合連続完投勝利に加え、キャリア初となる最多勝のタイトルも獲得。チーム防御率も十二球団トップの数字で中尾は正捕手として日本シリーズ優勝も果たした。やはり捕手としてズバ抜けた能力を備えた選手だったのである。

江川を打たなければ優勝はない

そんな中尾に生涯で最も記憶に残る一球はと問うと、悩んだ挙げ句二つの答えが返ってきた。バッターとして、捕手として、二つの立場から記憶に残る一球について本人が語る。

「バッターとしては八二年のリーグ優勝を実質上、決めた試合ですよね。6対2で巨人に負けてたんですけど九回裏に四点取って同点にした。結局十回にサヨナラ勝ちするんですけど、九回同点のタイムリーを打ったのが僕なんです。江川(卓)が投げたアウトコースの真っ直ぐやったんですけど、ライト前に。その感触は今でも残ってますね。江川は僕の中で最高の投手ですから。その江川を打たないと優勝できないっていう場面でしたからね」

高校三年の時に初めて対戦して以来、江川とはなにかと縁があった。江川が投げる日はバッターボックスに入るのが楽しみだったとうれしそうに話す中尾。そういえば八四年のオールスターでは江川が8連続三振を披露したがその時の捕手が中尾だった。

「結局、九人目で近鉄の大石（大二郎）が江川のカーブになんとか当ててセカンドゴロ打ったでしょう。あの時、僕は真っ直ぐのサイン出してた。後で聞いたんですけど、江川はわざとワンバウンドのカーブを投げて、僕がパスボールして、大石に空振りさせるんだけど振り逃げでランナー一塁っていうのを狙ってたらしい。振り逃げは記録上、三振だからこれで江夏（豊）さんの9連続三振に並んだあと、あともうひとり三振にとれば10連続三振になるでしょ。江川はそれを狙ってた。そういうピッチャーなんです」

これまで見たピッチャーの中で、ナンバーワンだったとつくづく語る中尾。江川についてあらためてこう評価した。

「江川より速い投手はいましたよ、津田（恒実）とか、小松（辰雄）もね。だけど江川のボールは質が違った。高校の時に見た真っ直ぐは忘れられないな」

一方、捕手としての立場で記憶に残る一球も中日時代、これも巨人との対戦だった。完璧な送球の記憶だ。

「一塁ランナー、松本匡史《ただし》さんでね。二塁に盗塁したんですよ。僕が送球してアウトにした一球。松本さん本人は絶対セーフだと思ってたはずなんです。そういうタイミング。でも僕の投げたボールがセカンドのベースのちょうどここっていうところにいって、そこに松本さんが滑り込んできて、アウト。その瞬間の松本さんのキョトンとした顔が今でも忘れられない。本当に最高の送球でね、気持ち良かったですよね」

一時は捕手としての道を絶たれたものの、巨人へと移籍し再び捕手として生きる道を切り開いた、波乱万丈の現役時代。活躍したのは通算13シーズンと、どちらかといえば太く短いキャリアだったが、野球界に残した記録と記憶は鮮烈そのものだった。最後に捕手というポジションについてあらためてどう思うか尋ねると中尾はポツリ、こう答えた。

「チームの負けがこんでくると辛い。でも面白い……。いや、大変だよ、やっぱり捕手は(笑)」

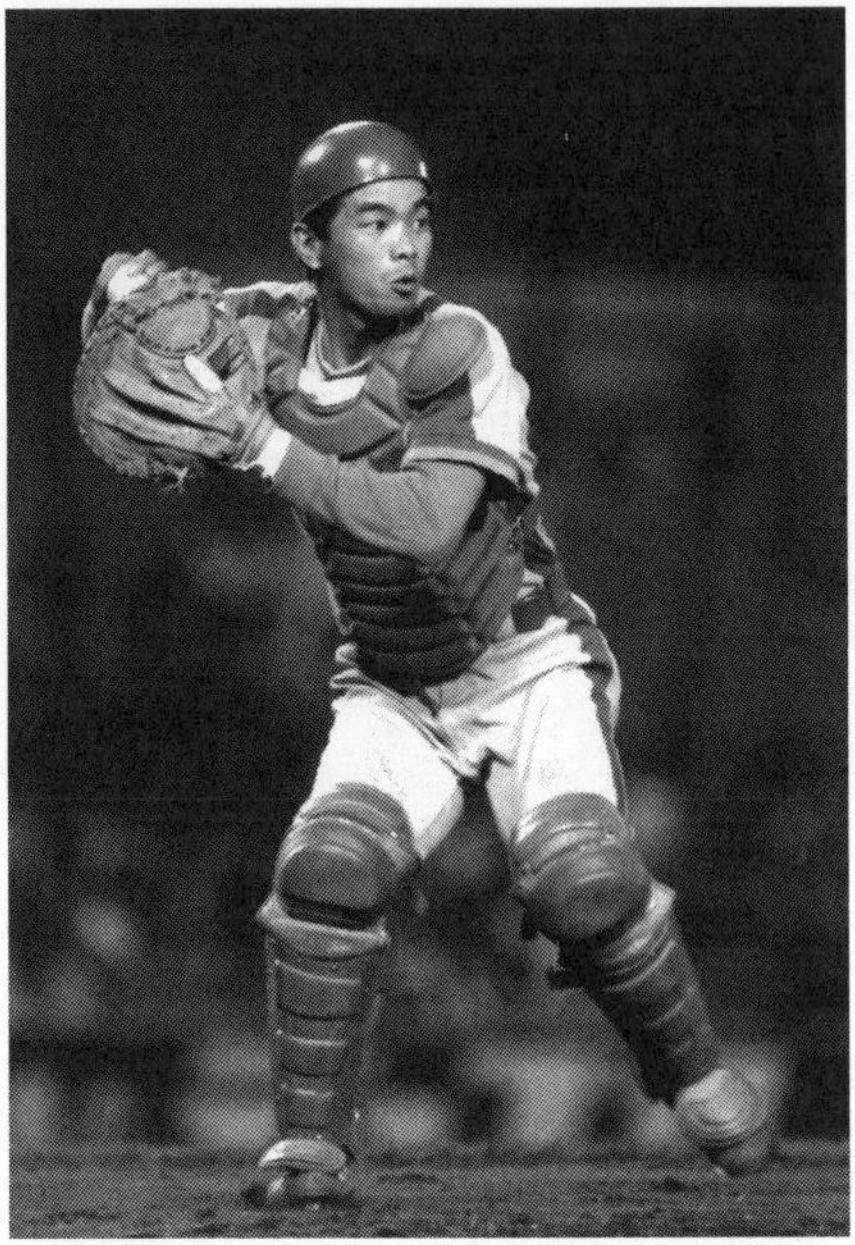

なかおたかよし
1956年兵庫県生まれ。滝川高校、専修大学、プリンスホテルで活躍した後、1980年のドラフト会議で中日から1位指名を受け、入団。ルーキーイヤーからレギュラー捕手として活躍し、1982年には119試合出場、打率2割8分2厘、本塁打18本を記録するなどチームのリーグ優勝を支え、セ・リーグ最優秀選手に選出される。1984年には本塁打12本、3割2分2厘をマーク、以降も捕手、打者としてチームに不可欠な選手として活躍。1988年には外野手登録となり、主に3番打者として起用されたが、即戦力の捕手を求めていた巨人からのラブコールを受け、同年オフ、移籍。翌シーズンからはレギュラー捕手の座を獲得する。故障に悩まされた末、1992年のシーズン途中に西武へ移籍し、1993年に引退。ベストナイン2回、ゴールデングラブ賞2回、日本シリーズ優秀選手賞1回など記録、表彰も多数。引退後は西武、オリックスなどでバッテリーコーチなどを務めた。

Hank

Chapter 10

HIROMI MATSUNAGA

BEST ON-BASE-PERCENTAGE TITLE: 1989
STOLEN BASE CHAMPION: 1985
HOME RUNS FROM BOTH SIDES OF THE PLATE SIX SEPARATE TIMES
HITTING FOR THE CYCLE: 1982, 1991

あまりに大変なので、もう、私を殺す気かと本気で思っていた。

Chapter 10

松永浩美

大谷翔平がまるで野球漫画のヒーローのような活躍を見せている。打ってよし、投げてよし。どんなスポーツをやらせてもきっと一流のプレーを披露する、万能アスリートなのだろう。イチローや山田哲人、歴史を遡れば松井稼頭央、野村謙二郎、秋山幸二、簑田浩二らもそうだった。走攻守に長け、なんでもできるスーパーアスリート。彼らはパワー、スキル、スピードといった野球のあらゆる魅力を、一人で体現して見せた。こうした万能選手の系譜を思い起こす時、極めて強烈な印象を残した選手として松永浩美の名が浮かぶ。巧さとパワーを備えたしなやかなスイング。そしてスピードにあふれる走塁と、鮮やかな守備。極めつけは左右どちらの打席でも打てるという稀有《けう》な能力だ。安打製造機としてだけでなく、長打も期待できる強打者として。松永はまさに、「史上最強のスイッチヒッター」の名にふさわしい選手だったと言えるだろう。

大谷が真の二刀流とは思えない

取材のオファーをした電話口からでも、まだ若々しく、体調もすこぶる良いことが容易に窺《うかが》えた。待ち合わせのカフェで初めて見せた表情は現役時代と何も変わらない力強さと冷静さに満ち、言葉を少し交わしただけでも氏の誠実さが十分に伝わってくる。

「初めまして、松永です」

ふてぶてしさなど微塵もない。いかにも爽やかなスポーツマンらしい風情は、荒々しい一匹狼の集まりのようにも見えた昭和の阪急ブレーブスにあって、確かに少し異色だった。「何でも聞いてください」と丁寧なフレーズで会話を始めようとした好漢に、まずは今、全米でも話題となっている究極のアスリート、大谷翔平の印象を尋ねてみた。

「確かに大谷選手は素晴らしい。でも正直言って、彼の場合は二刀流というより一人二役と言った方が私にはしっくりきます。一試合の中でも、右ピッチャーがくれば左で打ち、左ピッチャーがくれば右で打つ。スイッチを始めてから私が常に目指していたのは一試合のうちに左右の打席でホームランを打つこと。そして今日、見に来てくれたファンには私の右打席、左打席、二つのホームランを見られて満足したと感じてほしかった。現役時代はそう思ってプレーし続けてきました。それが二刀流というものだと思っていたので、世間で言われる二刀流とは意味が少し違うかもしれません」

そこまでのコメントを口にする資格が松永には十分、ある。一九八二年には日本人として初めて一試合、左右打席でのホームランを記録。打率3割以上は通算六回、サイクル安打は通算二回。全打順でホームランという極めて珍しい記録も打ち立てた史上稀に見るスイッチヒッターなのだ。

「スイッチはやっぱり簡単にはできない。だからこそ、若い選手にはそこに挑戦してほしい気持ちが強い。でもなかなか出てきませんよね、良いスイッチヒッターは。ですから、とても寂しい気持ちもあるんです」

選手として成長し、誰も成し得なかったことを達成できた理由はと問うと、一言「素直さ」と返答。生易しいものではないスイッチヒッターの道を突き進み、多くのヒントを糧とできたのもやはり、「素直」な性格、誠実な姿勢が幸いしたという。

スイッチヒッターとして日本に革命を起こせ

プロ入り直後は右打ちのみの選手だった。キャンプ中、何気なく左でスイングしていたところをコーチに目撃され、「左打ちのフォームが綺麗だ」とアドバイスを受けた松永。それをキッカケに左でも練習するよう指導の方向が変わっていった。

「そうやって右でも左でも練習するようになったんですけど、やっぱり他人の何倍もバットを振るわけですから大変なんです。だから一年続けたんですが段々と疑問を持つようになって、コーチにやめさせてほしいと直談判した。あまりに大変なので、もう私を殺す気かと本気で思っていた時期です」

その時、聞かされたのが江夏豊のエピソードだった。阪神から南海へ移籍した際、江夏が野村克也監督にこう説得されたのは有名な話だ。

「リリーフで革命を起こせ」

その話を引用され、スイッチヒッターとしての才能を見抜いたコーチは松永にこう伝えた。

「日本人のスイッチはちょこっと当てて内野安打、という選手ばかりだ。お前は右でも左でもホームランが打てる。日本の野球界に革命を起こせ」

そのコメントに素直に従ったことが後の大活躍につながっていく。箸を左で持つことから始め、自分と比較的フォームの似た左の強打者、加藤秀司の動きをつぶさにチェックすることにしたのだ。

「チームで一番参考にしたのは加藤さんでしたね。やっぱり左でホームランを打ちたかったのもあって。だから構えだけじゃなくて、バッターボックスに入るところから加藤さんをイメージしてました。ネクストバッターズサークルにいる時からもう、加藤秀司だったんです、私は(笑)。そっくりそのままやりました」

とはいえ、左でのバッティング練習は長く、苦しい道のりでもあった。それでも自分を信じてやり続けるのみだったと松永は言う。

「左はゼロからの出発ですから、人の二倍練習しても全然、うまく打てない。他の選手の六倍くらい、バットを振りましたね。でもやると決めたら迷わず続けた。でもつくづく、人の言うことを素直に聞くのは大事だと思います。一流の域に達した選手は皆、素直な部分を持っているからいろいろなことをヒントとして受け止められるんです」

吸収と学習の末に

とにかくバットを振りたい時期に、守備の力をつけなければ一軍で活躍できないとも言われた。そんな指導にも素直に従い、ひたすら守備練習に打ち込んだこともあった。そのおかげで守備の力が身についただけでなく、バランス良く、柔らかい膝の使い方も学んだ。これが左右両打ちの基礎となっていったと松永は言う。

「先輩の福本（豊）さんからは練習の時でも一番前を走れと教えられた。しかも左前のポジションを取れと。なぜかと言うと新聞記者が写真を撮る時、その位置で走っていれば一番大きく写るんですよね。その記事を見た人やチームメートも、松永がチームを引っ張る存在なんだとあらためて知る。福本さんはチームリーダーとしてのあり方を教えてくれたんです。パ・リーグを代表する大打者だった門田（博光）さんからもありがたい教えをいただいた。私がチームを牽引していくべき存在なのに、仲間がなかなかついてきてくれないと悩んでいたんです。そんな時、門田さんと麻雀をした。すると門田さんが牌を捨てながら一言、『孤独を愛せない人は一流にはなれない』なんて言うんです（笑）。それで目が見開いた気持ちになって」

先輩だった島谷金二からは打者ごとに細かく設定された守備位置の取り方を見て吸収し、ロッテの落合博満からは「格下の選手にもヒントは隠されている」ということを学ばせてもらった。その影響で様々な選手の動向を慎重に観察し、分析する習慣も身についた。こうしたすべての行いが自身の成長スピードを促したと、満足そうに微笑む松永。その表情にはやはり偉大な先輩たち、仲間たちへの感謝の気持ちがにじんでいるように見えた。

やってしまった痛恨のミス

全力で疾走した現役生活に後悔はないと力強く語る一方、忘れられない一球が確かにあるという。それは熱心なファンでもほとんど覚えていないようなワンシーン。一九八九年十月十三日の試合だった。西武、近鉄、オリックス（前年まで阪急）が終盤まで三つ巴《どもえ》で優勝争いを演じていた大混戦のシーズン。ここでオリックスがロッテとの試合に勝てば、いよいよ優勝が見えてくるという大切な一戦だった。勝負どころで二塁に松永を置いて、打席には三番のブーマー。放った打球は右中間への大飛球だった。

「外野手に捕られると思ってベースに戻ったんですよね。でも、ボールは外野を抜けた。それで慌てて走ったんですが、スタートが遅れて三塁止まりになってしまった。結局、この走塁ミスでその回は無得点。それでリズムが狂って大敗したんです。その後、ズルズルといってしまって結局、オリックスは優勝をのがしてしまった。誰にも咎《とが》められなかったですが、あれは完全に私の判断ミスだし、あそこで私が本塁に還っていれば優勝の確率は非常に高かった。やってしまったと思いました。勝たなきゃいけないという余分な考えが、判断を狂わせたとも思う。あの時、オリックスは久しく優勝していなかったので自分の中にちょっとしたあせりもあったんでしょう。誰も覚えていない一瞬かもしれませんが私には一生、忘れられないミスなんです」

六月の時点では二位にぶっちぎりの8・5ゲーム差で首位を快走していたオリックス。一時は優勝まで視界良好と思われたが、案の定、常勝軍団・西武と粘りの猛牛・近鉄に終盤、まくられてしまったのだ。ひとえに勝利のメンタリティが欠けていた点が優勝を逃した理由であり、自身の判断ミスを誘発したと分析する松永。シーズン前のキャンプ中にはちょっとした伏線があったという。

「キャンプ地の高知で夜、飲みに出かけたことがあったんです。そこでばったり西武の選手たちに遭遇した。誘われるがままに一緒に飲んでいたんですけど、段々、酔いがまわってきていろいろとぶっちゃけた話が出てくるようになって。すると西武の選手たちが、日本シリーズの相手はどのチームがいいという話をしだして、私は耳を疑った。だって、私たちのチームでは仲間同士でついさっきまでパ・リーグ優勝について話し合ってたんですよ。でも西武は優勝した先のことを皆で考えている。それで彼らの話を聞いた瞬間、このチームには勝てないなと思ってしまったんですよね。その時の記憶がなんとなくずっと頭に残っていてね」

シーズンが始まり、オリックスが快調に勝利を重ね、独走状態に入った頃にはこんな出来事もあった。西武戦で相手の伊原春樹コーチが松永にこうささやいたのだ。

「『おい、ぶっちぎりでいってるけど、シーズン後半は安心するなよ』と言われたんです。その時はあまり気にも留めなかったんですが、シーズン終盤になっていよいよ優勝間近という頃に、その言葉と、キャンプ中に西武の選手が話していた内容が自分の頭に蘇るようになった。この二つのストーリーがあったことで、自分の中には明らかにあせりが芽生えていたんです。ロッテ戦で私が走塁ミスを犯した時も確かにあせりがあった。ここで勝たなきゃいけない、まくられるかもしれないという思いが知らずのうちにプレッシャーになっていって、いつもは正確にできるはずの判断を狂わせたんです。だから余計に悔しいし、勝負事は怖いなと感じました。レギュラーシーズンが１３０試合なら、１４０試合戦えるタフな体と気持ちを身に着けなければならないわけです」

悔しさから得た人生の教訓

この悔しいシーズン。最終的にはゲーム差なしの1厘差で近鉄が優勝。たとえ一試合でも気を抜くことは許されないし、ほんの少しのミスでも命取りになるということを、身をもって体感した一年となった。

「大きな目標に向かう時は、やっぱり先を冷静に見据えて、すべての物事に落ち着いて対処しなければならないということをあのシーズンで学んだ。だけどタイムマシンがあってもあの走塁ミスの場面に戻ってやり直したいとは思いません。あの経験で得たものは大きいし、その後の現役生活、引退してからの人生にも役立っていますから」

今では当たり前となったフリーエージェント制だが、このＦＡ宣言を一九九三年、日本で初めて行ったのも松永だった。その理由は「自由に球団を選べる権利」を選手が自覚できるようにするため。加えて、そのことでプロ野球が夢のある世界だということを若い選手たちに感じてもらうためだったと説明する。

実はＦＡ権自体、選手会へ松永が提案したことから始まった画期的な制度だった。プロ野球選手特有のエゴとは無縁。だれの悪口も決して口にせず、ひたすら自らの環境に感謝し続けたレジェンド。そんな男と相対するインタビューは、格別な学びの時間でもあった。

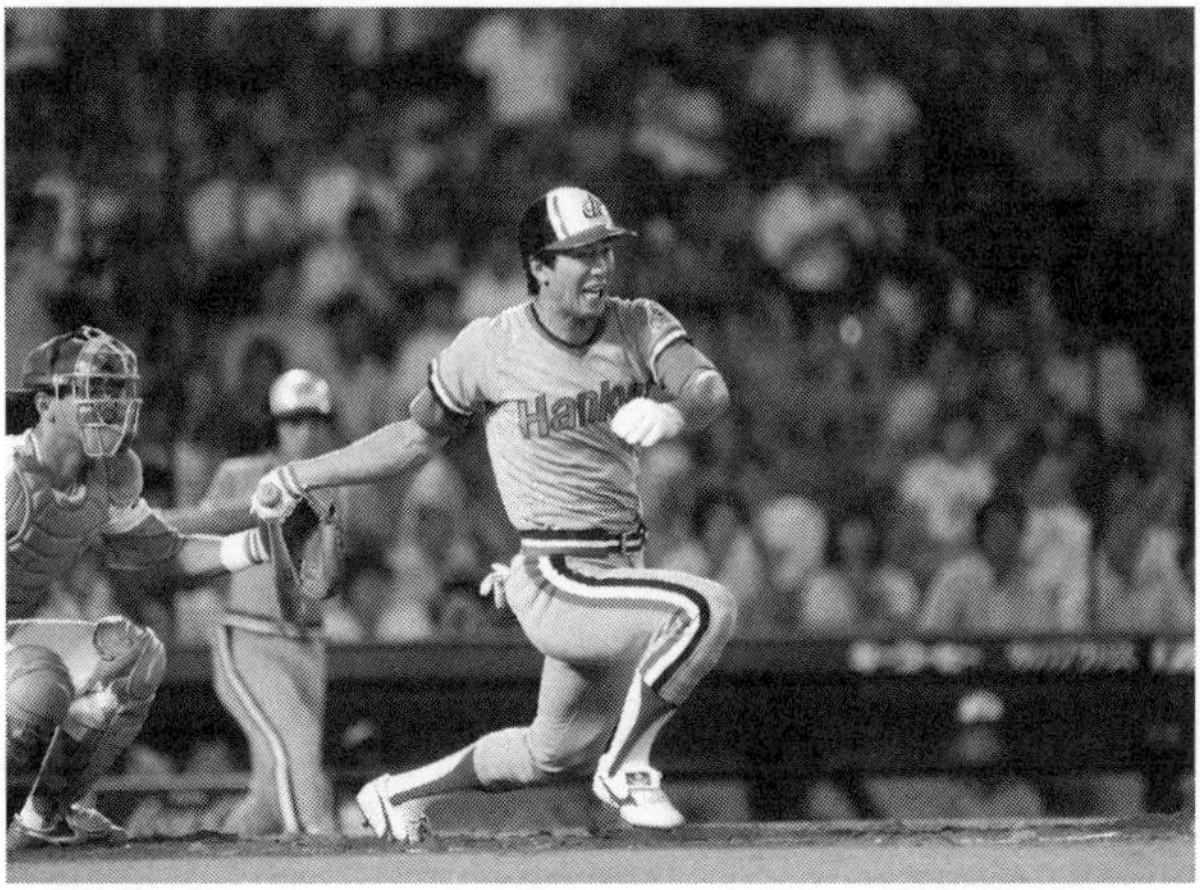

まつながひろみ

1960年福岡県生まれ。小倉工業高校時代に野球部へ入部するも1978年に高校を中退し、ドラフト外で阪急に入団を果たす。当初は練習生扱いだったが1979年には支配下登録選手に。この頃、二軍打撃コーチの助言により左打ちの練習を開始、スイッチヒッターとしての道を歩み始める。1981年のルーキーイヤーにはいきなり3割2分6厘をマークし、翌シーズンは128試合に出場。同年、日本人選手としては初の1試合左右打席本塁打も記録する。1985年にはパ・リーグ最多となる26の二塁打を放ち、38盗塁で盗塁王も獲得。以降、阪急、オリックスに在籍した14年間では3割以上の打率を7シーズンも達成。1993年には阪神へ、1994年にはダイエーに移籍。通算19年間の現役生活では、10年連続2桁本塁打、シーズン最多3塁打(3回)、ベストナイン(5回)など印象に残る記録を多く残す。

Chapter 11

MITSUO SUMI

ROOKIE OF THE YEAR: 1978
SAVES LEADER, CENTRAL LEAGUE: 1981
RELIEF PITCHER OF THE YEAR: 1981
618 TOTAL GAMES PLAYED AS PITCHER

このスピーカーにボールを打って当てるのは無理だろ、そんなの打たれたら引退するよ。

Chapter 11

角 盈男

王貞治のホームランや村田兆治のフォークボール、福本豊の盗塁にイチローのレーザービームなどは、もちろん野球ファンにとって大きな魅力だ。同時に、チームとしてどう戦うかという「戦略」もプロ野球を面白くする重要な要素である。一九八六年の巨人はそんな戦略面で、実に面白い野球の側面を見せてくれたチームだった。「角―鹿取―サンチェ」という勝利の方程式である。

一九八四年に王監督が就任して以来、巨人は二年連続で3位と期待ハズレの結果に終わっていた。そこで王監督は投手陣のテコ入れをすべく、一九八六年のシーズン前にメジャーリーグからクローザーのサンチェを獲得する。さらに王監督は勝利の確率をアップさせるため、ユニークな方針を打ち出す。これが「角―鹿取―サンチェ」の法則だ。ストッパーのサンチェまでつなげれば勝利は高い確率で見込める。そこで角三男（現・盈男《みつお》）、鹿取義隆の二人を中継ぎのダブルエースに任命。試合の後半はこの三人で敵打線を封じ込めるという策を考案したのだ。シーズンに入るとこの戦略は見事にハマる。角も鹿取も左右のサイドスロー。ボールの切れ味も鋭いことに加え、打者にとっては極めて打ちづらい投法で、対戦相手の戦意を喪失させることに大きく貢献した。あまりにこの継投がうまくハマったものだから、王監督は連日のようにこの三人を起用し、メディアではワン（王）パターンなどと揶揄《やゆ》されるほどに。同時に白星は着実に増えていき、ファンにも「角、鹿取、サンチェ」というフレーズは深く浸透していった。

でも、角盈男の投手としてのピークはこの数年前にあったといっていいだろう。一九八〇年代初頭、ストッパーという役回りが勝敗を左右するという事実を世に知らしめたのも角と言っていい。一九七〇年代後半から抑えの切り札として活躍した江夏豊はもともと先発完投型の投手。一方、角は若手の頃からスペシャリストとして鍛えられた生粋のストッパーだった。横浜の大魔神・佐々木主浩や中日・岩瀬仁紀などよりはるか以前に、抑えという専門職のカッコ良さを我々に教えてくれたのが角という投手だった。そんなことを回想しながら筆者は東京・恵比寿に向かう。ここは角自身が経営する歌謡バーである。扉を開けると伝説のストッパーはにこやかに笑った。三十六歳で引退してからすでに三十年弱の時が経つ。だが、たたずまいはあの頃とほとんど変わらない。まずは単刀直入、自分より能力が上だと思うストッパーをこれまで見たことがあるか、尋ねてみた。

「うーん、僕より速い球投げるピッチャーはたくさんいますしね。自分が最高だとは思ってないですよ。でもやっぱり専門職としてストッパーを務めたのは僕が最初ですから。それが唯一の自慢かな」

二試合連続して負けたらストッパーは失格

連日、登板の可能性があるストッパーは、先発完投型の投手とは明らかに異なる調整が必要だ。しかも登板する機会はヒリヒリするような場面ばかり。そんな役回りを務める苦労について聞いてみると、こんな答えが返ってきた。

「ストッパーに大切なのはやっぱり気持ちの切り替えかな。今日、負けても明日、投げる可能性があるでしょう。だからひきずっている暇なんかない。僕は、二試合連続して打ち込まれたらストッパー失格だといつも思っていた。だからもともと気持ちの切り替えはうまくないんだけど、やらざるを得なかったんです。それに僕が巨人に入団した頃はＮＨＫと言って、新浦（壽夫《ひさお》）さん、堀内（恒夫）さん、加藤（初《はじめ》）さんが三本柱で頑張っていた時代。そこに割って入るなんて自分にはできると思ってなかった。しかも一塁には王（貞治）さんがいて、監督は長嶋（茂雄）さんでしょ。テレビで憧れたスターばっかりのチームに入っちゃったわけだから、どんな形でも試合に出られるだけで満足でしたよ。チームの中でストッパーは角だと定着するまでは、まずブルペンで良いピッチングを見せなきゃマウンドに立てない状況でしたしね。ブルペンでいい球投げているとようやくコーチがベンチに電話してくれて、今日の角はいけそうだと。だからキャリアの初めころはブルペンが一次予選って感じ。ストッパーとして認められるまでは必死でしたね」

キャリアの当初は上から投げ下ろすノーマルな投法で、なかなか調子が安定しなかった角。そんな投手が激変するキッカケは、一九七九年のシーズン終了後に訪れた。長嶋監督が若手育成のために行った

過酷な一カ月間。いわゆる地獄の伊東キャンプだ。このキャンプで長嶋監督は四番打者、一番打者、ストッパーの養成をチーム躍進の重要課題に挙げ、入団二年目だった角を抑えのエース候補に指名。投手として大きく成長するよう、まさに朝から晩まで投げさせた。

仲良しの三人トリオがチームの力に

「当時は一日、400球とか500球、普通に投げてましたよね。今の野球からすると怒られちゃうレベル。そうやって自分に合うフォームを探していったんです。いろいろな投げ方を試した結果、上からではなく横から腕を振るようなフォームが自分に合っていると分かった。そのフォームだとまず疲れることなく投げ続けられるし、どう投げればどういうボールになるってことが理論的に理解できた。それで、フォームをこう変えますと長嶋監督へ報告しにいったんです」

コーチと一緒に監督のもとへ行き、状況を説明した角。この投げ方でやりたいと伝えると長嶋監督はこう返答したという。

「あ〜いいんじゃないの〜、どうぞ、どうぞ〜。僕が全部責任とります〜」

なんともひょうきんな回答ではあるが、監督にしてみれば想定内の出来事。一番打者はとにかく出塁率を上げるため、強制的に松本匡史《ただし》をスイッチヒッターに仕立て、ムードメーカーで調子に乗ると止められない中畑清を四番候補として鍛え上げた。そしてストッパーには二年目で調子を落としていた角を任命し、フォーム改造という成果を上げさせた。目をつけた若手が着実に力をつけ、すべてが監督の思惑通りというわけである。

「あの人には既成概念という感覚がないじゃないですか。だから僕がフォームを変えますっていってもすんなり受け入れた。長嶋さんは食わず嫌いがとにかくいやな方で、とにかくやってみろと。そういう監督のもとで、僕を始め、若手がどんどん主力へと成長していったんですよね」

地獄の伊東キャンプを経て、ストッパーとしての道を極めることとなった角。三年目は見事11セーブを上げて地位を確立。四年目には20セーブを挙げセ・リーグ最優秀救援投手賞も獲得。リーグ優勝と日本一にも大きく貢献し、球界を代表するストッパーに成長した。その後、数シーズンは変則的なフォームと切れ味鋭いボールを武器に抑えの仕事を十二分にまっとうした角。ところが酷使した身体はいつしか悲鳴を上げるようになり、ヒジなどの故障によって徐々にボールの切れが失われていく。そんな角に新たな役目を与えたのは藤田元司監督の次に就任した王監督だった。王は右のリリーフ、鹿取義隆と角を巧みに使い分け、最終的にはサンチェにつなぐという方程式を確立するのである。ファンにしてみればこの三人を頼もしく見ていたが、チームメートとは言え、そこはライバル同士。この名トリオはどのような間柄だったのか、角に聞いてみる。

「僕はヒジを壊しちゃっているので左を殺すという役割をこなすことだけ。鹿取は右打者の対応で、サンチェは最後の締めくくり。それぞれ役割がきちっと決まっているので仕事を邪魔しあうこともない。だから嫉妬もなければ仲も良かったですよ。『後はたのむよ〜』、『オッケ〜』なんていう感じ(笑)」

名手の脳裏に刻まれた追憶の二球

数え切れないほどの修羅場をくぐり抜けた名ストッパー。15シーズンにもわたる現役生活において、最も記憶に残るのはどのような場面での一球だったのか。その返答はこうだ。

「結構、忘れてる(笑)。だけど、二つあるかな。今でもたまに思い出す二球が」

その一つは角が日本ハムに移籍後の一九九〇年。近鉄戦での一球だ。試合前、仲間内でウォームアップしていた時にふと、東京ドーム内部の天井にある超巨大なスピーカーが角の目に入った。そこで何気なく、チームメートにこう話したという。

「外野スタンドの上にある看板にはボールを飛ばせても、このスピーカーにボールを打って当てるのは無理だろうって。自分が投げてる時にこんなもんに当てられたら引退するよと」

そんな出来事があった後、試合は始まり、四回表、近鉄の主砲であるラルフ・ブライアントが打席に入る。投手は角。四球目を投じた直後、スライダーがすっぽ抜けたと分かった。その瞬間、ブライアントが会心の一撃。ボールは高く高く舞い上がった。

「打たれた瞬間、完璧なホームランだなと分かった。振り返ってみると、センターがバックした直後、全力で前に出てきたんです。一瞬、何が起きたか飲み込めなかった。でも審判の手はぐるぐる回ってる。あれと思ったら、ボールが天井のスピーカーに当たって認定ホームラン(笑)。そのあと、試合前の僕の言葉を聞いてた連中が、お前、引退するんじゃないのって(笑)。うるさいって言ってごまかしましたけど、それ以来、そういうことを軽々しく言うのはやめようと(笑)。まあ忘れられない一球ですよね」

冗談のような笑い話だが、今でもふとした時に思い出す場面なのだそうだ。そしてもう一つ、角には絶対、忘れられない一球があるという。こちらは相当のファンでもまず覚えていないような場面。当の角でさえ、いつのシーズンだったか定かではないと話す。ブライアントの天井ホームランとは対照的に、実に渋い一球。それはとある日の阪神戦、打席にはランディ・バースが立っていた時のことだ。

理論的に究明したいあの一球について

「バースはよく抑えてた。当然、彼に対しては真ん中から外角の間で勝負。そのゾーンでボールを出し入れすることでうまく抑えてたんです。インコース投げるとすぐやられるし、デッドボールになる可能性もある。ストッパーがデッドボールやってたら全く意味ないですから。だからリスクを最小限に抑える意味でインコースは投げないと。僕がそうやって勝負してるのをバースももちろん分かってる。だからいつも思い切り踏み込んでアウトコースを打ちにくるんだけど、それをストレートかカーブ、スライダーでかわす。そういう駆け引きだったんです、いつも。でもあの時だけはなぜか、インコースに投げたくなってね。何回も対戦してその一球だけですよ、インコース。それをホームランされた。僕としては裏をかいたつもりで、見逃し三振を狙った。でもバースは瞬間的にそのボールに対応できた。絶対、予期しないボールだったはずなのに」

それまで抑えていた相手に対し、いつも通りの投球をすればよかったのかもしれない。それでも魔が差したように相手の裏をかきにいった一球。間違いなく、そんなボールが来るなんてバースの想定にはなかったはずだ。それでもまんまと打たれた。瞬間的に裏をかこうとした自分の投球も納得がいかなかったが、それを仕留めたバースのバッティングも理解を超えていた。悔しいというより、謎が残った。たった1本のホームランが角の頭の中を激しく混乱させた。

「どうして打たれたかっていう部分で納得できなくて、試合後もユニフォーム着たまま、朝まで考えてましたね。なぜあのボールが振れたのか。今でも答えは出ていないんですけど、技でいこうとしたのが失敗したなとは思う。徹底的に苦手なところを力で攻めればよかった。僕自身もあまり調子がよくなくてちょっと迷ってた部分もあった。たった一球を打たれただけなんですけどね」

話しぶりからしても、後悔というわけではなさそうだ。なぜ、あのボールに手が出たのか、理論的に究明したいということなのだろう。それだけ、一投、一打には背景があり、論理があり、ドラマがある。

「こういう手順で投げれば鋭いボールがいくとか、これはなぜ失投になったかっていう理由がきちんとあって、それを理解して、自分は野球をやってたつもり。だからあの一打にはショックというか、納得がいかなくて、いまだに引きずってる。僕としてはあの一球でまんまと裏をかいて見逃し三振。直後に舌を出しながらベンチに帰るっていうイメージがはっきりあったんですけどね」

さまざまな思いや駆け引き、因縁や職人芸が絡みあい、一つの対戦、一つの試合、一つのシーズンが紡がれていく。角の脳裏に刻まれたバースへの一投。ほとんどのファンは気づくことのなかった勝負の機微が、そこにはあった。

すみみつお

1956年鳥取県生まれ。米子工業高校時代からエースとして活躍。その後、三菱重工三原に入社し、都市対抗野球などで活躍。1976年のドラフト会議で巨人から3位指名を受け、入団。ルーキーイヤーにいきなり5勝7セーブを記録し、新人王を獲得。翌年オフに通称「地獄のキャンプ」を経て、フォーム改造に取り組み、サイドスローに転向。課題のコントロール克服に成功する。1981年には8勝20セーブ、防御率1.47で最優秀救援投手のタイトルを獲得し、リーグ優勝にも大きく貢献。1986年にはセットアッパーとして起用されるケースが増加するも、要所で好投。1989年のシーズン途中に、日本ハムへ移籍し、以降、2シーズン半、先発投手として活躍。1992年、ヤクルトへ移籍するがこのシーズンをもって引退。通算99セーブ、通算防御率は3.06。引退後はヤクルトの1軍投手コーチ、解説者など幅広く活動を続ける。

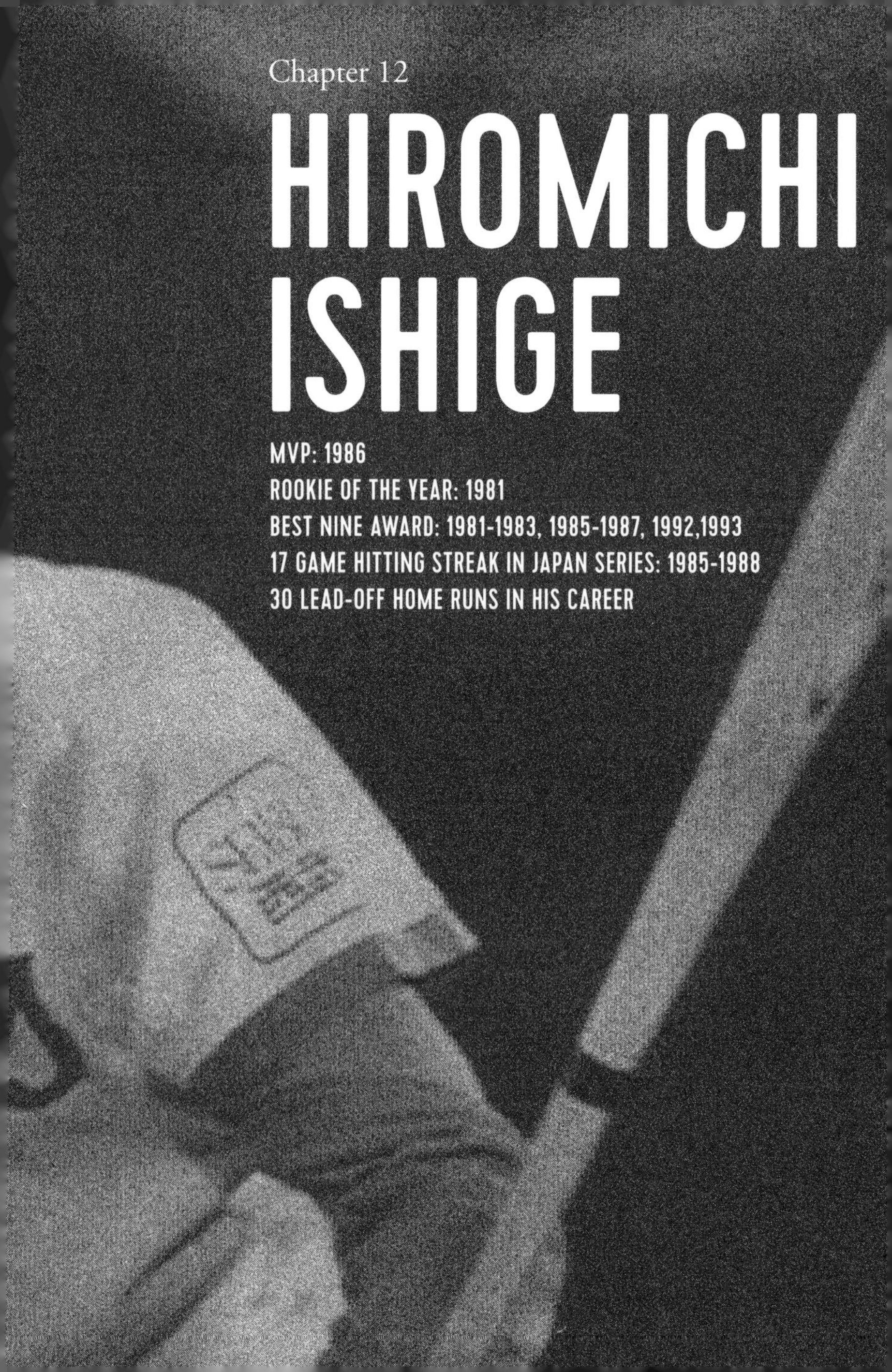

Chapter 12

HIROMICHI ISHIGE

MVP: 1986
ROOKIE OF THE YEAR: 1981
BEST NINE AWARD: 1981-1983, 1985-1987, 1992,1993
17 GAME HITTING STREAK IN JAPAN SERIES: 1985-1988
30 LEAD-OFF HOME RUNS IN HIS CAREER

僕はずっと脇役。秋山や清原のように打てるわけじゃありませんから。

Chapter 12

石毛宏典

ON擁する巨人がV9を終え、神通力を失っていった一九七〇年代半ば。この頃から阪急や広島が日本一を達成するようになり、誰もが巨人という絶対的な存在の凋落《ちょうらく》を確信、次に到来する新たな盟主の時代を予感する。そして一九八二年、長らく低迷していた古豪ライオンズが久方ぶりに日本一の座を手に入れた。西武が球界の王者として台頭する八〇年代の幕開けだった。

あらためて八〇年代、九〇年代の数字を振り返れば、この時代、西武がいかに強かったかが浮き彫りとなる。八〇年代はパ・リーグ四連覇を含む六度のリーグ優勝を果たし、続く九〇年代はパ・リーグ五連覇を含む七度のリーグ優勝。この二十年間で日本一を達成したのは実に八度と無類の強さを誇るチームだった。監督は広岡達朗から森祇晶《まさあき》に引き継がれ、主軸打者は田淵幸一、スティーブ、テリーらから、清原和博、秋山幸二へ移行。主力の投手陣も東尾修、松沼兄弟らから工藤公康、郭泰源、渡辺久信らへと移り変わっていった。つまり多くのすぐれた選手が入れ替わりながら、この黄金時代が紡がれたのである。そんなチームの変革期を中心選手として駆け抜けた勝利のキーマンが石毛宏典《ひろみち》ではなかったか。ルーキーイヤーの一九八一年にいきなり打率3割を達成し、新人王、ベストナインを獲得。結局、西武に在籍した14シーズンでパ・リーグ優勝を逃したのはたった三度のみ。石毛ほど勝利の味を知り尽くした選手は、球界の長い歴史を見渡しても、そうはいない。

常勝西武を作り上げた稀代の名将

身長180センチのミスターレオ。当時を彷彿とさせる颯爽とした雰囲気は全く変わっていない。どんな質問に対しても、論理的に言葉を組み立ててしかるべき回答を繰り出す。その整理された思考回路はほんの数分で窺《うかが》い知れた。会話の端緒となった「西武はなぜ強かったか」という少々、乱暴な問いにも極めて明快な答えが即座に返ってくる。

「監督だった根本陸夫さんが退任されて、GMとしてコツコツといい選手を集めたのが一つ。二つ目は、広岡監督が選手の意識をガラリと変えてしまったこと。そして人の使い方が上手い森監督がマネジメントの技を駆使してチームの力を維持したこと。西武が毎年勝てるチームになっていったのはこうした理由です。八〇年代からの西武はV9時代の巨人に匹敵する強さ、バランスをもっていたんじゃないですか」

とりわけ、チームにインパクトを与えたのは広岡監督の意識改革だったという。それまでチームを支えていたのは田淵幸一、山崎裕之、土井正博、大田卓司といった面々。石毛いわく「俺が俺が、といういかにもプロ野球人らしい野武士」たちが、奔放にプレーをしていた状況だった。当時は門限もなく、二日酔いでも余裕で試合に出場。そんな集団に対し、着任直後の広岡監督は徹底的な「管理」でチームをまとめあげようとしたのだ。

「まず食事の管理ですよね。自然食を摂りなさいとか、血液を酸性からアルカリ性に変えなさいとか。妻帯者は奥さんを連れてミーティングに来いと。それで広岡さんが直々に食事の指導をしてね。そうやって肉体改造してから、次に教えられたのはとにかく技術です。野球選手は技術屋であるべきだと。僕はいきなり『お前、ヘタクソだな』って言われるところから始まって、その次に無視され、監督は他の選手たちを指導するわけです。そうするとどんどんライバルたちが上手になっていく。最初は監督に対して、ふざけんなという気持ちもありましたけど、見ているとやっぱり技術を教えるのが上手い。だから、お願いしますって頭下げて教えてもらうようになったんです。とにかく形態模写が上手い人でね。お前はこんな風にボール捕っているからブサイクなんだ、こうやれば綺麗に捕れるとか。そうやって教えられた技術はその後もずっと自分を支えてくれましたね。本当に厳しい人でしたけど、野球に対して真剣でしたし、公平な方でした。今、会ったとしても、『あなたのおかげですばらしいキャリアを過ごせました』ってお礼を言いたい」

選手たちの脳内を変えた愚直なミーティング

広岡監督はこのような個別指導を丹念に続けながら、チーム全体に勝者のメンタリティも植えつけて

いく。ミーティングでは必勝法と呼ばれた文面が用意され、こうすれば勝てる、これをやったら負けると、野球に関する基本的かつ詳細な原則を全員で唱和。ベテラン選手も小学生のようにその文面を読まされ、その文面の解釈をチームメイトに対して説明させられるといったミーティングを幾度となく繰り返したという。

「こういうミーティングを一年、二年、三年と続けていくうちに、文面を見なくても皆がスラスラと言えるようになっていったんです。初めは皆が反発していたんですけど、いつの間にか監督の言う鉄則のようなものが頭と身体に浸透したんですよね。野球ってたとえば試合時間が三時間だとすると自分がボールに関わる時間はほんの数分でしょう。つまり、非常に〝間〟のあるスポーツなんです。だからこそ、いざという時に瞬時の判断を迫られ、身体を反応させていかなければならない。言ってみれば広岡監督のマインドコントロールによって、皆、自然に身体が動くようになっていったんです。そうやってソツのない野球を続けるようになると、相手チームに西武はミスがないという印象が植えつけられていく。うちは当たり前のことをやっているだけなんですけど、相手が考えすぎてミスをしてしまうという場面も増えた。こうして西武はいつの間にか負けないチームになっていたわけです」

結果はすぐに出た。広岡監督就任直後のシーズンから西武は日本シリーズを2連覇。就任三年目は3位に甘んじたものの翌八五年には再びパ・リーグを制覇。シリーズでは阪神に苦杯をなめたが、四年間で三度もリーグ制覇に成功する。ところがいくつかのボタンの掛け違いなどから、フロントとの確執もあり、一九八六年には森監督の就任が決定。広岡の管理野球は極めて短期間で、ジ・エンドを迎えた。

「勝てるようになったとはいえ管理されることに対してストレスを溜めてる選手も多かったんですよ。

特にベテラン連中は。だから広岡さんが退任されると決まった瞬間、万歳を叫ぶ選手たちもいたほどです。でも、僕や辻（発彦）、伊東（勤）、松沼兄弟（博久、雅之）なんかはあの人の指導のおかげで一人前になれたし、チームが確実に強くなったということを分かっていました。だから管理野球に対して反抗する気持ちは全くなかったですね。広岡さんが関わったあの四年間がなければ、その後のライオンズの歴史は確実に変わってましたよ」

広岡監督に対する敬意の念が言葉からにじみ出る。いまだに、たった四年間しかチームと関われなかった事実を残念がっているようにも見えた。そんな広岡監督は自身にとってどのような存在であったのか、あらためて聞いてみた。

「一緒にチームにいる頃はもう師匠と弟子という感じでしたよね。弟子は師匠に対してものを言えない（笑）。そう、師匠ですよ。広岡さんから指導を受けたからこそ僕を含めてあの時代の若手は長いこと、野球を続けることができたわけですし」

大切にしたのは脇役としてのプライド

森監督就任後はさらにソツのない野球に磨きがかかり、常勝軍団として球界に君臨し続けた西武。ライバルチームがまずマークするのはライオンズで、エース級の投手を次々、当ててくる。それでも西武は容赦なく勝ち続けた。当時の心境を石毛はこう語る。

「シーズンが始まる前から、全員の頭の中に日本シリーズのイメージができ上がっている。リーグ優勝できないなんて少しも考えないですし、うちはどこにも負けないっていう絶対的な自信がチーム全体に充満していましたね」

ビッグゲームには滅法強く、守備でも毎年、ゴールデングラブ賞の常連。いつの間にか、チームをけん引するリーダーとして若手からも頼られる存在に。当然、西武の主役として自覚と責任を感じていただろうと問うと、少し意外な答えが返ってきた。

「いえいえ、僕はずっと脇役ですよ。クリーンアップ以外は皆、脇役。秋山や清原のようにホームラン打てるわけでもありませんから、好き勝手打たせてもらえるような選手じゃなかった。長打で貢献することもありましたけど、走塁とか犠牲バント、守備面でチームを支えるという感覚ですよね」

そんな石毛にとって最も記憶に残るのは、一九八八年の日本シリーズ第5戦、最終打席の一球だ。相手は星野仙一監督率いる中日。西武は格の違いを見せつけ、第4戦までで3勝1敗。ドラゴンズにつけいるスキを与えず、瞬く間に王手をかけていた。日本一がかかったこの試合で五番を任された石毛は第一打席で二塁打と快調な出だし。ところが日本一をあきらめない中日が1点リードのまま九回裏を迎える。そして、この土壇場で打席が回ってきた石毛に右中間への劇的な同点ホームランが飛び出す。試合は延長にもつれこみ、十一回裏、西武の攻撃。ノーアウト一塁で再び、石毛に打席がめぐってくる。当たり前のようにその瞬間を見ていたファンの多くが、前打席に快打を放った五番打者の一振りに大きな期待を寄せたはずだ。

「またホームランを打ってやるなんて気持ちは全然なくてね。しかも、送りバントのサインが出たんです。1点取れば日本一の場面ですから。僕は当たり前のようにバントを成功させました。その後、伊東がタイムリーを打ってサヨナラ勝ち。この勝利につながったバントは誰も覚えていないと思いますけど、僕にとっては忘れられない一球なんです」

このバントは後にちょっとした物議を醸した。絶好調の五番打者に、勝負所とはいえ送りバントのサインが出たからだ。この日は当たっていただけに、打ってもよかったのではという声が西武ファンやマスコミから挙がっていたほどだ。

一試合で見せつけた自身の集大成

「だけどこれが西武の野球なんですよね。脇役の僕にとっても当たり前の話。だからなんの疑問もなく、しゃらっとバントを決めた（笑）。第一打席では二塁打で長打力を見せられたし、第四打席で同点ホームランも打てた。それで最後は日本一につながるバントでしょ。誰にも分からないかもしれないけど、この一試合が僕の集大成のようなものですよ。それまで重要な場面で打ったことは何度もありましたけど、あの試合で感じた達成感は僕にとって最高の記憶です」

確かに、それぞれの選手が役割をしっかり理解し、きっちり責任を果たすという個々の精神性が、西武の強さを支えていた。石毛はこうした西武らしさを最も体現した選手であったし、バントを決めた一球は、チームを第一に考える石毛らしさにあふれていたと言えるだろう。時には一番打者、時には五番打者、場合によっては六番や七番を打ち、ホームランや盗塁、バントだってする。そんなリーダーにけん引されたチームは　やっぱり強いのだ。

「勝っても勝っても、まだ勝ちたいという気持ちが続いていましたよね。モチベーションが下がらなかったのは、勝利というのは自分だけのものではないと気づいたからです。もちろん優勝すれば選手自身も満足ですが、ファンもチームの裏方も心の底から喜んでくれる。ふと振り返ると、驚くほど大勢の人が勝利を待ち望んでくれているんです。人間、背負うものが多ければ多いほどがんばれるんだなと思った。つくづく恵まれた野球人生だったなと感じます」

最後に、タイムマシンがあったらどの場面に戻りたいかと聞くと、ニヤリと笑みを浮かべながらひと言。

「もう野球はやりたくない（笑）。戻らなくていいですよ。後悔の残るシーズンなんて一つもありませんから」

いしげひろみち
1956年千葉県生まれ。銚子高校卒業時にロッテからドラフト指名を受けるも拒否し、駒沢大学へ進学。卒業後はプリンスホテルを経て、1980年のドラフト会議で西武から1位指名を受け、入団。翌年のルーキーイヤーは主に二番打者、ショートで起用され、規定打席到達、3割1分1厘、21本塁打と大活躍で新人王に輝く。1982年からは一番打者としてチームを牽引し、1986年にはキャリアハイとなる打率3割2分9厘、本塁打27本、打点89の成績を残し、2年連続パ・リーグ優勝、3年ぶりとなる日本シリーズ制覇に大きく貢献、パ・リーグMVPも獲得した。西武に14年間在籍し、リーグ優勝11回、日本一8回を経験した後、1995年からはダイエーでプレーし、翌年引退。シーズン初回先頭打者本塁打8本（2022年11月現在、パ・リーグ最多タイ記録）、シーズン守備率.991（三塁手として）などに加え、日本シリーズでは通算69安打（歴代2位タイ）などの記録が光る。

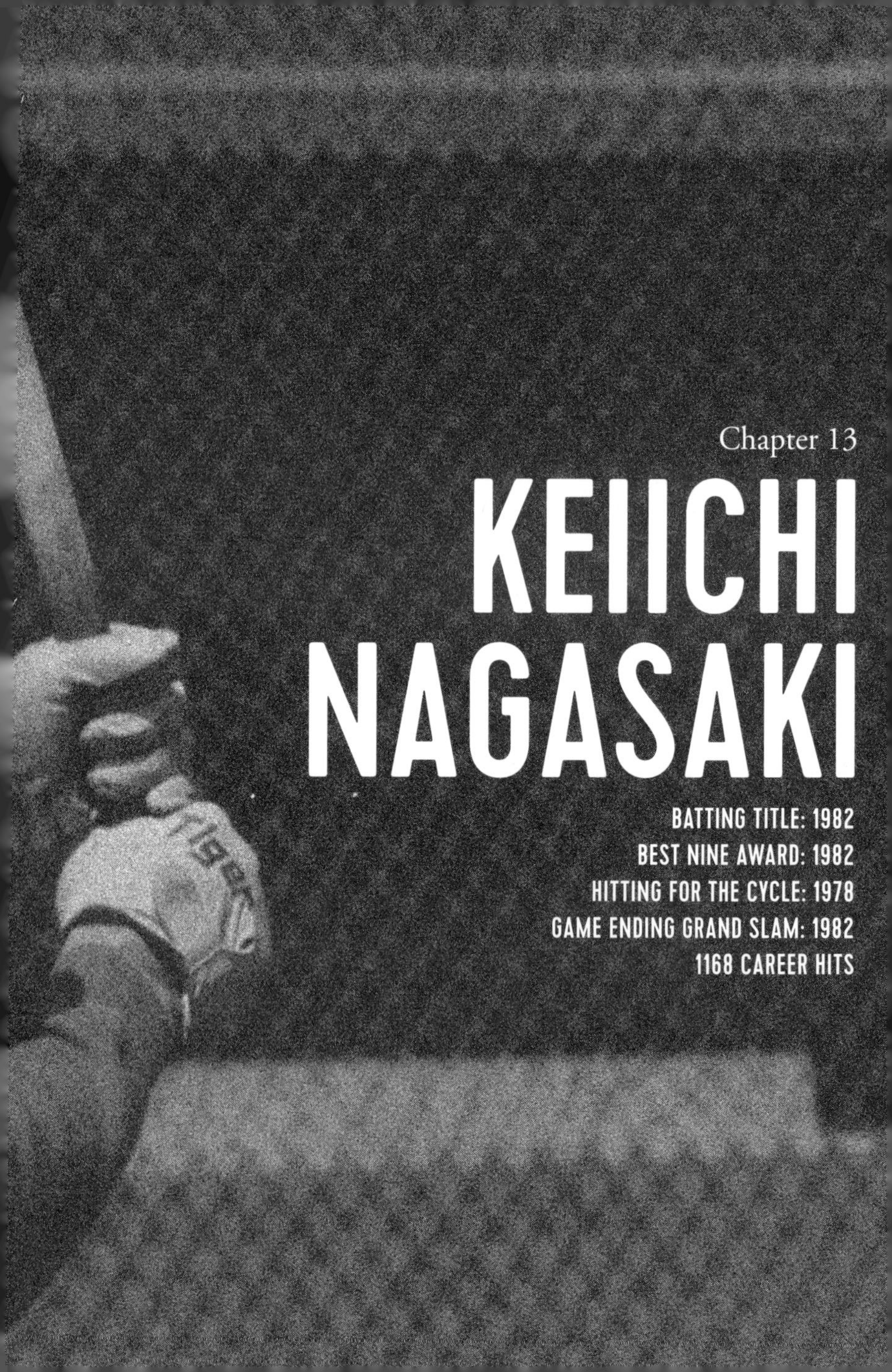

Chapter 13

KEIICHI NAGASAKI

BATTING TITLE: 1982
BEST NINE AWARD: 1982
HITTING FOR THE CYCLE: 1978
GAME ENDING GRAND SLAM: 1982
1168 CAREER HITS

田尾が打てば首位打者は入れ替わる。気が気じゃなかったです。

Chapter 13

長崎慶一

筆者が小学生の頃、セ・リーグを支配していたのはほとんどいつも巨人だった。その巨人を苦しめられるのは大抵の場合、中日と阪神。そんな時代が続いた後、一九七〇年代後半には広島、ヤクルトも台頭し、八〇年代に入るとセの優勝チームは毎年変わるようになっていく。巨人の勢いが衰えたこともあり、間違いなくセ・リーグ各チームの戦力が拮抗してきたのだ。だが、承知の通り、七〇年代から九〇年代後半までほとんど優勝にからめなかったセ・リーグのチームが一つだけある。大洋ホエールズだ。一九七〇年から七七年まで優勝はおろか2位になったことさえなし。七八年に本拠地を移して横浜大洋と改称してからも、翌年2位になった後はほぼ万年Bクラス。いい選手はそこそこいるのにやっぱり勝てない。当時のセ・リーグに見入っていたファンにとって、ホエールズはそのようなイメージのチームだったはずだ。

理想型をイメージすることで絶対的なフォームを獲得

そんな大洋の中にあって、ひときわ気になる活躍を見せていた一人が長崎慶一だった。グリップエンドが低く、テイクバックの少ない特徴的なフォーム。どこまでも力みのない構えで、いかにも難しそうなボールに柔らかくバットを出し、ヒットにしてしまう。大洋は怖くないけど、長崎の打撃はちょっと楽しみ。こう感じていた相手チームのファンだって少なくないほど、見ていて面白い打者だった。そんな長崎でも、一九七三年のルーキーシーズンは相当の苦労をしたという。

「プロに入ってすぐ、これは無理だなって思ってしまったんです。ボールのキレは大学野球のレベルと比べ物にならないし、自分の弱点がすぐバレて、しつこいくらいそこを攻めてこられる。それに、昼間は二軍コーチに球を呼び込んで打てと言われ、ナイター前には一軍コーチに球をもっと前で捉えろと言われる。コーチの言うことは聞かなきゃと思ってたので、自分自身、何がいいのか分からなくなってしまってね」

結局、一年目は大振りも目立ち、2割2分2厘で終了。危機感から、オフにはとにかくバットを振りまくった。なんとか糸口をつかもうともがいていた苦しい時期。現役時代「青バット」で知られた大下弘コーチから、貴重なヒントを得る。

「あの人からは、自分がなりたい姿をイメージしろ、そして模範がいたら見て覚えろと教えられた。それで僕はまず大下さんの柔らかいフォームを手本に、そのイメージを追いかけるようになった。だから僕のヒッチの仕方は大下さん譲りなんです。ステップの部分は阪神の藤田平さんを手本に、優しい感じで踏み込むようにした。いろいろな選手を見て、手本になる部分をそうやって選び、ミックスしたんですよね。そうしたら、それまで〝1、2、3!〟で打っていたタイミングが、〝1、2の3!〟で打てるようになっていったんです」

その時から「間合い」の重要性を意識し始め、フォームを固めていった長崎。バットがスムーズに出るようになり、目指していた「優しい」ステップにも磨きがかかっていく。結局、三、四年かかったものの、フォームは理想の形に。誰もが認める打撃の職人にも、こんな大きなターニングポイントがあったのだ。

「インコースを逆方向に流すというイメージを持つことができてから、自分のバッティングがどんどん変わっていきましたね。それまでは早く打ちたいという気持ちでバットのヘッドを早いとこ、出そうっていう意識が強すぎたんです。だからインコースに来た球を捉えたと思っても良い当たりのファールになってしまう。だけど大下さんのようにヒッチして優しくバットを下げて、上げて、いっぺんに振っていくとグリップの部分が自然と先に出る。そういう意識と動きによってインコースが上手く打てるようになっていった」

まるで大学教授のようでもあり、化学メーカーの技術者のようにも見える、冷静かつ理路整然とした話しぶり。自ら構築したバッティング理論について、熱っぽい言葉が紡がれていく。

熾烈な首位打者争いに身を投じて

記憶に残る一球はと問うと、迷ったあげく二つの答えが返ってきた。その一つは、一九八二年、十月十八日の一球だ。このシーズン、長崎は中日の田尾安志と激しい首位打者争いを展開していた。

「中日との3連戦に入る前は、首位打者を獲れるっていう感触がありました。まあ、自分との闘いだからという感じで」

ところが二人の首位打者争いはなんとシーズン最終戦、中日対大洋の直接対決までもつれこむ。打率でやや水をあけられていた田尾が立て続けに安打し、長崎を猛追。最終戦直前の時点で打率トップの長崎と田尾の打率差はたった1厘となっていたのだ。直接対決であり最終戦、お互いのヒット1本で立場が一変するという状況。おまけに中日は優勝争いの只中にもあった。中日はこの試合に勝てば優勝、負ければ巨人に首位を譲るというまさに緊迫の一戦である。

「あと1試合というところで、1厘差ですから慌てますよ。それで自分はもちろん試合に出るつもりで準備していたんです。だけど最終戦当日の朝、球場に行くと、当時の関根(潤三)監督がもういいよ、皆で首位打者獲らせてあげるからと。試合に出ず、首位打者を守れということですよね。そういう経緯で僕は試合中、ベンチやロッカーをウロウロしていたんです。とにかく長い一日でしたね。田尾が打てば首位打者は入れ替わる。気が気じゃなかったです」

試合前には長崎が試合に出るのかどうか、メディアやファンの間でも話題となった。この最終局面を楽しみにしていた我々にしてみれば、正直、堂々とタイトルを争う二人の対決でスリルを味わいたかった。

中日ファンなら、この状況に怒りさえ覚えたかもしれない。だが、長崎が試合に出ない事実を知り、プロスポーツがサバイバルな大人の舞台だとあらためて感じたファンも少なくなかったろう。いくら打撃の名手とはいえ首位打者のチャンスなんてそうそうあるものではない。出場しないという選択に理解を示す論調も、当時、確かにあった。実際、優勝を望めない大洋に在籍し続けた長崎にとって、個人タイトルの意味は一層、大きかったのだ。

間違ってヒットになったらとんでもないこと

結局、大洋の投手陣は田尾に対し、5打席連続四球という策を実行。当然、打率の一厘差は動かず、個人タイトルの行方は決した。田尾の5打席目、明らかなボールが3球続き、カウントはノースリー。ところが次のボール球を田尾は敢えて空振りする。抗議のようにも思えたこの一球の次のボールにも、空振りで対抗する田尾。カウントがツースリーになったところで、中日の三塁コーチャースボックスに立っていた黒江透修《ゆきのぶ》が田尾に一声。「もういいだろう」と言う黒江の声に従うかたちで次のボールを見送った田尾。そしてこのフォアボールが決定する6球目のボールは、長崎のキャリアに首位打者という重要な価値をもたらすことになる。自身が打席に立っていた訳ではないが、今でも脳裏にくっきりと蘇る一球だ。

「田尾が不満そうに打席に立ったということもあって、僕としてもいたたまれなかったですし、つらい気持ちはありました」

格好の良いコメントを勝手に想像するなら、自分がヒットを打って決めたかった、といった類の言葉になるだろう。でも長崎は本音を隠さず、田尾の最終打席を見ながら胸中に去来した思いを今、こう口にする。

「ボール球を空振りするのを見て、間違ってバットに当たりヒットになったらとんでもないと。だからとにかくバットに当たる可能性がゼロのボールを投げてくれと思っていました。そういう気持ちがない選手はプロとして生き残れないと今でも思います。自分だって苦しみ抜いてやってきたんです。だからタイトルが決まった瞬間はやっぱり、とてもうれしかった。でも一方で、中日が勝って目の前で優勝を決められていたわけなんですけどね」

実はこの試合前、長崎は中日の黒江コーチからこんな言葉をかけられていたという。

「お前に首位打者をやる。その代わり、すべての打席で田尾を歩かせてくれ」

確かに田尾が多く出塁すれば中日が勝つ確率、つまり彼らが優勝する可能性は高まる。しかし、自分のチームの主役に首位打者を捨てさせるとはどういうことか。長崎にはその意味が100パーセント理解できていなかった。結果、黒江コーチの望み通り、田尾は出塁を続け、中日は優勝。黒江コーチの意図も分からなくはなかったが、結局、5打席連続四球で歩かされ続けた田尾は首位打者のタイトルを逃し、ベンチにいた長崎が3割5分1厘で念願だったタイトルを獲得した。いくつもの話題を振りまいたセ・リーグの首位打者争いもようやくこれでジ・エンド。そして、黒江コーチの言葉は一種の駆け引きに過ぎなかったというだけのこと。それが当時の結論だった。

阪神に歓喜をもたらした会心の一撃

もう一つの記憶に残る一球はその三年後、阪神に移籍した初年度の日本シリーズだ。この年、レギュラーシーズンは68試合の出場に留まったものの打率2割8分3厘と、間違いなくチームの躍進に貢献していた。そして、大洋在籍中は経験できなかったリーグ優勝を、ついに経験したのである。満足感とともに手応えも感じながらいよいよ、日本シリーズへ。西武との対戦となったシリーズでは第4戦に先発出場を果たし、翌日の第5戦では2ランホームランを放つこともできた。この試合に勝ったことで阪神は日本一へ王手をかけた状態になり、いよいよ第6戦。この重要な試合でも六番、レフトで先発起用となった長崎。初回にいきなり、満塁というビッグチャンスで打席に立つことになる。大観衆が見つめるなか、西武の先発、高橋直樹の投じた3球目。強振した直後の打球はライトスタンドへ吸い込まれていく。風速11メートルという逆風を切り裂いた弾丸ライナーは、いかにもミートの巧い長崎らしい一打だった。この満塁ホームランで押せ押せムードになった阪神はそのまま勢いに乗って勝利。あの一打が、チーム史上初の日本一を決定付けたわけだ。

「移籍した直後のシーズンで日本一に貢献するホームランを打てて、本当にありがたいと思いました。いまだにあの瞬間のバットの感触はこの手に残っていますし、人生で最高の瞬間でしたね」

この日、生涯忘れられない最高の感触を得たと同時に、いまだかつてない感覚も身体の中に染み渡った。大洋ではどんなに頑張ってもたどり着けなかった優勝というゴール。そこに到達した満足感は他に比べるものがないほどだったという。

「優勝とはこんなにうれしいものなんだと初めて分かったんです。そのシーズンを振り返ってみると、チーム全員が優勝という目標に向かって集中していて、一つひとつの勝利の価値を毎日、噛み締めていた。同時に、シーズン中、自分を始め全員が勝利を優先的に考え、個人記録なんて二の次だと思いながら戦っていた。それでようやく三年前、中日の黒江コーチから言われた言葉の意味が理解できたんです。チームの一選手が首位打者を獲ることも大事だけど、優勝とは次元の違うもの。もちろん個人タイトルはプロにとって大切ですよ。でも、黒江さんは駆け引きであのような言葉を発したんじゃなく、是が非でも優勝したいって思っていたんだと」

一九八二年の首位打者を決めた一球と、八五年の満塁ホームランとなった一球。それぞれの鮮烈な瞬間は全く関係ないように思えるが、本人にしてみれば心の奥底で深くつながる二つの場面でもあった。長崎だけが知る「張られた伏線」と「その回収」。野球の面白さはこんなところにもある。

ながさきけいいち
1950年高知県生まれ。北陽高校時代は1年生の時に夏の甲子園に出場。卒業時には阪神からドラフト8位指名を受けるも、大学進学を選択。法政大学時代は4シーズン連続優勝、2シーズン連続首位打者など、大活躍を見せる。1972年にはドラフト1位で大洋に入団。2年目のシーズンには3割5分6厘の成績を残し、スタメン定着を果たす。3年目の1975年には初の規定打席に到達し、長打、単打ともに期待できる打者として成長を続けた。以降、シュアーなバッティングで大洋の顔として活躍を続け、1982年のシーズンには3割5分1厘で首位打者を獲得し、ベストナインにも選出。1985年には阪神へ移籍し、そのシーズン、自身初の日本シリーズに出場。シリーズでは全6試合で2安打だったものの満塁ホームランを含む2本塁打と活躍。優秀選手賞にも輝いた。1987年オフに引退後は解説者や阪神の一軍打撃コーチ、五輪チームの打撃コーチなどを務めた。

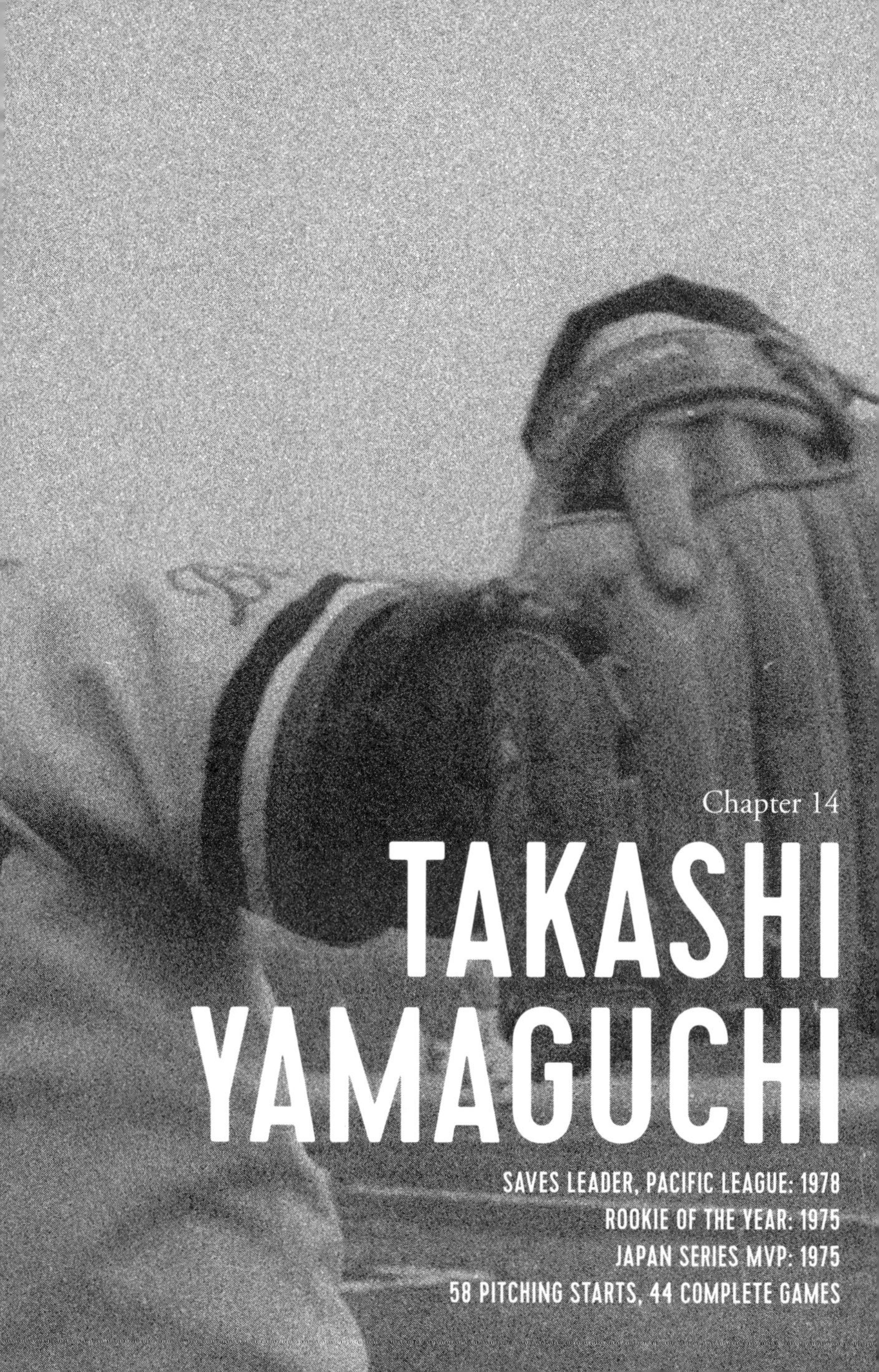

Chapter 14

TAKASHI YAMAGUCHI

SAVES LEADER, PACIFIC LEAGUE: 1978
ROOKIE OF THE YEAR: 1975
JAPAN SERIES MVP: 1975
58 PITCHING STARTS, 44 COMPLETE GAMES

自分には速球がある。だからこの球でもう一度、やり直そうと。

Chapter 14

山口高志

パ・リーグ史上最強チームといえば、真っ先に阪急ブレーブスの名を挙げる昭和の野球ファンは多いだろう。当時の球界は巨人の圧倒的な強さに他球団は打つ手なしの状態。一九六五年から始まった巨人のV9は、その強さが半端ない勢いであったことを如実に示す記録である。この無敵艦隊を最も苦しめたのが阪急だった。一九六五年からの九年間、両雄は日本シリーズで五度も対戦。結果は5度とも巨人に軍配が上がったが、その後の一九七五年からは阪急が日本シリーズ3連覇を達成する。球界を代表するサブマリン・山田久志にホームランアーティスト・長池徳士《あつし》、盗塁の帝王・福本豊に、代打の切り札・高井保弘など、アクの強い役者がズラリ。赤ヘル旋風を巻き起こしたカープや、長嶋茂雄の引退と共にやや弱体化した巨人を粉砕し、全国の野球ファンにパ・リーグの実力と意地を見せつけたのだ。そして、この時代を共有したファンの脳裏にはきっと、ひとりの豪速球投手の快投が鮮明に刻まれているはずだ。山口高志である。

結果が良ければいいじゃないか

かつて、衣笠祥雄《さちお》は彼の放るボールが見えなかったと言い、野村克也にいたっては球速165キロを誇る大谷翔平より山口の方が速かったと評価。当時、スピードガンがあったら一体、どんな数字が出ていたのかというほど、そのボールは鋭く、明らかに他投手とは異なる速さだった。当の本人は、自身の剛球についてどう評価しているのかを、まず聞いてみたい。

「自分のボールが速かった、という実感はないんです。当時は電光掲示板にスピードガンの表示がなくて、観客の反応が一つの目安になっていた。キャッチャーミットにボールが入る音で、スタンドからオ～っと歓声がわく。それを聞くと、ああ、今日はボールがいってるのかなと感じるわけです。でも、たとえ150キロ出ていたとしても打たれる時はある。自分のボールに自信があったかと聞かれれば、ただ必死だったとしか答えられない」

豪速球を繰り出す独特のフォームは、高校時代からプロ引退までほとんど変わっていない。右手のテイクバックが小さく、無理矢理、天井から投げ下ろすようなちょっと不自然だけど、豪快なフォーム。投球後は勢い余って顔が完全に地面と正対するといった、なめらかというには程遠い、全球全力のピッチングが印象的だった。高校の監督は身長169センチの山口に対し、背の高い投手同様、角度のある投球を求めたという。その結果、山口に向けられたのは「上から叩け」というアドバイス。その時から、まるで遠投でもするかのような山口流のフォームは固まっていき、同時に、豪球投手としてのキャリアが怒濤のようにスタートしていく。

「高校時代の監督からの一言は確かに大きかった。でも、大学時代も、社会人の時も、プロに入ってからも、コーチや監督は僕へのアドバイスに困っていたんじゃないですか。ちょっと普通のピッチャーじゃないと。全然理にかなってないフォームですしね。だから自由に投げさせるしかないと(笑)。現役引退してから自分でコーチをやるようになってね、『異常の正常』という言葉を使うようになったんです。プロだったら、一般的に理にかなってないやり方でもその人にとって正常の状態であって、結果が良ければそれでいいじゃないかという意味です。良い部分がぐっと伸びていけば、多少、どうかなという部分が残っていてもプロとして続けられる。こう考えるようになったのも、自分が普通じゃなかったということが影響しているかもしれませんね」

究極の至宝、ストレートを武器に

その速球で高校、大学、社会人と華々しい活躍を続けた山口。投手としての資質には、プロ球界の熱い視線も集まった。そして一九七四年には阪急からドラフト一位指名を受け、プロの世界へ。持ち前の速球はオープン戦からうなりをあげ、誰もが山口のロケットスタートを疑わなかった。ところがプロデビュー登板の日本ハム戦では緊張もあって4失点で敗戦投手、次の太平洋クラブ戦でもリリーフで打ちこまれる。しばしば速球が決まるものの、変化球を痛打されたり、四球を連発したりと、期待はずれの投球が続いてしまう。

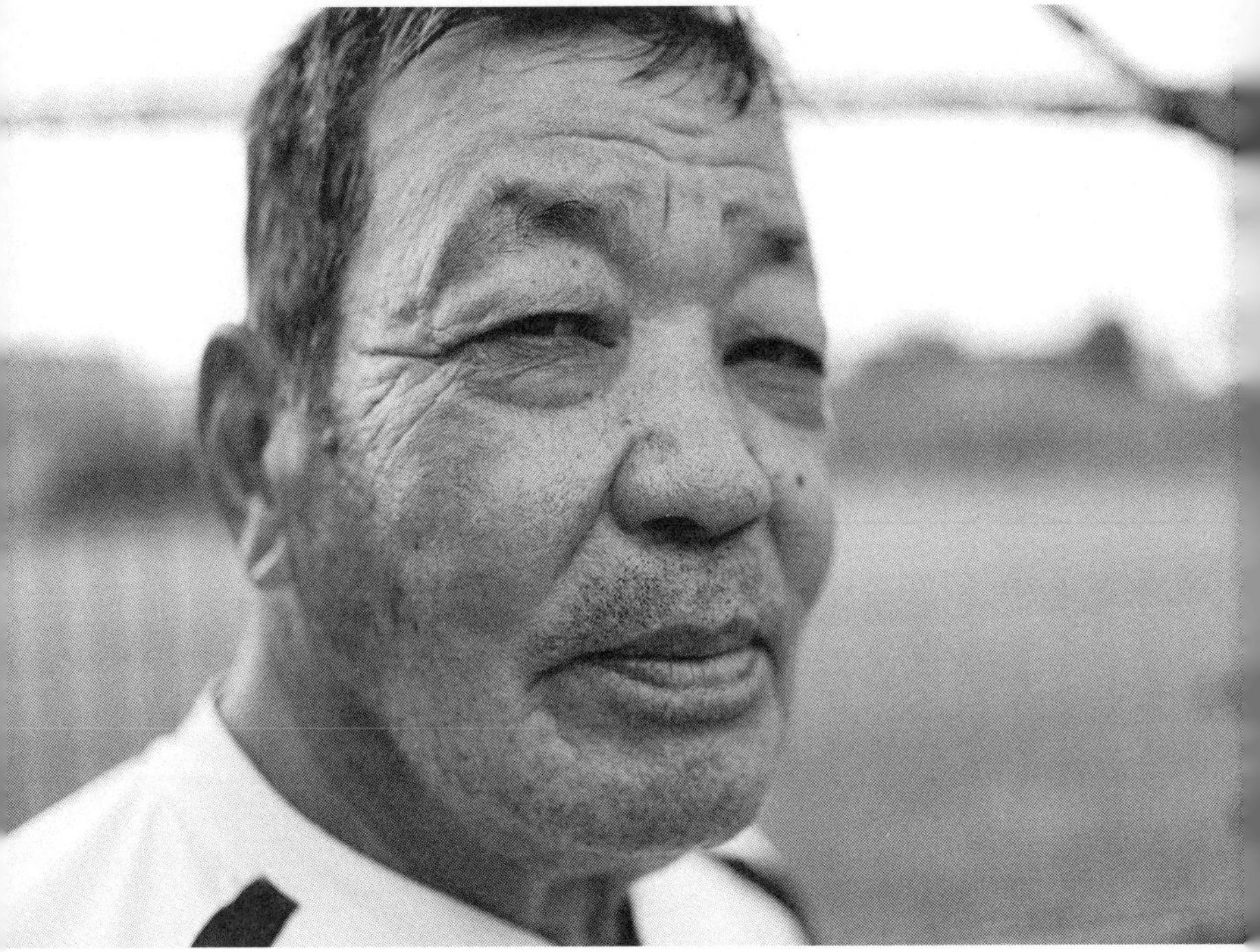

「プロではストレート一本じゃ無理だという思いが強すぎたんです。だからキャンプでは変化球を覚えようと一所懸命、練習したんですが、スライダーもフォークもまだ勉強中だった。つまり、最初の2試合は勝負どころでストレートを有効に使っていなかったんですよね。自分としてはデビュー直後からこの先、どうしていこうかと真剣に悩みましたよ」

そこで山口を救ったのが、先輩である福本豊の言葉だった。福本は山口と対戦した太平洋クラブライオンズの主砲、土井正博からこんな助言をもらい、その言葉を迷える後輩に伝えたという。

「山口の真っ直ぐはとても打ちづらい。それなのになんで、山口は真っ直ぐを放らん?」

この至極、まっとうなコメントは山口にとって強烈なキッカケに。プロでは変化球も必要だという先入観を一発消去できるほど、目が見開いたという。

「やっぱり自分には速球があるから阪急は指名してくれたんやと。それならこれでやり直そう、という気持ちになれたんです。それからは勝負どころでストレートをどんどん使うようにしていった。それで次の試合はようやく初勝利できてね。土井さん、福本さんがいなかったら自分のキャリアは全然違ったものになっていたかもしれません」

吹っ切れた山口の快投はこの後、約四年間、球界を席巻した。時には26球連続でストレートを続けるといった本格派ならではのピッチングでファンを魅了。先発だけでなく、リリーフでも獅子奮迅の活躍をみせ、デビューから四年間は毎シーズン30~40試合も登板をこなし、4シーズン連続で二桁勝利を記録。とりわけ日本シリーズでの活躍はすさまじかった。一九七五年のシリーズでは6試合中5試合に先発、救援で登板。翌年のシリーズでも7試合中5試合に登板し、2連覇に貢献。つまり一年中、ほとんどの試合でブルペンに入り、はた目にも身体が壊れると思うほどひたすら投げまくったのだ。

小林繁に対して芽生えたほんの少しの動揺

そんな山口に、最も記憶に残る一球について聞いてみる。口から出たのは、一九七六年、巨人を相手にした日本シリーズ第4戦での一球だった。ここまで阪急が3連勝し、無敗のまま日本一に王手。迎えた第4戦でも八回裏まで2対2の展開で、阪急は優勝までほんの少しのところまで迫っていた。そして九回表、マウンドの山口が巨人打線を難なく二者連続三振に封じ込め、投手の小林繁に打順が巡る。観衆のほとんどが、そしてダイヤモンドの中やベンチにいた選手のほとんどが、ここは何も起こらず九回表が終了すると感じていたはずだ。

「まあ、ここを簡単に抑えて、その裏に点を取ればサヨナラで優勝は決まる。それに第3戦まで1勝1セーブで、この試合も勝利投手になればMVP、つまりクルマももらえそうだしという期待がどこかにあった(笑)。だからといって油断があったわけでもないんですが、小林に投げた3球目があわやデッドボールという球になってしまって。相手はよく知っている繁だったし、ごめんなと思いながら次の球を投げた。そのボールが甘い所へいって、コーンとヒットを打たれてしまったんです」

打席に入ったのが投手ということもあって、全力で抑えなければいけないという気持ちはなかったかもしれない。そんな状態で危ないボールを投げてしまった。これがほんの些細な気の迷いを起こさせる。いつもの調子、いつものメンタルなら何も問題ない場面であっただろう。微妙な気分が次のボールに乗り移ってしまったことで、思いがけないヒットが生まれてしまった。そしてトップバッターの柴田勲が次の打席に入る。しかし、まだ山口の気持ちはわずかに動揺したままだった。

「ちょっとしたことで繋に打たれて、誰に対してではなく、漠然と〝この野郎〟という気持ちで柴田さんを迎えてしまった」

次の瞬間、柴田は初球を強振。ボールはライトスタンドに飛び込み、巨人はまんまと勝ち越し。その裏の阪急は無得点に終わり、巨人は貴重な1勝をもぎ取ることに。結局、その後は勢いにのった巨人が勝利を重ね、シリーズは第7戦までもつれてしまう。最終的には阪急が優勝したものの、柴田のホームランは確かにシリーズのリズムを大きく変えた一打だった。

「柴田さんのホームランより、その前、小林に打たれたボールが自分のキャリアで最も記憶に残る一球です。一回だけタイムマシンに乗れるとしたら、あの瞬間に戻りたい（笑）。勝った負けたではなく、中途半端な精神状態で投げてしまったことが悔やまれる。しかも、あの時代、阪急の先輩たちは巨人に勝つことだけを目標にがんばってきて、ようやく巡ってきたチャンスをあの一球で消してしまったと思いました。結局、シリーズでは巨人に勝ちましたけど、あの時の投球だけはやり直したい気持ちです」

最も記憶に残る瞬間は、はた目からはちょっとした失投にしか見えない一球だった。速球という強烈な武器を持っていたがゆえに、それを使わずして失敗した場面は人一倍、悔いが残るのだろう。勝っても負けても、勝負師には〝納得のいくプロセス〟が何より必要なのだ。そう考えると、実に山口らしい追憶の〝一球〟である。

短い期間だからこそ輝いた豪速球の伝説

デビューから四年間、フル回転で投げ続けたツケは、突然、山口に降り掛かった。身体に負担をかける豪快なフォームから、知らずのうちにダメージを蓄積していたのかもしれない。ある時、ちょっとした動きで腰に強烈な痛みを感じ、以降、山口のキャリアはその痛みとの戦いとなっていく。五年目は満足な投球ができず1勝6セーブ止まり。翌年は1勝3セーブ、その翌年は勝利もセーブもゼロと、ほとんど稼働できない状態に陥ってしまう。結局、デビューから四年目までは速球を武器に大成功、五年目から八年目までは腰の痛みにより暗転。山口のキャリアは合計で八年と、非常に短いものとなった。デビュー直後の苛烈な投球ペースが裏目に出たのでは？と問うたところ、山口は穏やかに微笑みながらこう切り返す。

「腰に針で刺したような痛みを感じた時、あの日を境に自分にとって100パーセントだと思えるボールが消えてしまった。その時はね、原因さえ直していけば戻ると思っていたんですよ。痛み自体は一年ちょっとで消えたんですけど、腕を振ってもなんだか鈍いなという状態がずっと続いてしまった。それまでのボールのパワーがピタッと消えてしまった感じだったんです。プロ入りした直後の四年間は47勝もできて、投げるのが楽しくて仕方がなかった。それなのに腰を痛めてからの四年間は初めて野球が面白くないと感じるようになってしまいました。まあ苦いというか、苦しい最後の四年間でしたよね。いろいろと考えもしましたよ。二〇代後半でちょうどスピードが落ちかけた頃でもあった。最初に考えていた道筋を変えて、別の道を進んでいったらどうなるかとか。速い球が投げられなければ変化球を織り交ぜてやっていくという考えもあるでしょう。だけどそれができるんだったら山口高志というピッチャーはプロに入ってなかったし、あれだけ勝つこともできなかったと思う。僕にはそういうことは無理だったと、今でも感じます。誰にもフォームを矯正されなかったということにも満足を感じていますしね。それに太く、短い野球人生だったからこそ、今も情熱を失わずに野球と関われているのかもしれない。今、指導者として選手たちにも言うんですが、限界の先に成長はあると。だから自分もがむしゃらになって投げ続けたことに後悔はありませんし、何よりチームが強くて、野球がとても楽しかったのは幸せなこと。そう考えていくと、まだ、自分の野球人生は終わっていないとも思えるんです」

引退後はオリックスや阪神で名コーチとして名を馳せ、現在は母校の関西大学で若い選手たちを指導する毎日を送る。豪速球投手の教えはこうして後進へと伝承され、山口がプロで培った経験は確かに、若い才能を伸ばす肥料となっている。本人が認めるとおり、プロでのキャリアは確かに短すぎた。でも同時にとてつもなく濃密な時間だったからこそ、その価値は一層高まり、大きな影響力を持つ野球人になり得たのだ。とは言っても、いまだに、あの力強く、速いボールは格別だったと語るかつての対戦相手も少なくない。腰の痛みがなければこの人の現役生活は、一体、どれだけのものになっていたかとやはり、夢想してしまう。反面、あの豪速球がたった四年間で幻のように消えてしまったからこそ、その輝きはまばゆくも思える。その閃光のようなボールの残像はこうして我々の脳裏に、そしてプロ野球の歴史に、確かに刻まれているのだ。

やまぐちたかし
1950年兵庫県生まれ。神港高校時代には県大会で2試合連続ノーヒットノーラン、春夏連続での甲子園出場などで注目を集める。高校卒業後は関西大学に進学し、4年間、チームのエースとして活躍。関西学生野球連盟の記録として、通算最多勝利(46)、年間個人最多勝利(18)、連続完封(6)などを残す。大学卒業後は松下電器産業を経て、1974年のドラフトにて阪急から1位指名を受け、入団。プロデビュー直後の1975年シーズンには先発22試合、完投18試合、12勝と、エース格の活躍を見せ、日本シリーズではMVPも獲得する。翌シーズン以降は先発投手としてだけでなく、ストッパーとしても起用され、1978年には26セーブポイントで最優秀救援投手賞を受賞。通算50勝の時点で1982年シーズン終了後に引退。現役引退後は、阪急やオリックス、阪神で2軍投手コーチ、1軍投手コーチ、スカウトなどを歴任。2022年現在、関西大学野球部アドバイザリースタッフを務める。

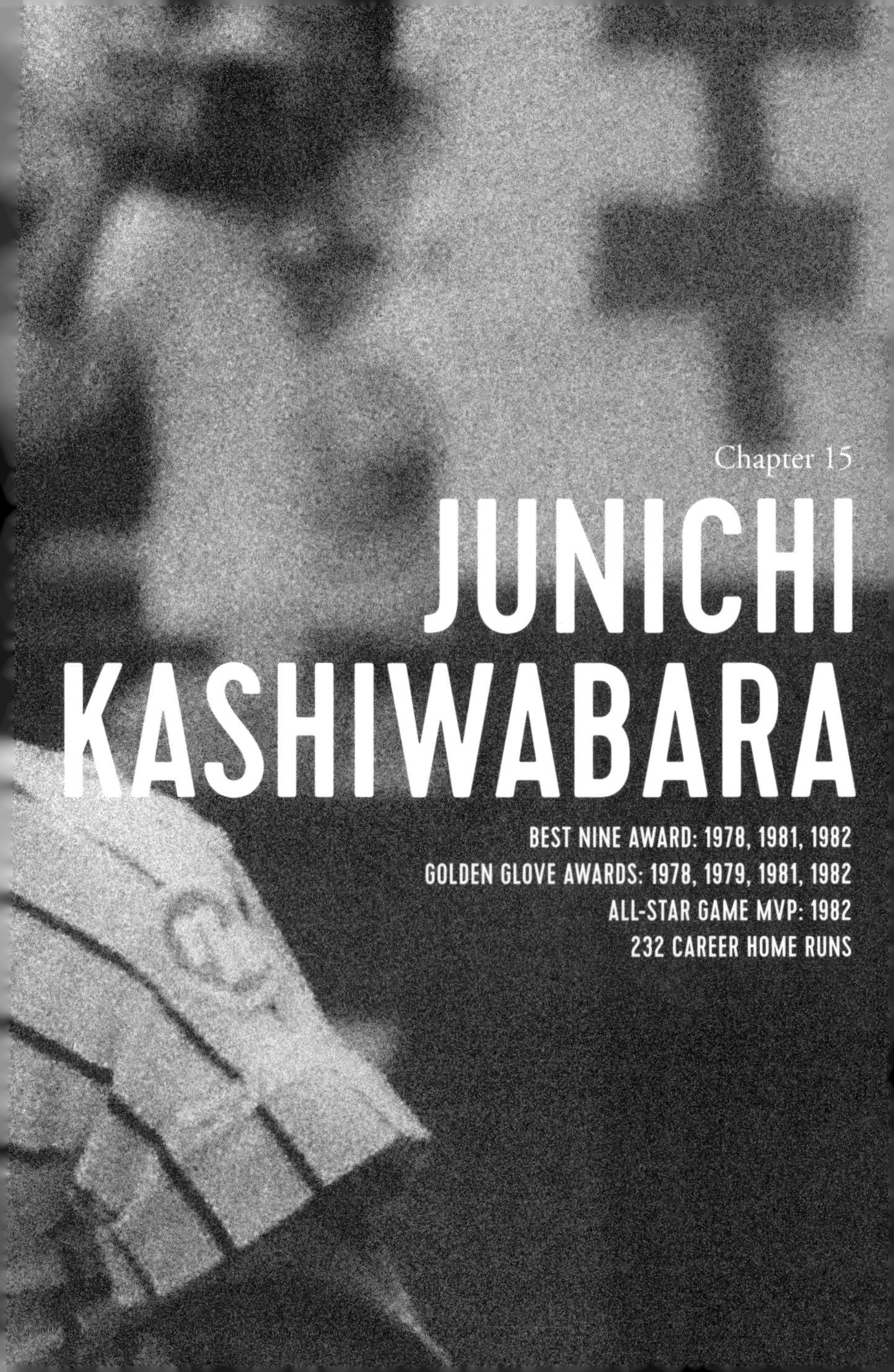

Chapter 15

JUNICHI KASHIWABARA

BEST NINE AWARD: 1978, 1981, 1982
GOLDEN GLOVE AWARDS: 1978, 1979, 1981, 1982
ALL-STAR GAME MVP: 1982
232 CAREER HOME RUNS

その時はミナミで飲んでた（笑）。野村さんからは、お前はこのままじゃダメだと言われてね。

Chapter 15

柏原純一

思いも寄らない場面で、突然、クライマックスが訪れることもある。およそビッグプレーが起きはしないだろうと思われる平穏な場面であるほど、何かが起きた時に受ける衝撃は大きい。では、野球の試合において極めて「平穏」な状態とはいかなる場面かと考えると、まず思い浮かぶのが敬遠である。そしてこの敬遠の場面において、いまだに語り継がれる衝撃の瞬間を演出したのが柏原純一だった。

敬遠の打席で起こした「大事件」

一九八一年七月十九日の西武対日本ハム戦。六回裏、日本ハムの攻撃で二死三塁の場面、四番の主砲、柏原が打席に立った。ここで西武ベンチはバッテリーに敬遠を指示する。次打者のトニー・ソレイタが西武の永射《ながい》保投手を大の苦手にしていたからだ。そして、敬遠のための四球が淡々と柏原に投じられる、はずだった。ところが三球目の敬遠球を柏原が豪快に強振。直後に、ボールは左翼スタンドへ吸い込まれていった。この名場面について本人はこう回想する。

「次のソレイタが永射に対して、いっつもいっつも三振ばっかりで。だから僕は打席に入る前、数メートル歩く間に考えた。ああ、自分が敬遠を打ちにいって凡打になっても、大沢（啓二）監督がなんやかや言ってきたらこう返答すればいいやって。ソレイタは打てないんだから僕が打ちにいきましたっていう言い訳まで用意してたわけ」

そもそも敬遠を打ちにいこうと事前に決めていたことからして、漢《おとこ》である。あのホームランは瞬間的に反応したものでなく、柏原の計画通りでもあったのだ。この奇襲作戦に至る前、ちょっとした伏線があったのも面白い。

「僕の打順が来る前にね、外野フライで二塁ランナーが三塁へタッチアップした。その時、相手ピッチャーの永射が三塁のバックアップをしようと僕がいるベンチ前付近まで走ってきたんです。それで永射はね、ちょうどオールスターに選ばれた後だったの。だから僕はそのタイミングで永射に『おう、オールスター、頑張ってこいよ～』って声をかけた。そしたら、永射も油断するじゃないですか（笑）」

その後に打席へと入った柏原。強振する前後の心の機微を解説してもらった。

「ランナー三塁でしょ。サードはベースにくっつくし、敬遠だからショートはセカンドベース付近に移動する。だから三遊間がガラ空きなんです。じゃあ、僕が引っ張ってそこにゴロを打てば、ショートに捕られても内野安打になるだろうって思ってたんです。そんなことを考えながら一球目、二球目は知らん顔のフリして、振ったらいけるかな～と測ってました（笑）。それで三球目に思いっきり飛びついたらバットの真芯に当たってね。してやったりですね。大沢監督もその瞬間、見てなかったんじゃないですか?」

プロ野球史上、敬遠球をスタンドに打ち込んだのは柏原しかいない。ちなみに二〇一八年からは申告敬遠の制度が導入されたことから、このようなシーンが今後、生まれることは絶対にないのだ。

酒、麻雀。そして監督の家庭訪問

時代とともにプロ野球を取り巻く環境や選手の気質、試合における戦術などは大きく様変わりした。柏原が南海でデビューしたのは一九七〇年。当時のパ・リーグの様子はどのようなムードだったのかと問うと、驚くようなトピックスが次々と飛び出してくる。

「昔のパ・リーグなんてとんでもなかった。相手チームのベンチからは、うちのバッターにぶつけてしまえなんて声が聞こえてくるんですよ。良いバッターは頭とか狙われてね。誰がそんなことを言ったのかはっきりと聞こえた時があって、後で抗議に行くと、平気でそんなこと言ってないなんて返してくる。故意に狙ってくるのは普通でね。だからパ・リーグの打者は避けるのが上手くなるんです。当たりどころが悪ければ選手生命に関わるので、もちろん僕はそういう雰囲気が嫌だったんですけどね」

そして飲む打つ買う、である。話を聞いていくと、節制とは無縁だった選手たちの心理が見えてくる。

「麻雀? あんな面白いものはないねぇ(笑)。当時は大好きでしたよ。日本ハム一年目でキャンプに行くでしょ。宿舎に入って荷解きする前に先輩から、やるか?って言われて、はい、やりますって(笑)。

そのままいきなり麻雀でしたよ」

では、酒とはどのような付き合いをしていたのか。

「そうですね、お酒も好きだった。野球もやるけど、酒もガ～っと飲む。酒飲んだら翌日の試合前はしっかり汗かきました（笑）。体を全部、綺麗にして試合に臨むんです。南海で二軍にいた頃は、僕が夜、部屋にいると食事を終えた先輩がコンコンとノックしてくる。なんですかって聞くと、『今から飲みに行くぞ』と。いやいや僕は明日、朝早いんですと返すと、先輩から、『いや俺は一軍だから朝遅いんだ』って言われて連れて行かれる。こんな社会ですよ（笑）」

そう言いながら、酒との付き合いには苦労もしたと言う柏原。若手の頃は、酒がプレーに影響していると自覚することもできなかったと苦笑いしながら当時を回想する。

「デビューして五年目の時。開幕して一カ月くらいは打率3割超えてたんですけど、六月くらいになって成績がガタガタと落ちる。で、ある時、野村（克也）監督が家庭訪問ということで家にやってきたんですけど、ちょうど僕は新地で飲んでいて不在だったんです（笑）」

そして飲み歩きがバレた直後、野村監督からはこうたしなめられたそうだ。

「お前ね。五月は3割打ってたのになんで六月になって落ちるんだ。考えてみたらお前はバットスイングのスタミナがない。捉えたと思った打球が凡打になる。ということはスイングが足りない」

そこまで言われたからにはやらないわけにはいかない。柏原はそれまで以上にスイングに励んだ。が、しかし。

「その一カ月後くらいにまた家庭訪問されたんですけど、その時はミナミで飲んでた（笑）。野村さんからは、お前はこのままじゃダメだと言われてね。野村さんのマンションの隣の部屋が空いてるから引っ越してこいとまで言う。悩みましたけど、結局、いろいろ教えてもらおう、野球に打ち込もうと思って僕は引っ越したんです。それからは野村さんの車で一緒に試合に行って、帰宅したら一緒にご飯。食事中もその日の反省で、あのボールなんで見逃したんやとか、あそこはスライダーしかないやろとか。その後も毎晩、つきっきりでバットスイングですよ。夜中の一時とかでもやりましたよね」

野村監督からはスイングだけでなく、言葉使いや節制についてもとくとくと教え込まれた。選手として、人として、野村監督の影響はどれほどのものかと問うと、「全部です、全部。本当に魅力的な人」としみじみ、口にした。ところがそんな野村との共闘にはおよそ一年で終止符が打たれる。南海と野村との関係が悪化し、野村がロッテへと移籍することになってしまうのだ。自分にとって不可欠な師匠が去ってしまうという衝撃。柏原もロッテへの移籍を一時は志願するが、それはかなわず、結局、野村と同時期に南海を去り、日本ハムへ移籍することになっていく。

打ち崩さなければならない相手、村田兆治

日本ハムでは移籍直後からクリーンアップを任され、低迷していたチームの躍進に大きく貢献。一九八〇年からは五年連続で全試合出場を記録、一九八一年には打率3割1分の好成績で十九年ぶりのパ・リーグ優勝を牽引する。南海での五年間とは異なる充実のプレーで、誰もが認める日本ハムの主砲に成長したのだ。

ところで、取材の冒頭からいきなり敬遠球のホームランについて対話が進んだが、やはり、柏原にとって記憶に残る一球とはあの場面であったのか。あらためて聞いてみると、本人はこう切り返した。

「あの敬遠も忘れられないシーンですけど、僕には大きなキッカケをつかんだ一球っていうのがあってね。村田兆治さんとの対戦。とにかく、嫌だったんですよ、あのピッチャー。対戦する時は、ああ、嫌だなって感じで（笑）。なんとかバットに当たればいいやという感覚」

それは一九八一年十月七日、前期優勝のロッテと後期優勝の日本ハムが対戦したプレーオフ第1戦での瞬間だった。四回表を迎えた時点で〇対〇の緊迫した試合。マウンドにはロッテ先発の村田、日本ハムは四番の柏原が打席に立った。

「村田さんの球は速くて、とんでもなく落ちるフォークボールも投げる。南海時代から何度も対戦してたまにしか打てないし、パ・リーグで一番、苦手な相手だった。あの時はツーストライクに追い込まれて、次の球がホームベースの前でワンバウンドするくらいのフォークだった。それで僕は思わずバットを放り投げてね（笑）。バッターの本能として打ちにいくじゃないですか。で、振り出したバットはもう止まらないし、咄嗟に、なんとか当たればファールになるかなとも思った」

言葉通り、投げたバットに球が当たってまんまとファールに。そして柏原の脳裏に今でも鮮明に残る次の一球である。

「インコースにきた。シュートがストライクゾーンに。普通のピッチャーの真っ直ぐのような感じで。これを強く振ったらホームランになったんですよ」

プレーオフ初戦をどうしても欲しかった日本ハムにとって、敵のエースから待望の1点。結局、この虎の子の1点を日本ハムが守りきり、初戦勝利に成功。柏原の一撃はチームを勇気づけ、リーグ優勝の道筋を開く号砲ともなったのだ。

漢が求めるのは、チームの勝利のみ

「快感というよりはこれでチームが優位になったなという強い感覚がありましたよね。村田さんから打ったなという記憶はこの時含めて三回くらいしかなくて、あとは三振ばっかりの印象。チャンスの時に、投げてるのが村田さんだと困ったなあという感じだったんですけど、この時はなんとか打てた。自分の中で大きなキッカケになったわけです」

やはり敵のエースを打つということは、その後の自信につながっていく。レベルの高い相手と戦うことで、打者は大きく成長すると柏原も認めた。

「南海時代にね、阪急の山田（久志）さんを打ったのも僕にとっては大きかった。シンカーが全然打てなくて、全部がサードゴロとかショートゴロ。で、ある時、対戦することがあったんですけど、なんていうのか打てる気がしなくてね。言ってみれば脱力状態ですよ。そこで山田さんがインコースのシンカーを投げてきた。どうせダメだろうなと思いながら振ったら真芯で捉えてセンター前ヒットになったんですよ。それも大きなターニングポイントでした。力を抜いて打ったら真芯に当たったという感覚。あ、こんな簡単に打てるんだって。それから、インコースはいかに力を抜いて打つかだって分かって、これだと。インコースが苦手じゃなくなってからは、少しずつベースに近い位置で構えるようにもなった。

するとアウトコースも甘い球に見えるようになって成績が上がるようになっていって。山田さんが投げてる時も嫌だなと思わなくなりましたね」

最後に、十八年間の現役生活に悔いはないかと問うと、しばらく沈黙が続いた。熟考した後に発したのはこんな言葉である。

「まぁ、酒ですよね(笑)。もっと節制して、真剣に野球と向き合っていればあと少しいい成績が残せたんだろうなって。野村さんと密に過ごしたのは一年間くらいであとは勢いでプレーしたようなもんだったから。最初から最後まで野村さんと一緒にやったような姿勢でやれていれば結果が違っていたかもしれない。振り返ってみれば、ああしとけばよかったなっていうのはやっぱりありますよね」

対話の最中、「チームの勝利」というフレーズを頻繁に口にした柏原。「自分が打っても勝たなければ面白くない」と、日本ハムの選手会長だった頃を想起させるコメントが、すがすがしく聞こえた。自分のエゴよりチーム優先という思考は野村監督の薫陶によるものだろうか。敬遠球の快打、放り投げたバット、酒と麻雀の日々、そしてチームの勝利に尽くす気持ち。やっぱりこの人には、「漢」という表現がふさわしい。

かしわばらじゅんいち
1952年熊本県生まれ。八代東高校時代には春の甲子園出場を経験。その後、1970年のドラフト8位指名を受け、南海へ入団し、二年間の二軍生活を経て、一軍へ。1976年から一塁の定位置を獲得し、この後の2シーズンは主に七番打者として先発に起用される。1978年、日本ハムに移籍すると主に三番打者として全試合出場し、2割9分4厘の成績を残し、才能が開花。1980年からは5シーズン連続全試合出場、1981年からは四番打者としてチームを牽引する。同年、パ・リーグ優勝を経験し、巨人との通称「後楽園シリーズ」では19打数8安打2本塁打の好成績を残し、大舞台での強さをアピール。1986年には阪神へ移籍し、三塁手、外野手、代打などで活躍。1988年の引退まで通算本塁打232本、受賞はベストナイン3回、ダイヤモンドグラブ賞4回、パ・リーグプレーオフMVPなど。引退後は阪神、中日で打撃コーチ、守備・走塁コーチなどを、日本ハムではスカウトなどを務めた。

TOK

Chapter 16

MASAHIRO YANAGIDA

.838 LIFETIME ON-BASE PLUS SLUGGING AVERAGE
.480 LIFETIME SLUGGING AVERAGE
MVP OF THE MONTH: MAY 1977

ふざけんな。打って返すぞ、この野郎。

Chapter 16

柳田真宏

長嶋茂雄や王貞治はどこからどう見ても華やかなスターだった。そういうスター選手には不思議なくらいチャンスが巡ってきて、いつだって大勝利の立役者となるものだ。確かにこうしたスター選手の栄光に彩られたストーリーは、時を超えてファンを魅了する。でもチームスポーツが面白いのは、こうしたスター選手のちょっと脇に、様々な役割を持ったいぶし銀の名バイプレイヤーがいるからでもある。時折、一瞬の閃光のように刺激的な活躍で、スター選手をも凌ぐ存在感を見せてくれる名バイプレイヤー。キラ星のごとく偉大な選手が揃うV9時代の巨人にあって、柳田真宏《まさひろ》はまさにそんな選手だった。

東京・八王子駅からほど近くの雑居ビル。目指すはこのビルの3階にあるカラオケスナック「まむし36」だ。現役引退後にすぐプロの歌手となった柳田は現在、この店のオーナーなのである。平日の真っ昼間、いくつものスナックやバーが詰め込まれたビルは、夜の喧騒に向けて静まり返っている、はずだった。ところがエレベーターを降りた途端、大音量の伴奏とともにこぶしの効いた柳田の流麗な歌声が、閉じられたドアの向こう側から聞こえてきた。ドアを開けるとマイクを握った歌手、柳田真宏がニヤリと鋭く笑いながらこちらを見る。

「どうもね」

穏やかな表情でお茶を勧めながら迎えてくれた、腰の低い初老の男。どこからどう眺めてもカラオケスナックのオーナーであり、栄光の巨人軍で豪打を振るった歴戦の勇者とは見えない。しばしば、長嶋茂雄や王貞治のモノマネをはさみながら、昭和のプロ野球について、滑らかなトークが続いていった。

強烈なプレッシャーと闘った現役時代

「史上最強の五番打者」というニックネームが我々には馴染み深い。三番・張本勲、四番・王貞治、そして五番・柳田という強力クリーンアップは確かに、強烈な記憶としてファンの脳裏に刻まれている。だが実際、柳田が正真正銘のレギュラーをつかんだのは一九七七年のシーズンからだ。つまり十八歳でプロ入りしてから約十年もの間、スターティングオーダーの常連にはなれていなかった。十六年間の現役時代を「強烈なプレッシャーの連続」だったと柳田は語る。

「西鉄でプロデビューしてから一カ月ちょっとの間、初安打が出なくてね。同期はみんなヒット打ってたから自分でもあせってた。おまけにコーチからは『次の打席、打てなかったら田舎に帰れ』とか言われてね。俺も高校出たばっかりだったし、そんなこと言われちゃうと本気にしちゃうでしょ。これで打てなきゃ野球を辞めなきゃならない。その時の打席は緊張したよね。でもメチャクチャ負けん気が強い方だったから絶対、打ってやるっていう気持ちに火も点《つ》いたの。憧れの王さんが初安打で初ホームランっていうのを知ってて、自分もそれをやりたいってずっと思ってた。だから、緊張はしたけど気合も入ってた。結果はデビューから一カ月後の初安打でこれがライトスタンドにホームラン。プロ生活を続けられるって思ったね。コーチの言葉も効いたよね」

これを機にレギュラーの座を獲得、と言いたいところだが、そうはいかなかった。この後、十年余、胃の痛くなるようなプレッシャーにさらされ続けるだけでなく、レギュラーの座は果てしなく遠かったのである。

西鉄ライオンズでプロ生活をスタートさせ、入団二年後には巨人へと移籍した柳田。当時の巨人はV9街道を驀進《ばくしん》中で、メンバーは揃いに揃っていた。長嶋、王を中心に、黒江透修《ゆきのぶ》、土井正三、柴田勲、高田繁、末次民夫(現・利光)とまったくスキはなし。代打で登場することさえ、至難のワザだった。

「たまに代打で出ると、よく初球から打ってたのよ。それで凡打するとコーチからじっくり見てけとか言われてた。でも、そんな文句言われても絶対、やり方を変えようとは思わなかったね。だって、代打には一試合で三つのストライクしかチャンスが与えられてないわけ。そんなの、一つでも見送る余裕があるかってーの。そうやって必死で結果を出してたからね。でもいくら決定機で打ってもレギュラーにはなれない。それでもがむしゃらにやるしかないから、朝の5時までバットを振り続けるとか、やれることは限界までやった。コーチに向かってなんでスタメンになれないんだって食ってかかったこともあったし、広島の古葉(竹識《たけし》)監督からは影でラブコール受けたこともあったんだけどね」

あの人のありがたい言葉で

抜群の長打力だけでなく俊足で守備力も高い。柳田自身はもちろん、当時のファンだってレギュラーにふさわしい選手だということには気づいていた。それなのに立ち位置は、「代打の切り札」止まり。どんなに頑張っても、どんなに準備しても、一カ月に一打席しかチャンスがないという時期もあった。巨人は無敵の連覇中でも、自分は一向に定位置をもぎとれない。いくら意地っ張りで負けん気が強くても、「折れそうになった」時期はあったと言う。

「巨人が8連覇したシーズンの始まりの頃かな。もうずっと代打が続くようだったら移籍しようと思ったの。やっぱり毎年、年とっていくじゃない。最初は自信もあったけど、段々、自分の可能性ってものが分かんなくなってきたわけ。だったらチャンスを求めて他チームに行こうって」

そんなタイミングで偶然、声をかけてくれたのが王だった。普段はあまり声をかけてくれない王が、ホテルのロビーでくつろいでいた柳田を見つけ、意外な一言をくれたのだ。

「おい、やな（柳田の愛称）。よく、一打席で結果出せるな。たいしたもんだよ、お前は」

その時のことをひときわ嬉しそうに語る柳田。この一言を聞いた時、一瞬で重い気持ちが切り替わったという。

「えっ、俺は王さんにもできないようなことをやってるかなって。なんてったって世界の王さんでしょ。その一言で生きがいを感じちゃったんですよ。実際、何かが変わったわけじゃないんだけど、そこから前向きになっちゃった。トレードに出してくれっていう気持ちがすべて消えて、よーし、代打の切り札になったろうと。本当に感謝ですよ。あの一言がなかったらその後の俺はどうなっていたか分からない」

こうして新生・柳田は代打としての役割に命を燃やすようになっていく。「生涯、忘れられない一球は?」の問いに対し、速攻で返ってきたのも代打で出場した試合だった。王からありがたい言葉をもらった翌年の一九七三年、巨人は前人未到のV9に挑んでいた。しかしペナントは大混戦。終盤に入っても優勝争いは混沌とし、ついに最大のライバル、阪神との天王山を迎えることになる。十月十日の時点で両チームのゲーム差はゼロ。勝率で1厘だけ上回る阪神が勝てば数字的にも、精神的にも、巨人が圧倒的に不利に。試合前、川上哲治監督が選手たちに放ったゲキも簡潔そのもの。「今日、負けたら、終わり」の一言だったという。

V9がかかった絶体絶命の場面

両軍、絶対負けられないという気迫に満ちた試合は球史に残る激烈なシーソーゲームとなり、七回裏が終わった時点でなんと9対9。そして八回表、阪神の攻撃に。途中から出場していた柳田はセンターの守備についていた。その試合についての記憶をたどる最中、本人の表情は重く、苦しそうに歪んでいく。

「スコアリングポジションにランナーがいて、次の打者がセンターにライナーを打った。ギリギリのタイミングだったんだけど、俺は猛ダッシュしてグラブにボールが触れた後、そのボールが芝生に落ちちゃったんだ。記録はヒットだったんだけど、それがタイムリーになっちゃって10対9になった。そのまま終われば巨人のV9はなくなる。その回の守備が終わってベンチに戻ると、もうお通夜でね。誰も俺の顔を見ないし、一言もしゃべらない。俺も、決してエラーじゃないんだけど、なんだか自分のせいで連覇が途切れるっていう気持ちでいっぱいだったよ」

直後の八回裏、絶体絶命の場面で柳田に打順が巡ってくる。暗く重い雰囲気のなか、打席に向かう柳田。その時、コーチの福田昌久が声をかけてきた。

「お前、打って返せ、この野郎」

ただでさえ動揺していた次打者に向かって放たれたキツイ一言。しかもその表情からは明らかに「怒り」の感情が透けて見えた。

「ふざけんなよって俺は思ったよ。だってその前のプレーは俺の足が速かったからギリギリ打球に追いついていてただけで、エラーじゃない。だから俺は心の中ではこう叫んだ。打って返すぞ、この野郎（笑）」

後から考えればこのコーチの一言が良い方向に作用したと回想する柳田。打てなかったらどうしようという気持ちは微塵もなかったという。

「緊張は少しあったけど、怖さはなかったね。なにしろあの一言でムカムカしてたし、なんだか目が覚めたような感じがあった。馬鹿野郎、俺のせいじゃないと思いながらも、逆に集中できたんだよね」

そんな調子で冷静に相手投手の配球を読むことに集中。2ストライクと追い込まれながらも「絶対、打つ」という気迫が鋭いスイングとなって現れた。内角に落ちるフォークを叩いた直後、ボールは強烈なラインドライブを描きながらライトポールを直撃。まさに起死回生の同点ホームランが生まれたのだ。

その瞬間のビデオを見ると、柳田の心持ちが明らかに感じ取れる。三塁を回ってホームに戻りながらも、まったく笑みを浮かべていない。同点ホームランの喜びどころか、怒りさえ感じさせるピリピリした雰囲気なのだ。この時の様子を興奮しきった表情で語り続ける柳田。ただでさえいかつい顔がさらに凄味を増していく。

代打という天職と巡り合った幸運

「カーっとなった気持ちは打つ前も打った後も変わらなかった。あの一言で限界まで燃えたって感じ。とにかく頭に来てたから。だけど、ホームに還ってしばらくしたらV9はまだ達成できると思って心底、ホッとした。それからですよ、福田コーチに感謝する気持ちが湧いてきたのは。福田さんにビシっと言われなかったらあそこで打てなかったと思う。今でもありがとうって気持ちで一杯だし、あの一球の瞬間は今、思い出しても快感だね」

そんな修羅場で打てた理由について突っ込んで聞いてみると、やはり、代打での経験が生きたと語る柳田。約十年間で培ったのは、いつ来るか分からない出番を待ち続けた忍耐力と、わずかなチャンスをモノにするという執念。さらには代打に慣れた勝負師ならではの、極限状態における集中力だ。

「もうどうしようもなく緊張する場面って誰でもあるでしょ。そこで悪いコト考えだしたらキリがない。だから開き直ってやってやるっていう精神を代打で学んだかな。レギュラーが打てないんだから、俺が打てないとしてもしょうがない。それに、代打ってほとんどが緊迫したチャンスの場面で出てくるでしょ。普段は長嶋さんとか王さん、張本さんたちがスターとして注目されてるけど、自分がボックスに入った時はそんなの関係ない。その打席で打てば、そういうスターより注目されて応援してもらえるっていう喜びをつくづく感じてた。せっかく主役になれるチャンスに緊張してる場合じゃないからね」

結局、この試合は10対10の引き分けに終わり、総力戦を勝ちきれなかった阪神の勢いは完全に止まってしまった。精神的にダメージを負った猛虎軍団はその後、ガタガタと調子を崩し、最終戦で巨人に大敗。巨人はまさに薄氷を踏むプロセスを経てV9を達成したのである。後世にまで伝説として語られる巨人のV9。その最終段階で望みをつないだのが柳田だったというわけだ。

最後に、十分な実力を持ちながら、長年、レギュラーとはなれなかった数奇なキャリアについてどう思うかと問うと、柳田は満足そうにこう語った。

「あんな偉大なチームはないからね。後悔なんてない。しかも長嶋さん、王さん、張本さんなんていうすごすぎる先輩と一緒に野球をできるのは巨人しかなかったわけだから。代打で鍛えてもらったおかげで、歌手としてステージで歌う時も全然、緊張しないから、俺（笑）」

まさに一撃必殺で栄光のV9を支えた稀代のバイプレイヤー。時折、笑いながらも、その目は終始、毒蛇のように鋭い眼光を放っていた。主役はもちろん大切だが、脇役がしょぼいとチームは絶対、機能しない。柳田のような侍がいてこそ、無敵の巨人軍だったのである。

やなぎだまさひろ

1948年熊本県生まれ。九州学院高校を経て、1966年のドラフト会議で西鉄から2位指名を受け、入団。1年目から1軍でプレーしたものの、2シーズン在籍した後に巨人へ移籍。1971年には1軍に定着し、V9時代の巨人で主に代打の切り札として活躍。1974年には初の100試合以上出場を果たし、3割3分5厘の高打率をマーク。長嶋茂雄が現役引退、監督就任以降は5番に定着し、1977年には打率3割4分（セ・リーグ3位）、本塁打21本をマークし「史上最強の5番」の異名を取る。11年間、巨人でプレーした後は阪急へ移籍したが、1981年からは再び巨人に戻り、1982年のオフに引退。通算1079試合出場、生涯打率は2割8分2厘、通算本塁打99本。現役引退後は長嶋監督の薦めもあり、演歌歌手としてデビュー。数枚のシングル発売や俳優活動などに励む。2022年現在は東京・八王子でカラオケスナック『まむし36』を経営するが、実は下戸。

Chapter 17

HISASHI YAMADA

WINS LEADER: 1972, 1976, 1979
ERA LEADER: 1971, 1977
WINNING PERCENTAGE LEADER: 1971, 1976, 1978, 1979
MVP: 1976-1978
CONSECUTIVE OPENING DAY STARTS 12 / NPB RECORD

門田が打席に入ると、チームの勝利はもう度外視で一対一の勝負に没頭する。

Chapter 17

山田久志

その経歴を知らぬ人が見れば、まるで上場企業の社長、あるいは大学教授といった佇まい。目の前に現れた伝説の投手は高いインテリジェンスと品の良さを身にまとい、格別な大人の落ち着きを感じさせた。一九七〇年代から八〇年代にかけ、阪急ブレーブスの黄金時代を支え続けた究極のサブマリン、山田久志である。

アンダースローの投手として日本プロ野球史上最多となる通算２８４勝をマーク。最多勝利三回、最優秀防御率二回、最高勝率四回など、その現役時代は華麗なる記録づくしの二十年間だった。そんな記録の数々について、最も誇らしいものはどれか、まずは尋ねてみると間髪を容《い》れずこんな答えが返ってきた。

「連続で開幕投手を務めた記録かな。プロ野球の投手にとって開幕は特別な試合。これを十二年間、連続でやらせてもらえたというね。難しいことだと思うんだよ。だから自分の中でよくやったなと思える。そういう記録だね」

常人には理解できない、開幕投手の重圧

エースの称号を保持する投手だけが持つ特権、開幕投手。そのシーズンを一手に背負って立つチームの投手だけが、開幕のマウンドに立つ権利を得る。山田はその開幕投手を十二年連続で任され、この日本記録はいまだに破られていない。金田正一でさえ五年連続、鈴木啓示でも八年連続止まり。メジャーリーグでは、かつてジャック・モリス（デトロイト）が十四年連続開幕投手を務めたほかは、たった二人の投手が十二年連続で開幕投手を務めたという記録しかない。開幕投手を十年以上の長きにわたり連続で任されるというのはそれほどの偉業であり、つねに絶対的存在であったという証明なのである。

「開幕投手を務める前日はおそらく、一度も熟睡したことがありませんよね。指名される瞬間はよしやったるぞという感じなんだけど、三年、四年と続けると段々重くなってきてね。体は元気なんだけど気持ちをなかなかうまくコントロールできないものなんです。誰にも相談できないし、自分で解決するしかないプレッシャーですよ。一年間を背負わされている感覚というか、一年間やり通さなきゃいけないという重み。だけど、確かにエースと認められた男しかそのマウンドには立てないわけだから、重いのは当たり前なんです」

その重みを一層増した理由は、阪急ブレーブスの充実した戦力だった。山田が在籍した二十年間でチームは実に八度もリーグ優勝を達成。勝って当たり前のチームをエースとして牽引する重圧はなかなか他

人には理解できないと本人も認める。

「しんどかったですねえ、優勝して当然、勝って当たり前だと思われてましたから。完投、完封で勝っても大きな新聞記事にはならない。だけど、激しくノックアウトされた試合では『山田、五回も持たず』とか書かれてね（笑）。まあ、V9時代の巨人で投げた投手たちなんて、私にも分からないほどの重圧をきっと感じていたんだと思いますけどね」

速球を待ち続けた門田、シンカーを狙う落合

恐ろしいまでの重圧とうまく付き合いながら、常勝阪急のエースとして君臨し続けた現役時代。長年にわたって、投手としての圧倒的なクオリティを維持できた秘訣は何かと問うと、しばし考えたあげくこう答えた。

「ライバルというか、パ・リーグにいた特別な選手たちの存在はやっぱり大きかったよね。鈴木啓示さんがいて、村田兆治がいて、東尾修がいて。ほとんど年齢の変わらない連中が各チームのエースとして構えてるわけだから、こっちも負けられないという気持ちはやっぱり強かった。みんなものすごい存在感があったしね。それぞれ異なるチーム同士なんだけど、彼らとは一つになって戦ったなという感覚が残ってますね」

自身を磨いた打者には二人の名を挙げた。門田博光と落合博満だ。

「特別だったね、二人は。門やんはね、もうやっぱり力勝負なんです。駆け引きなし。シンカーやカー

ブで抑えたって山田らしくない。門田にしてもシンカーやカーブを打ったたって自分らしくないというね。お互い話なんかしないいんだけど、阿吽《あうん》の呼吸というか、分かり合ってた。山田は真っ直ぐでどう抑えるか。門田は私の真っ直ぐをどう打つか。それで二十年もやってきてる。ノーアウト満塁、ノースリーから打ちにきますからね（笑）。そういう打者とのしのぎ合いがいいんですよ、プロなんですよそれが。だから打たれても天晴れという感じですがすがしい。門田が打席に入ると、チームの勝利とかはもう度外視で一対一の勝負。監督はたまったもんじゃないですよね」

一方、落合とは異質の対戦を楽しんでいたという山田。落合がパ・リーグを席巻し始めた頃、山田は速球ばかりでなく、シンカーを決め球とした配球で打者を打ち取る術を完全に会得していた。独特のアンダースローから繰り出されたシンカーは、一度浮き上がってから極端に沈む魔球。対戦する強打者たちはこのシンカーにことごとく凡打し、その攻略法は誰にも分からないままだった。

「少なくとも私のシンカーを初めて見てすぐ打てる打者はいませんでした。このボールを打てるわけがないとも思っていた。落合も内野ゴロばっかりでね。お前にはシンカーしか投げないからという感じで全く打たれる気はしなかった。だけど、ある時からものの見事に打たれ始めるんです。他の打者は全然打てないのにたいしたもんですよね。だから彼はずっと考えていたんでしょう、シンカーをどう打つかと。超一流です。超一流の打者というのは超一流の投手の最高のボールを打ちにくる。ただの一流ならシンカーを避けて他のボールを待つ。門田にしても落合にしても、山田の最高のボールを狙ってきてましたよね。そういうやり方であれだけの成績を残すということ。そんな打者との対決はやっぱり最高なんです」

山田を磨いたV9時代の巨人

山田本人とともにそのキャリアを振り返るなかで、つくづくその堂々たる実績には圧倒されるものがあった。とりわけ、プロ野球史上最強ともうたわれるV9時代の巨人との対戦にまつわるエピソードは数十年経った今でも興奮させられる。当然だが、絶頂期の長嶋茂雄、王貞治を擁する巨人が死に物狂いで勝ちにくる日本シリーズで対戦できるのはパ・リーグのチームだけ。つまり当時、シリーズの常連であったパ・リーグの盟主、阪急でエースを務めた山田ほど、偉大なるONの力を体感した投手はいないとさえ言える。そんな話題を振り向けると山田はしみじみと、深く、うなずいた。

「だから本当に幸せな野球人生なんです。プロ野球選手にとって最高の舞台であるシリーズで、ONのいる巨人と対戦できたわけです。もう、当時のセ・リーグの投手全員に物申したいくらい。日本シリーズでONを相手にした時、どんな心境だったかと」

そこで聞いてみた。生涯、忘れられない一球は、やはりあの場面なのかと。

「そうですね。巨人との日本シリーズ第3戦。九回裏2アウトでランナー一塁、三塁。王さんにね」

一九七一年、シリーズで激突した巨人と阪急。1勝1敗で迎えた第3戦は阪急の先発山田と巨人先発の関本四十四《しとし》がともに快投し、緊迫した展開に。特に山田は三回から八回二死まで一人の走者も出さず、九回裏に入った時点で阪急が1対0のリード。山田の勝利は目前だった。

「なんの不安もなかった。しかも1対0という投手としては最高のスコアでね。私には、あと一イニング、絶対、何も起こらないという確信があった。ONが打席に入っても恐怖感なんて少しもありませんでしたしね」

一死から柴田勲が四球で出塁したが次打者が倒れて2アウト。ここで打席に入ったのが長嶋だった。長嶋の放った打球はボテボテながらショート、阪本敏三の横をわずかに抜け、センター前へ。状況は二死一、三塁、次打者は王だ。

「すべてをはっきりと覚えていますね。一球目は外のボールで二球目はインサイドでストライク。王さんにはインサイドのストレートでずっと勝負してたから。あの日の自分のストレートなら抑えられるという確信があって、三球目もインサイドに速い球をね。それをガツンと打たれるわけです」

王にしてみれば後がない場面で迫真の一振りが炸裂。ボールは恐ろしいスピードでライトスタンドへ吸い込まれ、阪急はサヨナラ負け。山田はヘナヘナとマウンドにしゃがみこみ、一瞬にして暗転した状況をしばらく理解できないままだった。

球史に刻まれたサヨナラ3ラン

「体に力が入らなかった。その直後、監督やチームメイトが声をかけてくれたらしいけど全然覚えてないですし、マスコミへの受け答えもまったく記憶にない。とにかく一瞬で真っ白になってしまってね。我に返ったのはホテルに着いてからでしたよ。悔しいとか苦しいとか、言葉では表せない心境でしたね」

勝負師、山田久志をして「タイムマシンであの場面に戻れたら、真っ向勝負は避ける」と言わしめた王の一振り、そして野球の怖さ。だがこの経験が入団三年目の若きエースを成長させる糧ともなり、翌シーズン、自身初のパ・リーグ最多勝へつながっていく。

「いまだに王さんと会うと、その話になるんです。王さんもそれだけ嬉しかったということ。だけど王さんは私に対して、君があの後頑張ったからサヨナラ３ランがいつまでも語られる場面になっていったんだと言ってくれたんです。確かにそうだなと思いながら王さんとは酒を酌《く》み交わしました。入団して三年目であのホームランを打たれたことで、プロの世界でやらなきゃいけないことを叩き込まれた気もします。そういう意味でもあのシーンは私にとって大きかったですよね」

あれから五十年経った今でさえ、表情が曇るほどの苦い経験。エースとして巨人の前に立ちはだかったものの、最後の最後で思い切り鼻っ柱を折られた瞬間はそれほど重く、野球人としての山田にこう、問いを立てたのだろう。「この世界でどう生きていくのか」と。そして山田は続ける。

「王さんももちろんすごいんだけど、長嶋さんもね。２アウト一塁の場面で長嶋さんの打球は本当にボテボテだった。だけどなぜだかセンターに抜けちゃうんです。実はあのヒットが王さんのホームランを演出してるんですよね。何かを持ってる人。考えてみると、打たれたのは確かに王さんなんだけど、自分の中ではＯＮにやられたという記憶になっているんです、やっぱり」

すべての経験を貪欲にエネルギーとして吸収しながら大エースとしてマウンドに君臨し続けた二十年間。最後に、山田の代名詞であるアンダースローという特異なスタイルについて、あらためて尋ねてみることにした。

「実は、なぜああいう投げ方になったのか、自分でもよく分からない。社会人の時、先輩からお前の投げ方はダメだからアンダーハンドにした方がいいと言われて、そうですかと答えたのが始まり。でも、誰かのフォームを参考にしようと思っても、誰もいないわけです。私の場合、オーバーハンドから入っていってアンダーに向かっていくという形。誰にも教えることができないし、あんな身体の使い方は本来、できないはずなんですよ。つまりサンプルがまったくないまま、我流で投げやすい形を探っていった。手首や肘の強さとか、足腰の関節などが相まってあのようなフォームになっていったんでしょう。純粋なアンダースローじゃなく、腕の振りはオーバーハンドでね。結局、あの投げ方が自分にとって一番投げやすい形だったとしか言いようがない。だけど、他に例がないっていうことは、打者にとってもやりづらかったということなんです。シンカーにしても、他の投手のシンカーとはまるで違う。山田だけのシンカーですからね。独自のやり方を探っていくのは大変だけど、オリジナルっていうのは作ってしまえば、やっぱり強い。そう思います」

誰も通ったことのない道を歩み、次々と栄光を勝ち取ってきたという自負。紡がれる言葉のすべてから、圧倒的なオリジナリティを発揮し、見たことのない投手像を創造したという自信が、確かに感じられた。

やまだひさし
1948年秋田県生まれ。能代高校から富士製鐵釜石へ入社。1967年のドラフト会議で西鉄から11位指名を受けるも拒否。翌年のドラフトで阪急から1位指名を受け、入団。1970年は18試合に先発、10勝をマーク。翌1971年には31試合に先発し、22勝、防御率2.37と、最優秀防御率のほか、ベストナインにも選ばれ、パ・リーグを代表するスターとなる。翌シーズンは20勝で最多勝利のタイトル獲得。この1970年代中盤に後の決め球となるシンカーを会得し、1976年には26勝で最多勝利のタイトルを再び獲得する。以降もコンスタントに好調を維持し、1978年には18勝4敗で3度目の最高勝率を達成し、3年連続でのパ・リーグMVPも獲得する。1975年から1986年までは12年連続で開幕投手を務めるなど長年、阪急に不可欠なエースとして君臨。1988年に引退するまでの20年間でリーグ優勝8回、日本一3回を経験。通算284勝。

Chapter 18

ISAO SHIBATA

MOST STOLEN BASES: 1966, 1967, 1969, 1972, 1977, 1978
579 CAREER STOLEN BASES
BEST NINE AWARD: 1967, 1971-1973
62 CAREER TRIPLES

怖いけど、何かを大きく変えてしまう一球っていうのは本当にあるんだなと。

Chapter 18

柴田 勲

一九六五年からの九年間、V9という圧倒的な伝説を歴史に記した巨人。このV9を始まりから終わりまで、チームの主力として牽引した選手は、実は4人しかいないと言っていい。六〇年代後半から堀内恒夫は右のエースとして猛烈な活躍を見せたが、入団したのはV1直後のシーズンで伝説の始まりには立ち会っていない。俊足巧打でチームの重要な役回りを担った高田繁も入団したのはV3以降である。二塁手の土井正三はルーキーイヤーがV1の始まりに当たり、一九六五年には100試合以上出場しているが、まだ先輩の広岡達朗や船田和英、須藤豊らと定位置を争っている状態だった。こう見ていくと、V9すべての歴史をレギュラーとして体感したのはサードの長嶋茂雄、ファーストの王貞治、キャッチャーの森昌彦（現・祇晶《まさあき》）、そしてセンターの柴田勲ということになる。そう、柴田はまさに絶頂期にあったONの間近でともに闘った稀有な野球人であるのだ。

巨人軍を支えた、圧倒的なバランス

都内の豪華な自宅はいかにも球界のセレブといった佇まい。出迎えてくれた柴田は陽気に、あけすけに、V9時代の内情について話してくれた。

「V4あたりまではどのチームにも負ける気がしなかったですよね。川上（哲治）監督は口癖のように言ってましたよ。リーグ優勝は当たり前で最終目的じゃない、日本一だ、って。監督は強さの要因を記者に聞かれると必ず、チームバランスが良いこと、それと12球団一の守備力であるということを口にしてました。もちろんONの存在は大きかったんですが、僕から見てもV9時代の巨人はしっかり9人野球をやっていましたし、守備は堅かったですよね。僕がセンター、ライトは末さん（末次民夫、現・利光）、レフトに高田（繁）が入って、サード、ファーストの長嶋さん、王さん、セカンドの土井も守備がいい。心配といえばショートの黒江（透修《ゆきのぶ》）さんの肩くらいでした（笑）。穴がないこのメンバーでずっとやってましたからチームとしての強さも続いたんだと思います。監督は毎日、メンバーをマネージャーに伝えるんですけど『はい、昨日と一緒』って感じでね」

そんなチームでつらい役目を負わされていたのはいつも森だったと柴田は振り返る。ピッチャーが崩されても監督は直接、それを咎《とが》められない。決まって森が怒られ役となって、チームのバランスが保たれている側面もあったという。

「監督もコーチもピッチャーに怒らない。打たれたのは実際にピッチャーの責任が大きいと僕は思っていたんだけど、川上さんはいつも森さんに『なんであんな球、投げさせたんだ』って。だから森さんはいつもブツブツ言ってましたけどね、俺が投げるんじゃないんだからと（笑）。でも、まあ森さんも心得てましたよ。キャッチャーは怒られ役だっていうことを」

攻撃面についてはもちろん、長嶋、王にどう好機を演出するか、である。大ピンチであっても奇跡を起こせる史上最強の三番、四番が活躍できたのも、柴田、高田、土井らのサポートが大きかったのは言うまでもない。とりわけ柴田が通算盗塁579（歴代三位）の走塁スキルでV9に大きく貢献したことに異論はない。自身の盗塁哲学について本人はこう振り返る。

「数字とかタイトルには執着がなくてね。数だけ増やそうと思えば通算で50、60は増やせたかなと思います。だけどいくら盗塁しても評価や給料が上がるわけでもない。シーズン100盗塁してもONに勝てるわけでもない。それに川上監督の時も、長嶋監督の時もサインが出なければ走れない状態でしたから。それも仕方がないことで、僕の後ろは王さんだから盗塁して二塁に行くと王さんが敬遠されちゃうかもしれないって時だって多い。チームとしては僕が自由に走るより、王さんに期待した方がいいでしょう。それも分かってましたから、ノーサインで走りたいなと思ったこともありませんよ」

そのような状況で自身が盗塁王を六度も獲得するほど走れた要因はどこにあったのか。福本豊や広瀬叔功《よしのり》らにはかなわないと謙遜しながらも、私見を口にする。

「やはり、ピッチャーが持つ癖の分析。癖って本当になくて七癖なんです。ONはベンチで相手ピッチャーの配球なんかを見るけど、自分は配球なんか見ないで癖ばかりチェックする。たとえば平松（政次）は一塁ランナーをチラッと見るのが多くても大体、二回。だから僕の方を二回見たら、用意しておいて首がキャッチャーへ向く前にパッと走る。鈴木孝政は首をちょっと下げたら牽制がくる確率が高いとか、

松本（幸行《ゆきつら》）は一塁の僕を見ないでいきなり牽制がくるんだけど、キャッチャーへ放る時は大抵、僕を見てから足を上げる。だけどいくら癖が分かっても塁に出て、サインが出なければ走れないから。僕にしてもとにかく走らなきゃいけないというプレッシャーは全然なかったので、シンプルに走るだけ。ドキドキしながらスリルを楽しむという感じもなかったですね」

ONは、同僚であり、憧れのヒーロー

意外にも淡々としたメンタルで盗塁数を重ねていった実情が垣間見えたのは面白い。たとえば福本や高橋慶彦らは、盗塁にはスリルがあり、そこで得る高揚がまた次に走るモチベーションを高めると語っていた。柴田のスタンスはそんな盗塁の名手たちとは一線を画すものである。思えば、メンバー全員がハイレベルな領域で適切に動けるという機能美こそ、巨人軍の強みだったのだろう。一番打者の出塁をさらに活かせる二番打者にも恵まれたと柴田は続けた。

「僕が一塁にいると、土井さんは初球を結構、待ってくれてね。僕のためというより、チームのために。土井さんは追い込まれてもなんとかできるっていう技術があったのでそうやって待てたんだと思います。高田は良い球なら初球から打ちたいタイプだったので、彼が二番に入った時はサインが出てても僕が走れない時は多かった。だけど盗塁のサインは『打つな』という意味ではないんでね。高田が打ちにいって僕が走れなくても不満なんかは全然なかった。土井さんも高田も二番打者に入った時はいい働きをしてたと思いますよ。高田は特に、僕に対してライバル心を燃やして絶対負けたくないと思っていたらし

いんだけど、そういう気持ちもいいじゃないですか。プロの世界だから」

一シーズンに二桁本塁打も珍しくなかったほどの柴田のパンチ力。打撃についてさらにレベルを向上させるため、ONと意見を交わす、あるいはアドバイスをもらうことがなかったのかは、筆者にとって興味深い部分だった。果たして柴田はONとどのような距離感で練習や試合を重ねていたのだろう。

「同僚といってもね、スーパースターと後輩っていう感じです。やっぱり一線があって、その線の向こうに長嶋さんがいて、線のこっち側に王さんがいる。王さんは僕と三学年しか違わないっていうのもあって、長嶋さんといる時ほどの緊張はないです。もちろんお二人と野球の話をすることはありましたけど、気軽に打ち方を聞くなんてことができないオーラはありました。とはいえね、遠征に行くと大抵、王さんと末次、土井、僕というメンバーでつるんで飲みながら晩飯を食うと。王さんが『行こうか』という感じで誘ってくれるんですよ。王さんはお酒も好きですし、僕も好きだからそういう楽しい席で、あのピッチャーの球はどうだとか、そういう話はよくしましたね。長嶋さんはお酒を飲まないし、一緒に夜、どこかへ出かけるということもなかった。だからといって怖い人というわけでも全然ない。二人は誰にとっても別格という感じですよね。どれだけ一緒にプレーしようが、いつまでも憧れのヒーローですよ、長嶋さんも、王さんも」

そして、問題の記憶に残る一球である。どんな球を打った瞬間なのか、ヒリヒリするような状況で盗塁を決めた一球なのかと期待すると、その返答は意外なものだった。それは自身が打席に立っている瞬間でもなく、盗塁を狙う瞬間でもない。言ってみれば観客と同じ目線で野球の怖さを瞬時に体感させた一球である。

「僕の場合は山田（久志）の一球。日本シリーズで阪急と当たった時の一球です」

一九七一年、V7を狙う巨人はシリーズで阪急と対戦。1勝1敗で迎えた第3戦で九回裏、王が山田から逆転サヨナラ3ランを打った一球だ。

たった一球が、多くの人間の運命を変える

「僕が四球で一塁に出た後、二死一塁で盗塁のサインが出た。それを見て僕が走ると長嶋さんがボテボテのゴロでセンター前へヒットを打った。2アウトで一塁、三塁です。1対0でリードされた状態でバッターは王さん。そこで山田のボールをガーンとホームランでしょ。そのシリーズ前にはマスコミもファンも川上監督でさえも、今シーズンは阪急の方が巨人より強いと言っていた。第3戦も阪急は強いなという流れだったんだけど、この一球で本当にガラっとシリーズが変わっていった。結局、このホームランで巨人は勢いがついてV7に到達した。勝ったことはもちろん嬉しかったんですが、野球の怖さをまざまざと感じた一球でした。自分のキャリアを振り返って一番に思い出されるのが、このシーンなんです」

ホームランを確認した柴田はこの時、ホームへ還りながら山田の様子をチラリと確認した。その光景を見た瞬間、逆転で勝ったという嬉しさにとって代わり、全く別の感情が胸中を支配したという。

「山田がね、本当にショックで動けないわけです。ガクッとマウンド上で止まってしまった山田の気持ちと、一球の怖さというものが、逆転ホームランの嬉しさを消し去るような感覚。僕はその昔、ピッ

チャーをやってましたから山田の側に立って見てしまう部分もあって、可哀そうということじゃないんだけど、衝撃というか、怖さですよね。たかが一球なんだけど、その一球ですべてが消えてしまうというのが野球なんだなと。下手したら野球人生が変わってしまうかもしれないというほど、たった一球が重くのしかかることもあるのかもしれないって」

山田久志本人も記憶に残る一球として挙げたこの瞬間。もちろん王にとっても、塁上にいた柴田にとっても、観客席にいたファンにとっても強烈なインパクトを持つ一球となっていたのだ。一秒に満たないほんのわずかな時間でありながら、実に多くの人間の魂をゆさぶる一球であったのである。

「自分自身が日本シリーズで打った会心の一撃というのはいくつもあるんだけど、そういう記憶よりはるかに、山田のうなだれたシーンが鮮明に、映像として自分の中に残っているんです。忘れられない。ドラマというか、神様のいたずらなのかな。怖いけど、何かを大きく変えてしまう一球っていうのは本当にあるんだなと」

巨人軍とともにあった人生

都合20年、巨人に在籍し、十三度のリーグ優勝、十一度の日本一を体感したと同時に、二千本安打も達成してキャリアを終えた柴田。栄光の巨人軍で輝かしい現役生活をまっとうできた感覚はあるかと最後に尋ねてみるとこんな答えが返ってきた。

「僕はもともと王さんに憧れて甲子園に行きたいと思い、長嶋さんに憧れて巨人軍に入りたいと思ってきた人間。そんな自分がお二人と存分に野球ができた、9連覇もできたっていうのは本当にラッキーでしたよね。引退する前に、実はトレードの話があったんです。その時、僕は巨人を出るくらいなら引退しますとチームに言った。他球団で野球をやるのは僕には考えられなかったんです。まあ今思えばそれだけ好きだったんですかね、チームを。そんな巨人にずっといられたんだから満足ですよ。ただ悔いがあるとするなら、もうちょっと真面目にやっておけばよかったなって（笑）。一所懸命とか努力を尽くしたという感覚がなかったんですよ。球界ではよく言われるんだけど、野球選手の中でとにかく遊び尽くした人間は3人いると。それが稲尾（和久）、柴田、東尾（修）らしいです（笑）。だからもうちょっと練習しとけば、成績もちょっとは良くなってたかなって」

しばたいさお

1944年神奈川県生まれ。法政第二高校時代には投手として甲子園に4度出場し、夏春連覇にも貢献。複数球団から誘いがあったがドラフト制度導入前のため、自由競争で1961年、巨人に入団。デビューイヤーの開幕第2戦に投手として試合に先発。しかし同年、0勝2敗に終わり野手への転向を決意、同時にスイッチヒッターへの挑戦をスタートさせる。翌年には早くも一番打者として89試合、二番打者として10試合に先発。43個の盗塁も記録し、チームの躍進に大きく貢献する。66年、67年は2年連続でセ・リーグ盗塁王を記録するなど、巨人のV9達成に欠かせない戦力として機能。通算6度の盗塁王獲得、通算盗塁579は歴代3位の記録。守備力の高さも評価され、ベストナイン4回、ダイヤモンドグラブ賞5回獲得、オールスターゲームには実に12度も出場を果たした。20年間、巨人での現役生活を終えた後は巨人の守備・走塁コーチなどを務めた。

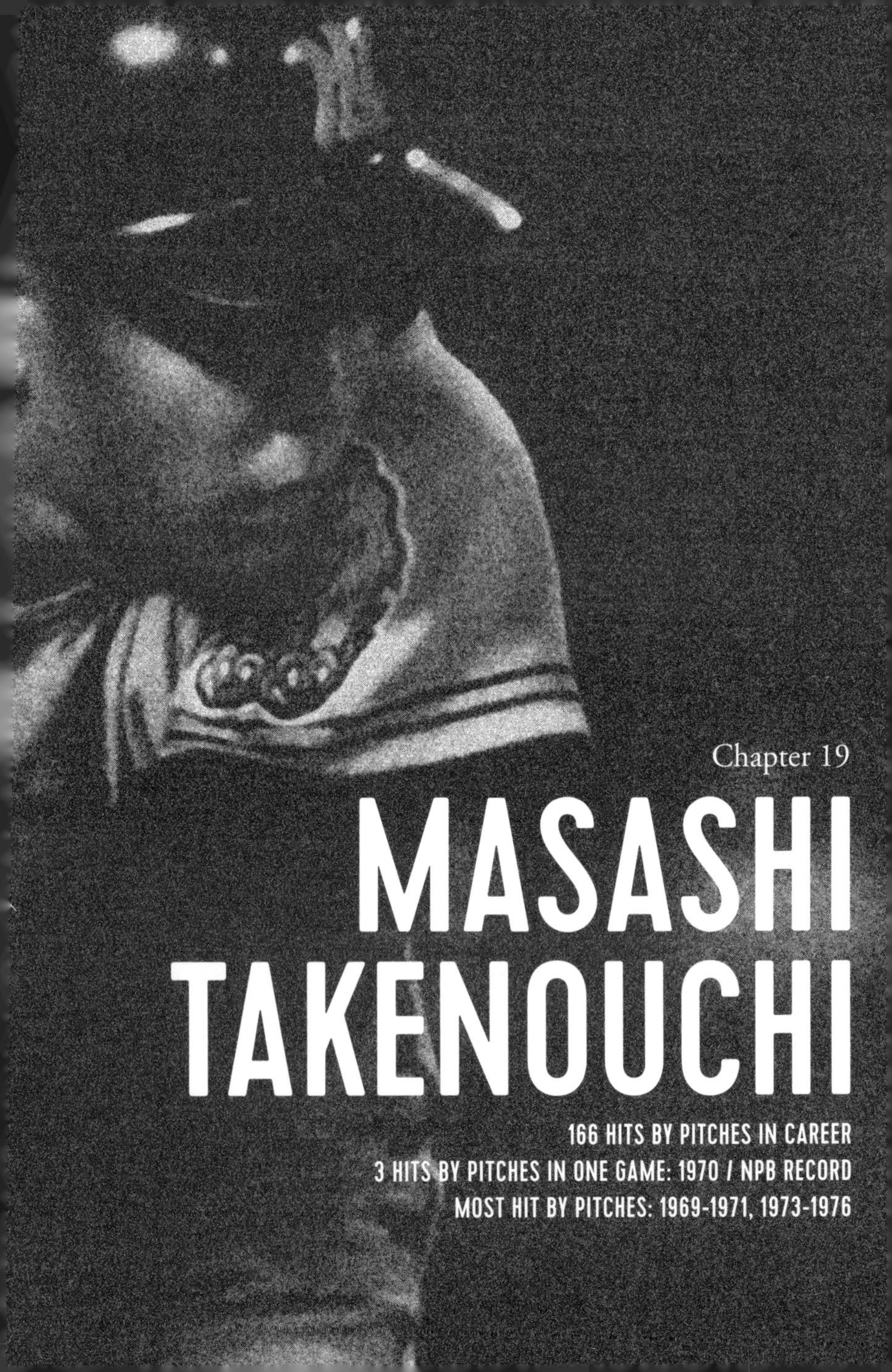

Chapter 19

MASASHI TAKENOUCHI

166 HITS BY PITCHES IN CAREER
3 HITS BY PITCHES IN ONE GAME: 1970 / NPB RECORD
MOST HIT BY PITCHES: 1969-1971, 1973-1976

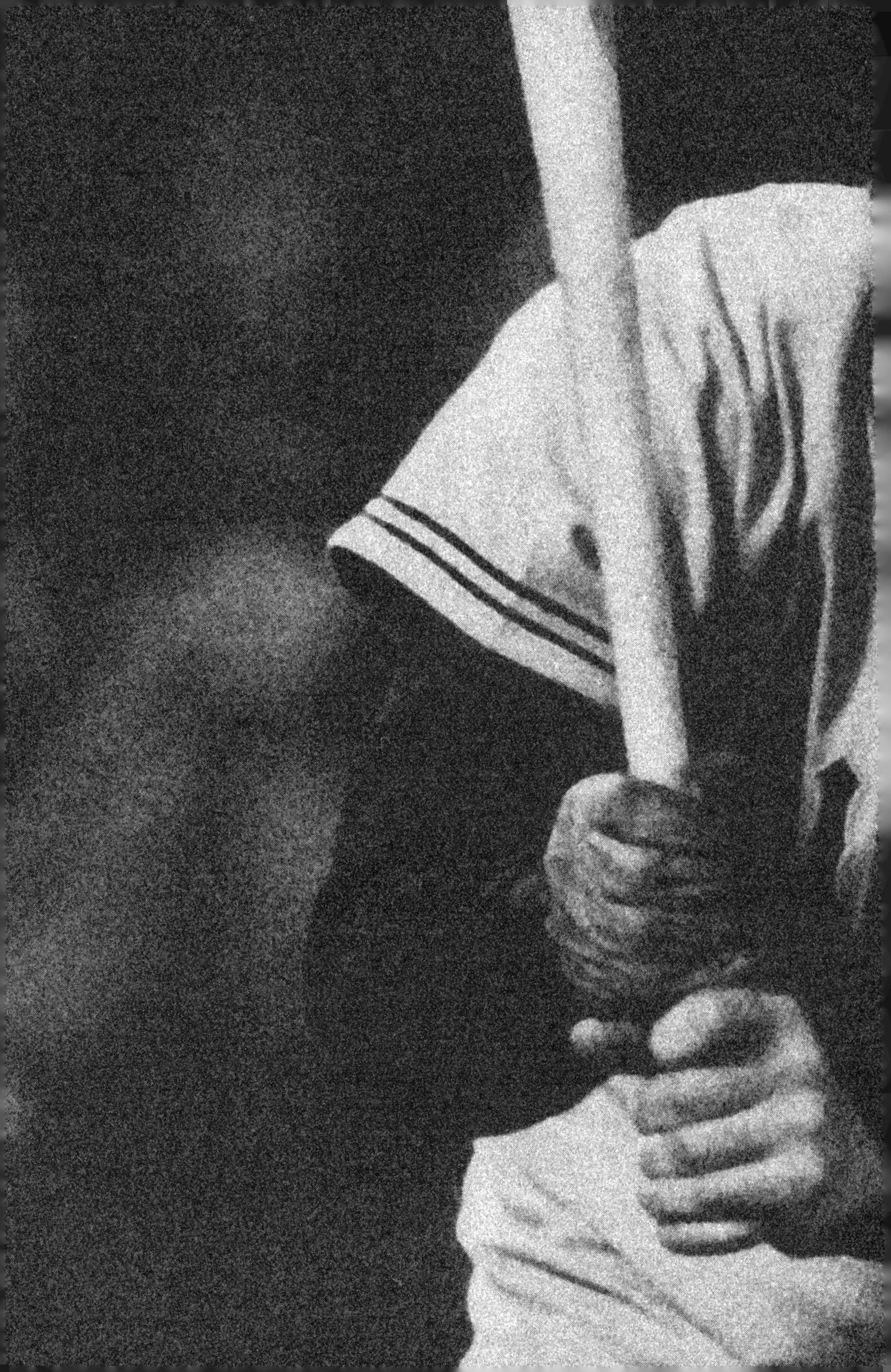

構えとかフォームは顔と一緒。百人いれば百人違って当たり前。

Chapter 19

竹之内雅史

今でこそオーソドックスなフォームの打者、投手がほとんどだが、昭和の昔はまさに型破りな選手が結構、いた。「なんだありゃ」という投げ方、打ち方は決まって子どもたちの注目の的となり、草野球の時などは「おれ、マサカリの村田兆治」とか「おれ、天秤打法で勝負」とか言いながら、失投や凡打を繰り返す奴がいっぱいいただろう。

こうした「変打ち」「変投げ」の系譜において、近年ではイチローの振り子打法がなにより高名だが、かつては落合博満の神主打法、八重樫幸雄の八重樫打法、梨田昌孝のコンニャク打法に種田仁のガニ股打法なんてのもあった。王貞治はあまりにもカッコよすぎたが、やはりあの一本足は変打ちの極致であろう。そして、数々の変態的打法を振り返る時、必ずリストアップしなければならない選手が竹之内雅史である。一九六八年にデビューし、西鉄、太平洋クラブ、クラウンライターでその打棒を発揮。当時、弱小チームだったライオンズの竹之内をテレビで見る機会はほとんどなかったが、パ・リーグにとてつもなく変な打ち方の選手がいる、という事実はちょっと野球に詳しいファンなら知っていたはずだ。一九七九年には阪神に移籍し、直後のシーズンには三番に掛布雅之を従え、開幕戦では四番も務める。いきなりシーズン25本の本塁打を放ち、その「変打ち」は全国区となっていくのである。

なんでも試したかった練習の虫

とりわけユニークだったのは、竹之内が複数の「変打ち」を実行していた点だ。「マサカリ打法」に「かつぎ打法」、そして極めつけはまるでベースに覆いかぶさるように身体を前に曲げて構える「猫背打法」。そんな個性的な打法を次々とお披露目しながらも、コンスタントに成績を残したのである。一体、どういうプロセスでこれほど奇妙な打法を編み出したのか。そしてなぜ、フォームをこれだけ目まぐるしく、しかも大きく変えることになったのか、本人に直撃する。

「プロだから毎日、バット振るのよ。夜、練習の後にバットを振ってみたりすると、ああこんな感じもいいかなあとなる。そうなると俺の場合、すぐ試合で試したくなってね。毎日、考えた結果、あんな風にいろいろな打ち方になっていっただけで、別に変わったことをしたかったわけじゃなかった。すべてのフォームが違って見えたかもしれないけど、俺の中では一貫して〝踏み込んで打つ〟という概念があった。相手に向かっていく感じじゃないと打てなかったんだよね。だけどフォームを変えてみて、結果がいい時も、悪い時もある。するとまた考えて、試す。そうね、たとえば、猫背打法はデッドボールも多かったけど、よう打ったよ（笑）」

試行錯誤の末、辿り着いた一つの到達点が「竹之内打法」だ。バットのグリップをヘッドより高く構え、ミートの瞬間は半歩前に踏み込んでブルンとスイング。バットをユラユラ揺らしながら構えるその様は、ともするとアバウトなやり方にも見えた。相手チームの選手の野次は「今日はどんな格好じゃあ～？」といった類のもの。中日の星野仙一投手はバットを担ぐような竹之内と対峙し、思わず「やる気あんのか！」と怒鳴ったほどだ。

「その時、俺は『かかってこ～い』と（笑）。コーチからも『フォームは変えるもんじゃない』とか言われるくらい。でも、バットを担ぐように構えてからはそれまでより自信が芽生えるようになった。自分としては完成形やと思ってたし、もちろん大真面目。社会人、プロとバットを振らない日は一日もなかったし、長い時は四時間くらい振り続けて、考えたあげく到達したフォームだから。それぞれの打ち方に自分なりの理由があったのよ」

振った数だけヒントが舞い降りる。向上心の塊だった竹之内にはとにかく練習、そして考えることでしか道は開けないという結論が若い頃からあった。

「長嶋（茂雄）さん、王さんだってとにかく振ってた。落合が引退間際に、自分の練習量を超える選手はいないと言っていたけど、本当にそう。天才っていうのは生まれついての能力っていうより、とにかく一つのことをやり続ける、実行するっていう人だよね。指導者になって若い選手にも言うんだけど、とにかく振れと。そうしたら何かを感じるはずだとね。構えとかフォームは顔と一緒。百人いれば百人それぞれやりやすい方法が違うはずやから」

思わず訪れたプロ入り直後のスランプ

全力で駆け抜けた十五年の現役生活。ライオンズ時代は主砲として、タイガース時代は代打としても勝負強いバッティングをみせ、数々の見せ場を作った。果たして竹之内にとって最も記憶に残る一球とはどのようなものだったか、聞いてみた。

「死ぬまで忘れられないのはプロ入り初ヒットを打ったボールかな。社会人野球ではベストナインに選ばれたりして、自分としてはプロでも全然やっていける自信を持ってた。シーズンが始まると一軍で、ピンチヒッターのチャンスをもらえてね。だけど全然打てない。二軍ではガンガン打ってるのに、一軍では三振、凡打、三振、凡打の連続で。監督は六月くらいから使ってくれたんだけど、八月中旬になっても一本も打てない。やっぱり段々、焦ってきてね」

そして、一九六八年八月十日がやってきた。五十年近くたった今もこの時の手の感触を鮮明に覚えているという竹之内。プロ通算１９１０塁打も記録した男にとっての、忘れられない一球である。

「追い込まれた次のボールがフォーク。まずいと思って瞬間的にバットを止めたんやけど、間に合わなかった。またダメかと感じる間もなく、止めたバットにボールが当たってね。ぽーんとピッチャーの頭上を越えて、結局、中前打。ようやく初ヒットになったわけ。別にいい当たりじゃなくてもいいし、ヒットはヒット。それまで14打席ノーヒットだったからね。あの時の感触は今でも忘れられない」

高校時代は春の甲子園で準々決勝まで勝ち進み、社会人野球では自身の活躍で優勝も経験。都市対抗野球でもチームの中心選手として活躍したエリートである。西鉄入団時も即戦力として期待され、当然、自信もあった。そんな竹之内が、初めてスランプというものを体感したのである。

「本当、長い間やってて焦ったのはあの時だけだった。理由なんて分からない。1本ヒット打った次の試合では、火の出るような当たりでまたヒット。それからの一カ月位はホームランも5、6本打ったし、4割くらい打ったと思う。そういうもんだよ、野球は」

それからの現役時代、こだわったのはやっぱり長打だった。持ち前のパワーを武器に、二年目から4シーズン連続で二桁本塁打を記録。急速に、ライオンズの主軸にまで成長を遂げた。だが、どうしても20本塁打の壁を超えられない。そこで試したのがバットを寝かせて構えるという「竹之内打法」だったのだ。

「20本打つっていうのが最初の目標で、それからやったね、いろいろな打ち方を試そうとしたのは。あれもやってみよう、これもやってみようって。それで試しにバットを寝かしてみたらスパーンと振れた。バットが一直線に出るから高めのボールを打てるようになったんやね」

野球の面白さは個性と個性のぶつかり合い

自身の個性は長打。そう確信して突き進んだ毎日。阪神に移籍してからは代打での起用が増えたが、ここぞという一打席に集中することで巧打を連発。一発勝負の代打の切り札として名声を高めていく。

こうして竹之内のキャリアを振り返ってみると、つくづく強烈な個性を持つ野球人だったとあらためて感じさせる。そう、やっぱり昭和の野球には個性の塊のような選手が各球団にひしめいていたのだ。

「俺がプロ入りした頃、西鉄には中西（太）さんや稲尾（和久）さん、南海には野村（克也）さん、杉浦（忠）

さんもいたし、巨人ではカネやん（金田正一）も投げてたしね。俺が相手のエース級の投手を打ったら、次に対戦する時に必ず同じ球種で勝負してきたり。彼らには打たれるまでずっと同じ決め球で勝負するというプライドがあったからね。もう、本当に個性のぶつかり合いで」

こうした個性を消し、型にはめていく指導や練習は完全否定。現在、大学の野球部総監督として選手を指導する立場だが、それぞれの個性を尊重し、長所を最大限に伸ばす手法には定評がある。

「一億円の給料取ってる選手がコンビニ袋ぶらさげて帰ってきたんじゃ、個性なんて育まれない（笑）。フォームにしてもリトルリーグとかで教わるんやろうけど、形から入ってる選手が多い。もっとそれぞれが自分だけのやり方を見つけようとしなきゃダメだよね」

細かいことをチクチク矯正するなどといった指導は一切しない。自らも、奔放な監督、コーチのもと成長してきたという実感がある。信じて、続ければ、必ずモノになると選手たちに説いているという。

「コーチの時にメジャーリーグを視察して、全米各地で監督とかコーチといろいろ話したの。向こうの指導者にね、この選手の欠点はこうだと思うんだけど何でそのこと言わねえんだ？って聞いたことがある。するとそのコーチはこう言った。『選手はこれからゲームをするんだよ。それなのになぜ、今、選手が萎縮するようなこと言う必要があるのか』って。そりゃそうだなと」

選手は徹底的に個性を磨くべき。そして、監督、コーチの仕事は選手の欠点を修正することではなく、長所を伸ばすためにはどうすればいいかを選手とともに考えていくことだと竹之内は語る。誰よりも自分の個性を信じ、己の可能性を追求した、記憶に残るスーパースター。こんな指導者のもとで野球をできる学生たちが、ちょっとうらやましく感じる。

たけのうちまさし
1945年神奈川県生まれ。鎌倉学園高校を経て、日本通運浦和に入社し、都市対抗などで活躍。社会人野球選抜として米国大学選抜との試合も経験する。1967年のドラフト会議で西鉄から3位指名を受け入団。ルーキーイヤーからレギュラーに定着し、以降、11シーズンにわたり西鉄、太平洋クラブ、クラウンライターにおいて主にクリーンアップを任され、打棒を発揮。この間、10シーズン連続で2桁本塁打を記録する。1979年には阪神の田淵幸一、古沢憲司と、太平洋クラブの竹之内、真弓明信、若菜嘉晴、竹田和史との間で4対2のトレードが成立。竹之内は阪神移籍直後のシーズンで開幕四番を務める。1982年の引退まで1000本安打（1979年）、通算166死球（1981年）などを記録。引退後は阪神やダイエー、横浜、統一ライオンズ（台湾）などで2軍打撃コーチ、1軍打撃コーチ、2軍監督などを歴任。2005年から羽衣国際大学監督を経て、2022年現在は総監督を務める。

Chapter 20

DAISUKE YAMASHITA

BEST NINE AWARD: 1981
GOLDEN GLOVE AWARDS: 1976-1983
DOUBLES LEADER: 1981, 1983

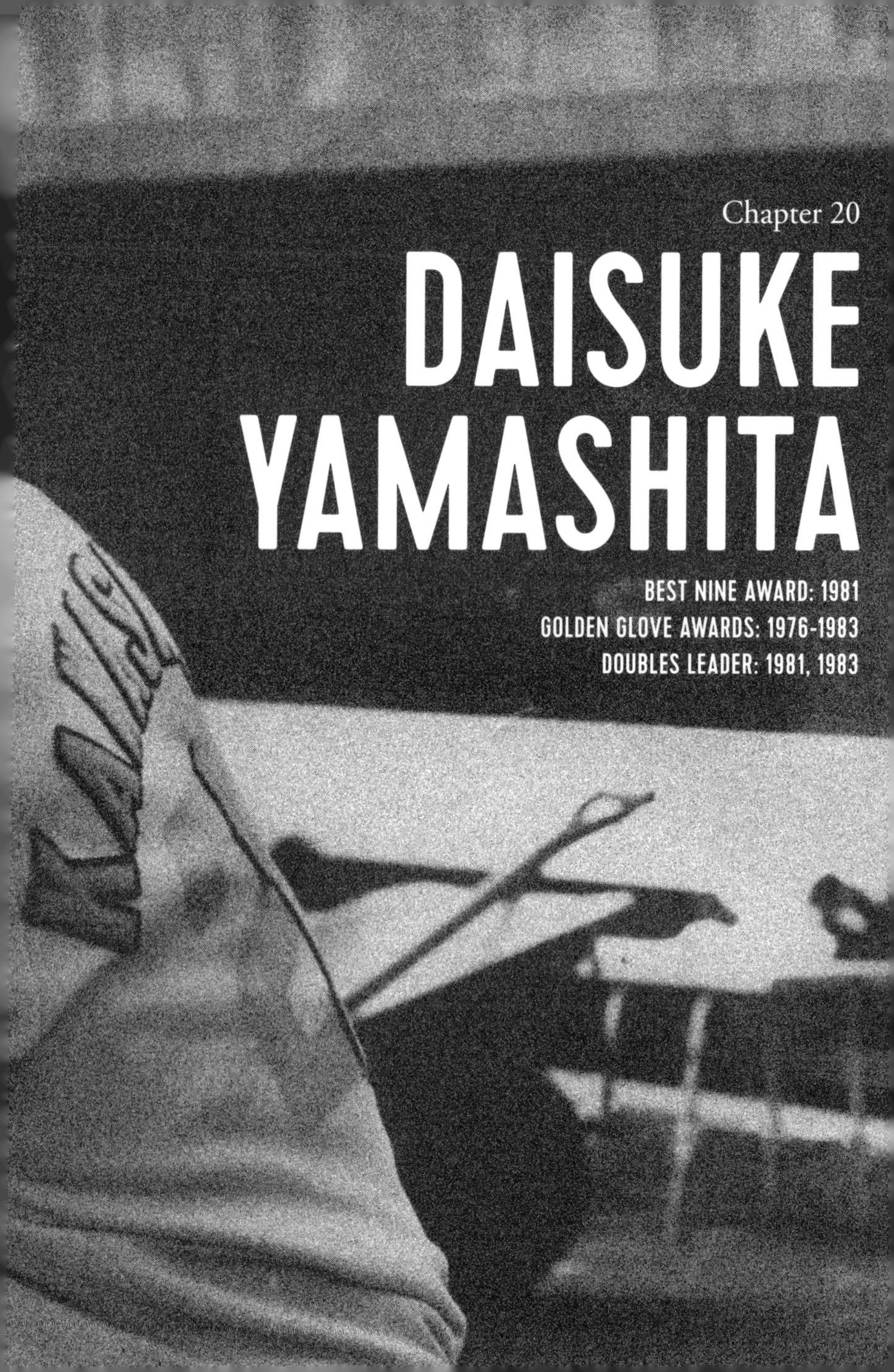

調子が悪い時に江川と対戦できると、勢いを取り戻せたんですよね。

Chapter 20

山下大輔

「巨人・大鵬・卵焼き」は誰でも知るフレーズであり、これは主に一九六〇年代の日本の世相を表す言葉として広く用いられた。一方で当時、反義語として登場したのが「大洋・柏戸・水割り」という表現である。一般大衆や子供が好きな巨人や大鵬ではなく、玄人好みの大人は大洋ホエールズや柏戸を応援するもの。そんな標語に示された通り、当時の大洋はリーグ順位とは関係ない魅力を確かに有していた。

万年Bクラスというイメージが定着していた大洋がなぜ愛されたのか。最大の理由は、一九六〇年から八年間、監督に就任した名称・三原脩の存在が大きかっただろう。魔術師との異名をとった三原監督が就任した直後、大洋は前年度最下位から日本一という史上初の快挙を達成。弱小球団を短期間で戦える集団に変貌させてしまう。六五年から始まった巨人のV9だったが、あの時代、セ・リーグで真っ向からジャイアンツと戦えるのは大洋が筆頭とも言われていたほど。圧倒的に貧弱な投手力ゆえになかなか順位には表れなかったが、打撃力と守備力は巨人にも劣らないと多くの専門家やファンから評価されていたのである。そして七〇年代、大洋の打撃力はかつての勢いを失い、守備力のみが突出して際立つチームへと変貌していく。十二球団でも最高の守備力を持つチームと評された七〇年代半ばの大洋。そんなタイミングでチームに入団してきたのが、野球エリートとして球界内外から注目を集めていた山下大輔だったのである。

弱小のクジラ軍団に屈指のエリートが入団

「僕が入団した頃、大洋の守備は本当に素晴らしかった。特に内野陣。そういう環境だったからすぐにレギュラーを獲ることができなかったんですが、優れた守備を毎日、目の前で見ていたおかげで、感覚的に守備の技術を会得できたと思います。もともと守備を評価されていたわけではない僕のような選手がなんとか十四年もプロで続けられたのは、大洋というチームに入れた運、そこで守備について学べたことが大きかったんですよね」

引退から三十年余り。山下はいかにも温厚な笑みを浮かべながらこう口にした。自身は八年連続ダイヤモンドグラブ賞を受賞するなどプロ球界で華々しい活躍を見せたものの、チームは長期低迷にあえいだ。結果、リーグ優勝はおろかAクラス入りを果たしたのも二度ばかり。そんな時代の大洋に入団したことを「ラッキー」だったと山下は真顔で話す。

「上を目指す野球選手にとって最も大切なものといえば、僕はタイミングだと思う。どんなに良いスイングでもタイミングが合ってなければ鋭い打球にはならないし、いくら捕球の技術が高くてもタイミングよくボールがくる位置に走り込まなければ良い守備はできません。そういうタイミングを身につけるには、名手の映像を見るということが非常に有効なんです。だから僕はいつも名手に囲まれて、守備のタイミングを覚えることができた。当時の大洋は一塁から三塁まで本当に名手揃いでしたからね」

三塁はメジャーで守備の達人として知られたクリート・ボイヤー。二塁にはダイヤモンドグラブ賞二度受賞のジョン・シピン。そして一塁には少々の暴投でもうまくさばいてくれる長身の松原誠。さらには当時、球界随一のショートストップと評された米田慶三郎もいた。そんな内野陣のレベルの高さを目の当たりにし、入団直後の山下はレギュラー獲りに一抹の不安を覚えたほどだという。

「当時はね、データ野球なんてものが浸透してなかった。そんな時代に三塁のボイヤーさんは、次の打球がどこに来るかを予測して守る、ということをチームメートに浸透させてくれたんです。守備についている時、キャッチャーのサインが見えるのはセカンドとショートの選手。三塁のボイヤーさんには味方のサインが見えない。だからたとえば、左投手が敵の右打者に対してカーブを投げる時は教えてくれと、ボイヤーさんがショートの僕に言うんです。なぜならサウスポーが右打者へカーブを投げる時、三塁線への強い打球が多いからなんですね。そのように一球、一球、どういう打球が飛んできそうかを予測する大切さを僕は先輩たちから学んだんです」

怪物・江川が最も恐れた男

もとは打棒を買われ、鳴り物入りで慶応大学からドラフト一位指名で大洋へと入団した山下。ところ

がプロ入り後は守備の力を開花させ、三年目にはレギュラーを獲得。最終的にはキャリア14年間で通算打率2割6分2厘、シーズン通じて3割をマークした経験は一度もないものの、長年、不動のショートとしてチームに君臨し続けた。

そんな山下に生涯、記憶に残り続ける一球とはどのようなものだったか、たずねてみる。

「う〜ん。バッティングでは良い記憶が少ないんだけど、やっぱり江川(卓)との対戦は頭に残ってますよね。ご存知の通り、江川は最高の投手でしたけど、対戦成績(100打席以上に限定し、打率で比較)で見ると彼を最も打ったのが山本浩二さんなんですが、次が若松(勉)さん、三番目に打ったのが僕なんです。だから、調子が悪い時に江川と対戦できると勢いを取り戻せる感覚でね。一九八二年に巨人が中日と終盤まで優勝を争っていたんですが、ここで一敗したら巨人の優勝が厳しくなるっていうタイミングで大洋とのカードがあった。その試合で江川が投げていて、彼のカーブを打って、それが気持ちのいいホームランになった瞬間っていうのはよく覚えていますね。僕は軟投派が苦手だったんですけど、江川のような本格派は結構、好きだった。なんだかタイミングがハマっていたんでしょうね。ラジオ番組で江川がピンチの場面で対戦したくない打者として僕の名前を挙げていたんですけど、うれしかったですよね(笑)。それだけ凄い投手でしたから、やっぱり」

記録を意識しながら野球をやっちゃいけない

江川との対戦を懐かしそうに振り返ることで、山下の記憶は段々と鮮明になっていく。様々なエピソードを例に挙げながら、山下はこう口にした。

「うん、いろいろと思い出してみると、忘れられない一球っていうのはやはり守備の場面かな、僕の場合」

その場面は一九七七年から翌年にかけ、遊撃手連続守備機会無失策322回という偉大な日本記録（当時）を樹立した過程でのことだったという。

当時、日本記録が近づくにつれ、山下の守備に対する注目度は日に日にアップしていった。そしていよいよあと一度、無失策で乗り切れば日本記録を達成するという場面を迎える。甲子園球場でのある夜のことだ。

「あと一つ、無失策を続ければという場面でショート後方にフライが上がった。まあ、難しいこともなく、なんでもないフライ。だけど体が普通に動かないわけです。まるで素人のようにあとずさりしながらフライを追って、捕る瞬間〝お、お、お〟という感じになってしまったのをよく覚えていますよ。落としそうになったというほどではないんですけど、明らかに平常心じゃなかった。その時、こう思いました。記録を意識して野球をやっちゃいけないものだなと。あの頃、守備にはそれなりに自信もあって、一球一球に集中することっていうのは自分の哲学のように信じていた。それなのに、実は記録が気になって一球に集中できていなかったんですよね。明確に、あの一球から教えられた気がしました。あらためて、その瞬間、瞬間に集中する大切さを胸に刻んだんです」

日本記録を達成しようかというタイミングで「集中」の意味を自身に問い直した山下。この後もグイグイと記録を伸ばし、最終的には322という驚くべき数字を歴史に残すことになる。

「結果としては良かったわけですよね。学ぶ機会があって。こういう経験はあとになればなるほど、理解できてくるものなんですよね」

頭の中から消えない引退時の苦い記憶

磨きに磨き抜いた守備の力で突っ走った十四年間の現役生活。キャリアを振り返って後悔はないかと問うと、神妙な表情でこんな答えが返ってきた。

「入団して一、二年の頃、慶応のボンボンはやっぱりダメだなんてよく批判されてね。風邪ひいて熱を出した時なんて新聞に〝虚弱児山下〟とか書かれましたから（笑）。まあそれでもなんとか三年目にレギュラーを獲れて、そういう批判はどんどん減っていった。結局、レギュラー張って十年以上もよくやれたなとは思ってます。だけど辞め方に関しては良くない行いだったと。あの時は自分で選んだ行動でしたけど、あとになってから、やってはいけないことだったと反省してます」

一九八七年のシーズンが終わった後のオフ。選手だった山下は引退を決意していた。ところがチームから懇願され引退を踏みとどまる。あと一年、ベテランとして後輩たちに教えるという役割も感じたからだった。ところが翌シーズンが始まる直前、山下は二軍行きに。そして開幕直前の四月初旬、突如、引退を公に表明する。

「自分としては試合に出なくてもベンチの中でチームをサポートするとか、グラウンドで後輩に教えるとか、そういう仕事をするものだと考えていた。でも、二軍に落とされて試合のベンチにも入れないっていうことで、当時の自分は開幕直前のタイミングで引退という選択をしてしまった。今、考えれば監督に対しても、チームに対しても大変失礼な辞め方だったと思います。若気の至りとしか言いようがありません」

そう神妙な面持ちで当時を振り返った山下。もしタイムマシンでその場面に戻れたら、引退せず、現役を続けるとキッパリ話した。

「そのシーズン、現役を続けてもきっと結果は残せなかったでしょう。ファームで鍛え直して、それでも一軍に上がれなかったらあらためて引退を決断すればよかったかもしれない。今、言えるのは、まだチャンスがある、活躍の環境を与えられているのなら、二軍でも、独立リーグでも頑張ってやるべきだと。もし引退に迷う選手が相談してきたらそのようなアドバイスをはっきりと伝えられますね」

引退時のエピソードを語る山下は、反省しきりという雰囲気だった。この逸話は野球選手でなく、どんな社会人にも当てはまるだろう。プライドも確かに重要だが、反面、自分を頼ってくれる人やチームは大切にしなければならない。究極の選択を迫られた時、我々は何を優先させるべきなのか。正解はない。だが、それは間違いなく重い決断なのである。

一方で、この重い決断をしたことが山下にある種のアドバンテージももたらした。引退直後、解説者として仕事の依頼が複数舞い込んだが、本人はこれを固辞。そして、その二カ月後にはアメリカへ飛ぶことになった。

「そういう辞め方だったんですぐ解説者にっていう頭にはなれなかった。それに、メジャーリーグを見てみたいという欲求が常にあったんですよね。だからこのタイミングしかないと、アメリカへ行くことにした。結果としてメジャーの野球を三カ月以上、間近で見ることができ、自分としては非常に充実したんです」

アメリカ帰国後は解説者を経て、九三年からはまた横浜ベイスターズのコーチとして現場に復帰。九八年には一軍ヘッドコーチとして、三八年ぶりのリーグ優勝、日本一に大きく貢献する。少なからずアメリカでの見聞が指導者としての糧にもなっただろう。引退騒動はあったものの、結局、チームに大きな恩返しを果たした山下。一つの大きな選択がその後の人生にどう影響するのかは、つくづく、分からないものなのである。

やましただいすけ
1952年静岡県生まれ。清水東高校から慶応大学に進学し、1年生からショートのレギュラーを獲得。東京六大学野球リーグ、日米大学野球選手権大会などで大活躍し慶応のプリンスと呼ばれる。1973年のドラフト会議で大洋から1位指名を受け、入団。その2年後、ショートの定位置を獲得し、以降、チームの要として華麗な守備を披露し続ける。1976年には遊撃手として当時のセ・リーグにおける最高守備率の記録を樹立。1978年には遊撃手連続守備機会無失策の日本記録を樹立するなど、安定した守備でチームを支えた。打順は一番打者としての起用が多く、2塁打が多かったのも特徴。1988年の引退まで大洋一筋。1976年から8年連続でのダイヤモンドグラブ賞受賞は遊撃手として歴代最長、最多となる。オールスター出場4回、月間MVP1回、ベストナイン1回など印象的な記録や受賞も多数。アメリカでの指導者としての経験を活かしたMLBの解説も得意とする。

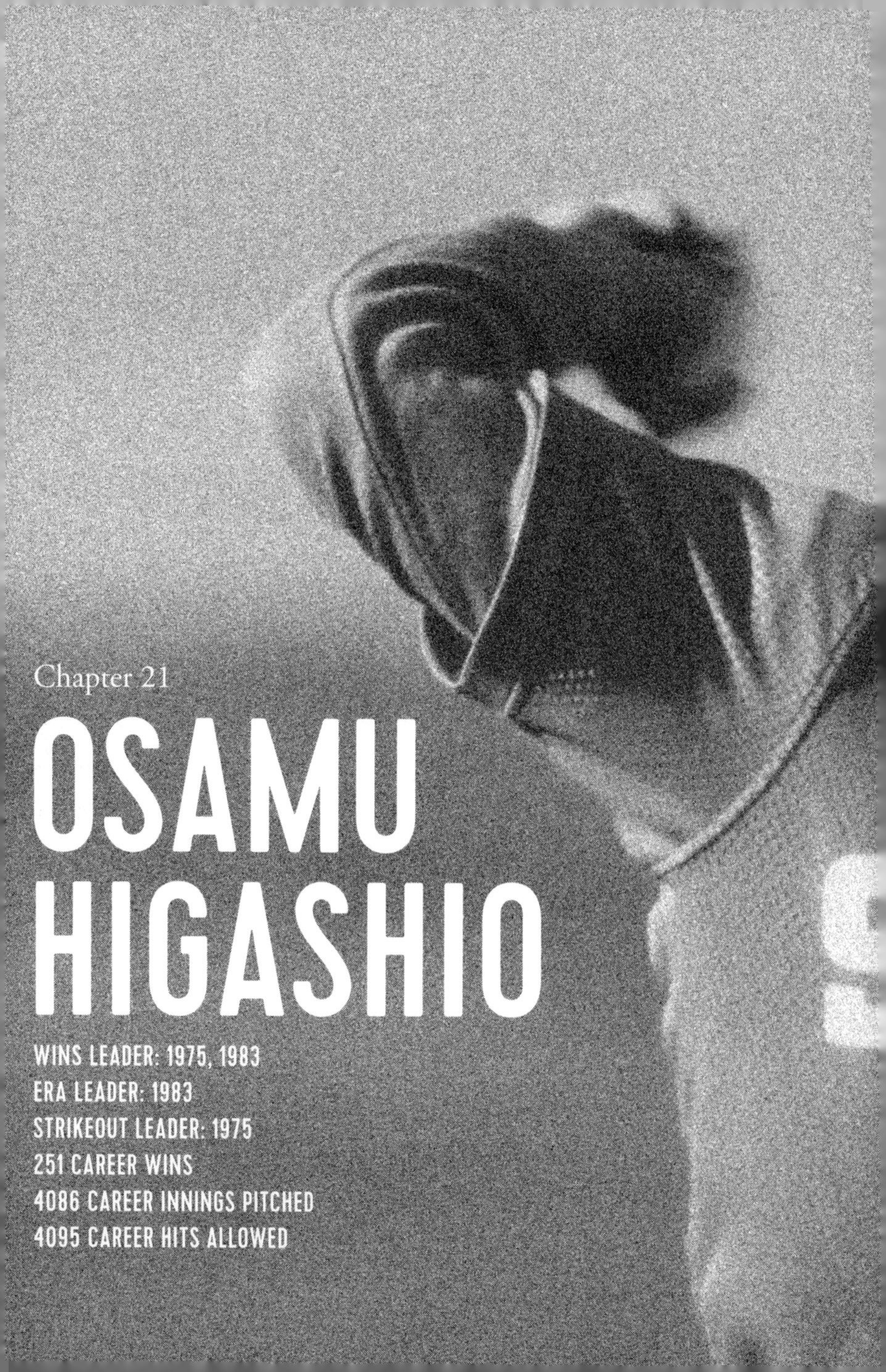

Chapter 21

OSAMU HIGASHIO

WINS LEADER: 1975, 1983
ERA LEADER: 1983
STRIKEOUT LEADER: 1975
251 CAREER WINS
4086 CAREER INNINGS PITCHED
4095 CAREER HITS ALLOWED

打者になめられたら終わりっていうのは確かにある。

Chapter 21

東尾 修

乱打戦や先の読めないシーソーゲームは確かに面白い。でも、野球の機微を堪能させてくれるのはヒリヒリするような投手戦でもあるだろう。一瞬も気の抜けないような緊迫を演出するのは当然、両チームのエース同士。そしてエース同士が万全の状態で能力のすべてを出し切るのは、日本シリーズの開幕戦であることが多い。

一九八六年の日本シリーズ開幕戦はどれだけ乱打戦が好きな野球ファンでも目が釘付けにならざるを得ない死闘だった。西武の先発はエース、東尾修で広島の先発はエース、北別府学。二人が繰り出す絶妙の変化球、驚愕のコントロールと緻密な配球は延々と続き、ただでさえ緊張感みなぎるシリーズの開幕戦は一瞬たりとも目の離せない展開になっていった。二人のエースにつけ入る隙はほぼなかったが、西武は辛くも併殺打の間に奪取した二回表の1点、そして四回表のスクイズで計2点のリードを堅持。一方の広島は八回裏まで東尾を攻略できず、試合はこのまま終わるかに思われた。ところが最終回、広島の三番、小早川毅彦にソロホームランが飛び出す。そして続く主砲、山本浩二が東尾のスライダーを芸術的な流し打ちでスタンドイン。土壇場で2対2に持ち込み、劇的な展開で延長戦へ。結局、延長十四回まで決着はつかず、ともに投手王国と呼ばれた両チームらしい戦いで、頂上対決の面白味を存分に見せつけてくれた。技巧派のエース同士がぶつかり合う投手戦でありながら、「凄まじい」という形容詞をつけたくなる、鮮烈な一戦。ファンの目を釘付けにしたのは、まさに両エースの技とプライドだった。

エースが背負う想像を超えた重責

目の前にはあの一戦を演出した東尾がいる。何もしゃべらなくても独特の威圧感を持っている。チームの主砲や抑えの切り札、守備の名手と呼ばれた元スター選手には数え切れないほど会ってきた。そんな元選手たちともまた異なるオーラだ。こちらの気が緩むと気圧《けお》されそうな雰囲気を確かに感じた。

「エースの重圧? それはありますよ。僕だって日本シリーズ初戦の先発前夜は、寝つきも悪い。頭の中にいろいろなことが浮かんできて眠れない。だからといって苦しいということでもなく、考えるのはマウンドの上でエースとしてどう振る舞うか。シーズン中であれば、鈴木啓示、山田久志、村田兆治、高橋直樹といったパ・リーグのエースの存在は意識してましたよね。勝った負けたというより、エースとして。僕らには十年以上、エースとして投げ続けているというプライドももちろんあった。エースと呼ばれる選手は怪我しちゃいけないし、休んでもいけない。そして、登板したら最後まで投げると。二、三年でエースの座から落ちてしまうっていうのは、果たしてエースなのかどうか疑問ですよね、やっぱり」

そんな言葉の裏に、チームで最も優れた投手というだけではエースと呼べない、という思いが透けて見える。エースを登板させてチームが負ければ連戦での劣勢はまぬがれない。どんな時でもエースが投げればチームが勝つ。この圧倒的な信頼を得るため、エースは一瞬たりとも隙を見せられないのだ。このような役目を十数年も務めた男だけが、ある種のオーラをまとう。オーラの源に、凡人がうかつには近寄れないようなプライドの塊が、垣間見えた。

弱いチームだからこそ得られるものもある

尊敬する投手として、近鉄のエースを長年務めた鈴木啓示の名をまず挙げた東尾。言ってみれば、速球派から技巧派へとキャリアの後半に華麗なる変身を遂げた伝説の投手である。そんな鈴木啓示との共通項を感じているのかと問うと、こんな答えが返ってきた。

「あれだけの速球持ってた人が技巧派として成功するなんて、滅多にない。すごいなと思う。だけど、啓示さんと僕は全然違う。僕は球の速さだけじゃ通用しないってデビュー直後に知ってしまったわけですから。だから変化球を覚えて、打者を仕留める方法を自分で考えていくしかなかった。そういうヒントを与えてくれるコーチにも恵まれましたよね」

速球で押して三振を取るというスタイルには、二十代そこそこで訣別せざるを得なかった。そしてスライダー、シュートを自分のものとし、経験を積んでいく。プロ入り直後に、日本球界を覆った「黒い霧事件」（金銭授受を伴う八百長疑惑）が発覚したのも東尾の成長には大きく影響した。この事件を受け、

チーム（当時は西鉄）の主力投手が四人も永久追放に。そのため投手不足となった西鉄は東尾を一軍に抜擢。公式戦のマウンドに立つ機会は必然的に増えた。増えた、と言えば「敗戦数」も猛烈に増えていった。六〇年代後半から七〇年代中盤までライオンズの指定席は毎シーズンBクラス。この間、西鉄から太平洋クラブ、クラウンライターと経営母体も目まぐるしく変わり、財政基盤も弱く、戦力は明らかに他チームと比較して見劣りしていた。最終的には251勝を挙げ歴代勝利数のランキング十位に名を連ねる東尾だが、負けの数も247と歴代四位の数字。実は負け試合の数もすこぶる多いのが東尾という投手の大きな特徴なのだ。

「若い頃はチームが弱いのは分かってましたし、最初の数年がやっぱり負け数も多くてね。でもそういう環境は恵まれていたなとも思う。それだけ負けると、じゃあどうすれば勝てるかっていうことが身についてくる。負けたら次はどうするかってことだけ考えて、練習とか準備をする。これが中途半端に強いチームだったらどうなっていたかなんて分からないですけど、負けて覚えたことが実にたくさんある。負けた数は最終的に財産になっていきましたよね」

次に投げるべきボールを決める要素とは？

負けて、失敗したことで、成長へのヒントを一つずつ得ていった東尾。才能と気迫だけで頂点に登り詰めたわけでは全然ない。地道にコツコツと自分を修正し、アップデートしながら、頭を使って少しずつ階段を登ってきたのだ。例えば世界の盗塁王、福本豊に対してはボークすれすれのフォームをキャンプの時点でひたすら練習し、牽制の技術を磨いた。福本の盗塁を阻止するため、味方にしたのは審判だったという。

「当時、キャンプには公式戦で担当する審判がまわってきていてね。その審判をつけた状態で、ボークすれすれの牽制を練習する。ランナーから見ればボークなんだけど、主審から見たらボークじゃないというギリギリを狙う。今の牽制ならボークじゃないよねというギリギリのところを主審に確認しておけば、シーズンに入って同じ牽制をしてもその主審はボークとは感じない。福本さんの足を抑えるために、そうやって審判の目を慣らしておくっていうこともよくやった」

巧みな配球はどのようにして身につけたのかと問うと、「どんな時でも通用する配球なんてない」と前置きしながら、自身の考えをこう話した。

「点差とか打者の気持ちとか、その時の状況がすべて。まったく同じスライダーでも場合によっては〝攻め〟になるし、場合によっては〝逃げ〟にもなる。とにかく状況ですよ。ここは四球でもいい、場合によってはヒットでもいいと判断できるかどうか。例えば落合（博満）は言い方悪いけど優勝を狙うチームにはいない。じゃあここで欲しいのは三冠王取るための打率なのかとか、ランナーいれば打点がほしいのかとか。そういう想像をして、どんなボールを投げればいいかを考える。それを読んだ上で狙い通りのボールを投げられるかどうかはまた別の話ですけどね。そこで思い通りのボールを投げられるように普段から体を柔らかく使うとか、ひたすらフォームを追求するとか。頭を使うのも大事だけど、身体を思い通り動かして投げたいボールを投げられるかっていう技術がもちろん大切になってくる。その技術を身につけるのに、また時間がかかるんです」

内角を厳しく攻める意味

気持ちの持ち方も聞いてみたかった部分だ。その姿勢がケンカ投法と呼ばれたのは、しばしば打者の内角を鋭く狙うその配球が理由だ。現役時代、与えた死球は実に165。これはいまだに日本記録である。一九八六年、死球に怒った近鉄のR・デービスが、マウンドに駆け上がり東尾へ殴りかかったのは有名な事件。当時の動画を見ればよく分かるが、この場面でデービスの突進に東尾は一歩も引いてない。故意に当てたわけではもちろんなく、踏み込んで打たれないために投じた内角の鋭いシュートだった。

「打者になめられたら終わり、っていうのは確かにある。こっちのコントロールだって100パーセントじゃないし、力めばシュートは右の方にいってしまう。打者はインサイドに投げられれば打ちにくいし、怖い。だからそこに投げるわけだし、実際、威嚇の意味もある。打者も真剣だから怒るのも分かるけど、こっちも真剣だし、そういう厳しい勝負で食っていかなければならない。死球を受けた打者に追いかけられてマウンドから逃げる投手もたまにいますよね。だけど僕は厳しい雰囲気に負けちゃダメだし、そこで逃げたらプロとして失格だと思う。だからといって興奮してたわけじゃないし、冷静でしたよね、あの時は」

いつも感情をむき出しにしながらマウンドに立っていたようにも思えたが、常に冷静に打者を打ち取ることに集中していたと語る東尾。むしろ感情の抑揚とはいかに別次元で戦えるかが一流選手の条件。冷静に、客観的に取り組まなければ十年以上、チームの主軸として戦うなんてできないのである。

自身とチームを変えた日本一の味

リーグの下位に甘んじながら力を蓄えていったキャリアの前半。一転してキャリアの後半は六度のリーグ優勝をはじめ、エースとして数々の栄光を極めた。そんな現役時代を振り返り、最も記憶に残る一球とは何かについて、たずねてみた。すると三十秒ほどの黙考の末、東尾は口を開いた。

「デビューから十年ほどで、そこそこエース級にはなれたなって感じ始めた。個人的には結果が出てきていたんでね。その後、親会社が西武になって考えるようになったのはやっぱり優勝。縁がなかったし、優勝には飢えてた。その思いがやっと叶った八二年のシリーズ最終戦かな、自分にとっては」

西鉄時代から数えて二十四年ぶりの日本一をかけ、中日と相まみえたこのシリーズ。3勝2敗で迎えた第6戦、3点リードで八回、切り札としてマウンドに立ったのが東尾だった。中日の大島康徳《やすのり》に対して最後に投じたのは外角低めのスライダー。これを大島が空振りし、西武はついに日本一を達成。東尾自身、デビューから14シーズンを経て初の頂点を経験することとなった。

「あの最後の一球を投げる前。頭に浮かんだのは自分が投げ始めなきゃ、この試合が終わらないってこと(笑)。もう2アウトだし、ベンチからはチームメートが今にも飛び出そうとしてるし。最後の一球はゆっくり投げ始めて、その間にいろんなことを考えてね。大島が空振りするまでのたった十秒くらい。その十秒間に感じた『楽しい』という気持ちが忘れられないですよね。もう日本一が決まっちゃったらどんちゃん騒ぎで何がなんだか分からなくなっちゃうんだけど、あのはじめて日本一を迎える直前の気分はやっぱり忘れられないよ」

知っての通り、この日本一から西武ライオンズの黄金時代が幕を開ける。その後も修羅場と言えるような場面を何度もくぐり抜けて頂点を極め続けたが、初の日本一は東尾投手にとっても大きな転換点になったという。

「はじめてね、個人のことよりチームの優勝が大事なんだって実感できた。それからですよ、チームのためにエースとして故障しちゃいけないとか、安定した成績を残さなきゃいけないとか、真の意味で考えるようになったのは。公康（工藤）、郭泰源、久信（渡辺）らと皆で話して、打撃陣に負けないようにしようとか、投手陣の力で優勝したって言われるように頑張ろうとか。優勝しないと分からないことがいろいろ、分かりましたね」

ライオンズ一筋の二十年間。現役時代に後悔や、やり残したことは一つもないと話す、東尾。敗戦も多いし、死球も多い。乱闘も堂々、受けて立つし、勝利の数もとびきり多い。正真正銘の大エース。こんな投手がまた再び球界に登場してほしいと、切に、切に願う。

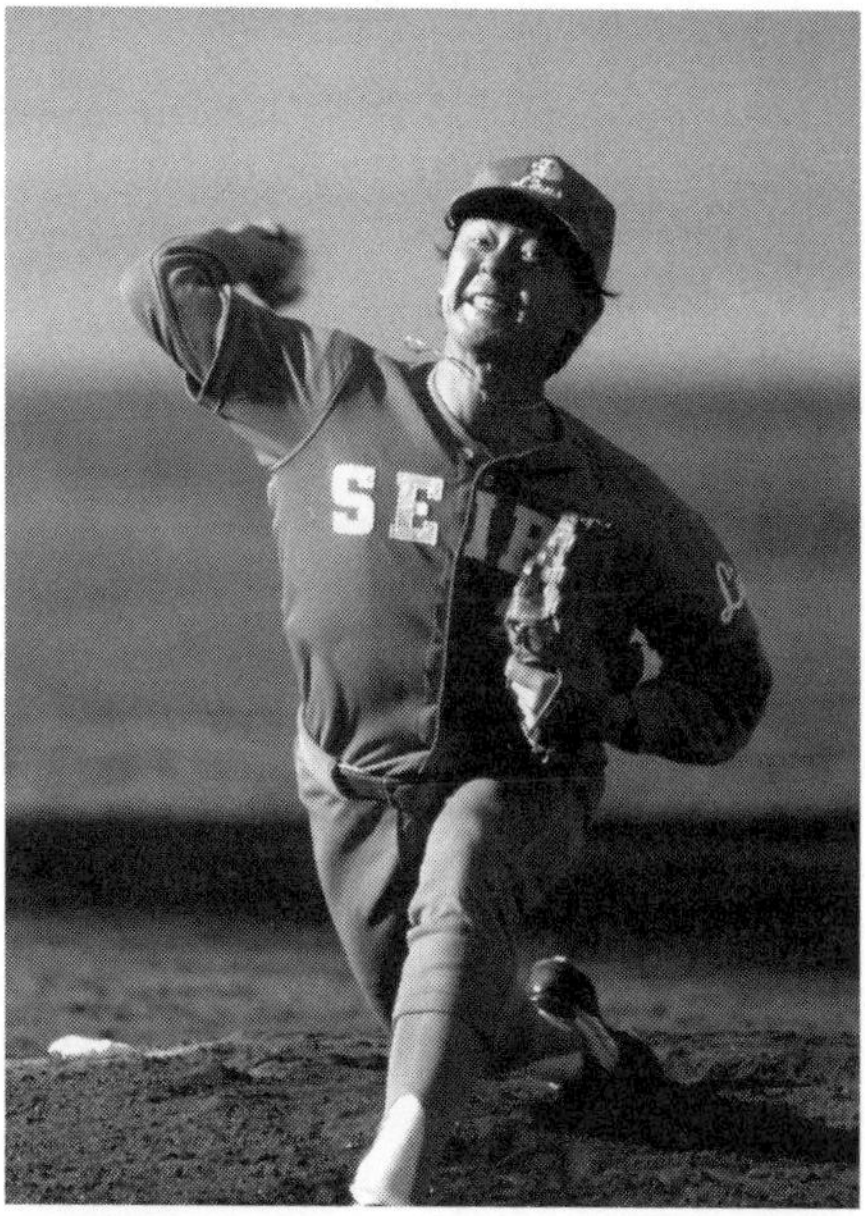

ひがしおおさむ

1950年和歌山県生まれ。箕島高校を経て、1968年のドラフト会議で西鉄から1位指名を受け、入団。打者としても非凡な才能を有していたが「黒い霧事件」で主力投手が大量に離脱し、チームは東尾を投手一本で育てる方向に決定。デビュー2年目の1970年には11勝、1972年には18勝を挙げるなど、主軸投手としてチームをけん引し始める。1975年には54試合登板、25完投、23勝、奪三振154で、最多勝利、奪三振王となり、パ・リーグを代表するエースに成長。1982年、1983年には2年連続リーグ優勝に貢献し、シリーズMVPや胴上げ投手に。1984年には通算200勝を達成。1988年に引退するまで20年の現役生活を通じ、最多勝利2回、最優秀防御率1回、ゴールデングラブ賞5回、日本シリーズMVP1回など、数々のタイトルを獲得する。引退後は7シーズンの間、西武の監督を務め、リーグ制覇2回、全シーズンAクラスを達成。

Chapter 22

YOSHIHARU WAKANA

GOLDEN GLOVE AWARDS: 1979
1037 CAREER HITS
77 INTENTIONAL WALKS IN CAREER
5 STRIKEOUTS IN A SINGLE GAME: 1979,NPB RECORD

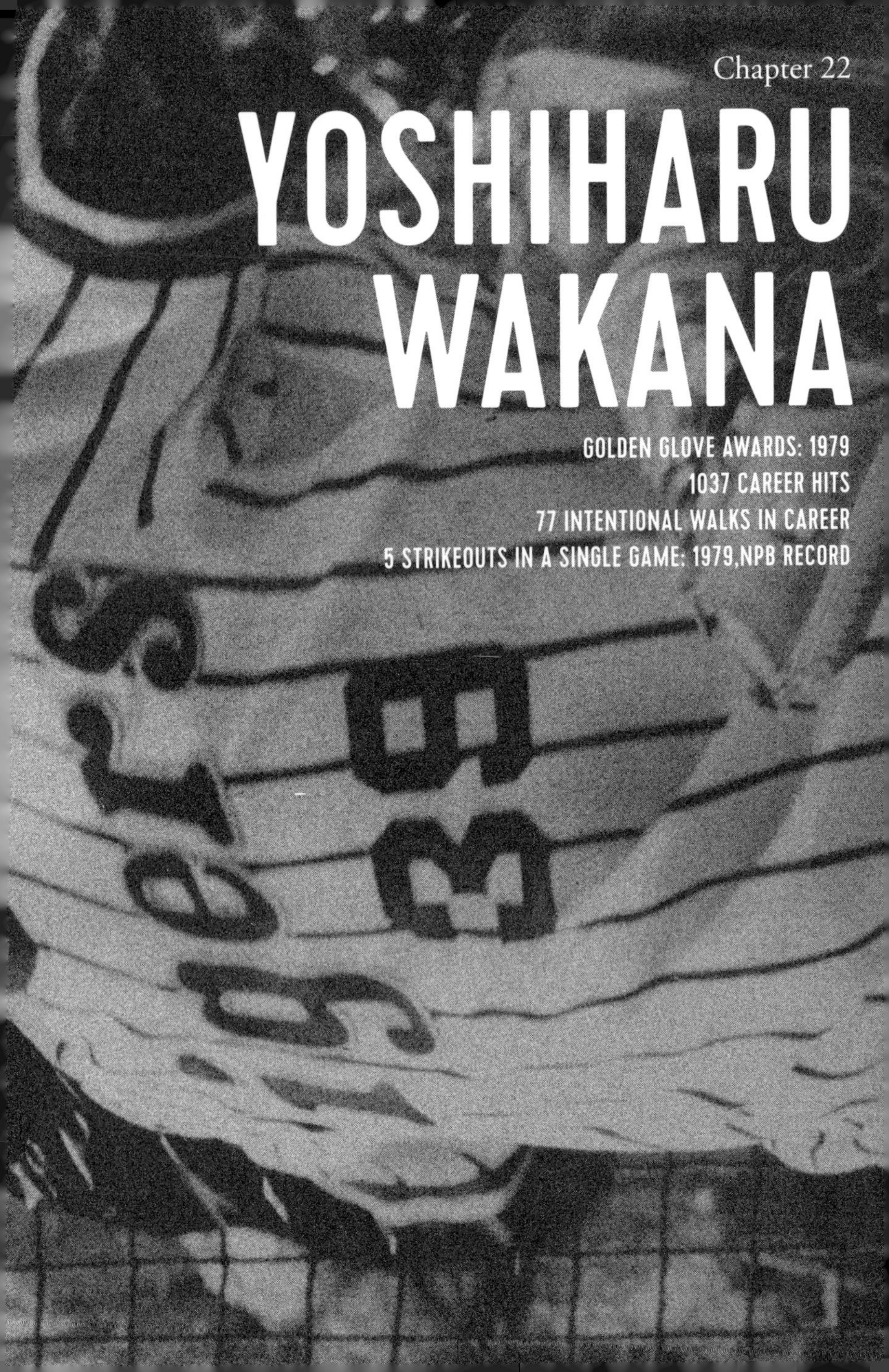

田淵幸一さんがいなければ僕のキャリアは大きく変わっていた。

Chapter 22

若菜嘉晴

待ち合わせ場所に現れたかつての名捕手は、遠目からでも分かるオーラを放っていた。身長185センチ、ガッシリとしたそのシルエットは現役時代と変わりなく、眼光も鋭いままだ。華やかで、攻撃的で、なんだかいつも目が離せない。時には敵チームの選手を明らかな挑発で揺さぶり、時には乱闘シーンで率先して相手と対峙した。グラウンド上でも躊躇《ちゅうちょ》なく喜怒哀楽を表現し、正しいと思ったことはすぐ口にする。若菜嘉晴《よしはる》は確かに、キャッチャーとしてはちょっと異質な存在感の選手だった。その昔、そんな男を野村克也がこう評したのは有名な話だ。

「捕手としては気が、強すぎる」

こうした評価をどう感じていたかについてまず本人に聞いてみると、若菜がどのようなビジョンに沿ってキャリアを積み上げようとしていたかがそれとなく理解できる。

「僕が小さい頃、キャッチャーっていうのはどちらかというと寡黙で、縁の下の力持ちといった感じの選手がほとんどだった。そういうイメージをガラっと変えたのが田淵さんだったと思う。体は大きいし、足も長い。肩が強くて、ホームランも打つ。パフォーマンスも派手だし、キャラクターも明るいでしょ。田淵さんを見てこれまでとは全く次元の違うキャッチャーが出てきたなって思いましたよ。だから僕も田淵さんと同じ、法政大学に憧れてね。僕は、プロ入りした時も背番号は22番が欲しいって言ったくらい。田淵さんがいなければ僕のキャリアは大きく変わっていたというほど、強い刺激を受けたんです」

ようやく出現したメジャーに通用する捕手

昭和のプロ野球界において、若菜はいち早くメジャーリーグに注目していた一人でもあった。少年時代には日米野球でメジャーのパワーとスピードに度肝を抜かれたが、日本の野球がアメリカに追いつくためには何が必要か、真剣に考えるようにもなった。特にキャッチャーのレベルには大きな差を感じていたという。座ったままセカンドへ矢のようなボールを投げたり、信じられないほど強烈なブロックで走者を跳ね返したり。型にハマらない凄みが若菜を魅了し、それこそがアメリカと日本の決定的な差だと自覚するようにもなっていた。

「だから田淵さんを見た時に、やっとメジャーに通用するキャッチャーが登場したと。プレー自体ももちろんなんですけど、姿勢ですよね。見に来てくださっているファンは何に期待しているのかということ。他の選手と似たようなスタイルでプレーしてもファンは喜ばない。キャッチャーだから地味でいいというわけでもないでしょう。時には喧嘩腰でチームを守る姿勢とか、ピッチャーへの批判を何が何でも食い止めるとか。ユニフォームを着たら感情を前面に出して、表現する。僕は、攻撃的な姿勢を意識したプレーヤーになりたいといつも考えていた。野村さんとは違って、気の強い捕手こそが理想だったわけです（笑）」

田淵幸一という憧れの存在を意識しつつ、一九七二年、ドラフト4位で西鉄ライオンズに入団した若菜。その六年後、一軍に定着し、これからチームを背負っていく存在になるかと思われた矢先、運命を変える出来事に直面した。ライオンズ（当時の親会社は西武）と阪神タイガースとの超大型トレードである。ライオンズからは真弓明信、竹之内雅史、竹田和史、若菜ら四名、相手は古沢憲司、そしてミスタータイガース、田淵幸一の二名だった。それまで目標としてきた田淵と入れ替わりでセ・リーグへ移るという現実に直面。しかも四人対二人という不均衡な交換トレードだ。一般的にはチームから放出されるトレードを屈辱と捉える選手も多いが、若菜はそれとは全く異なる感情を抱いたという。

「僕は最高に嬉しかった。一緒にプレーできないのは残念だけど、同じキャッチャーとしての交換だし、田淵さんの後のポジションを任されるわけですからね。もちろんプレッシャーもありましたけど、田淵さんのようには打てないし、マネをしても仕方ない。だから田淵さんとは違ったスタイルで優れたキャッチャーになるためにはどうすれば良いか、考えるようにもなった。あれほど憧れていた存在と不思議な縁ですれ違ってしまったんですけどね。とにかく大きな転機になったのは間違いないです」

ガラスのエース、小林繁との出会い

この大型トレードは結局、両チームにとって吉と出た。田淵はそれまでと変わらず豪快なホームランを打ち続け、ライオンズの主砲としてチームを牽引。一方の若菜はセ・リーグきっての人気球団で正捕手の座に収まり、田淵の抜けた穴を忘れさせる新生タイガースの一員として躍動感あふれるプレーを披露。田淵と入れ替わる形で、新たな時代の攻撃的なキャッチャー像を追い求めた。パ・リーグ時代とは異なり、球場の大観衆も若菜を後押し。平均して三千人程度の観衆の前でプレーしていたライオンズ時代とは違って、時に五万人近くもの観衆が若菜のモチベーションを最大値まで引き上げた。さらに同年、タイガースにはもう一つ、衝撃的なトレードがあった。いわゆる「空白の一日」によって、小林繁がジャイアンツからやってきたのである。野球協約の盲点を突く形で、怪物・江川とのグレーなトレード。タイガース内部でも小林の扱いは極めてデリケートなものだったという。そしてそんな小林と最も多くの時間を共有したのが若菜だった。

「現役時代、いろいろな選手、監督、コーチと出会ってきましたけど、やっぱり小林との関係は僕にとって特別でしたね。グラウンド上でもバッテリーを組んでましたけど、プライベートでも四六時中、一緒に過ごした。最初は江川とのトレードで移籍したこともあってか、なかなか心を開かなかったんです。でも一緒に過ごすうちに少しずつ本音が出てくるようになってね。結局、最初のシーズンは巨人に8連勝するわけだけど、あれは江川や巨人が憎かったからということではない。逆に小林のジャイアンツ愛はものすごくて、だからこそ巨人相手に負けるわけにはいかないと考えていたんです。それでも、彼が精神的に苦しんでいる時はやっぱりあった。そういう時は飲めない酒を飲もうとするんで僕も付き合うんですけど、なるべく控えさせるようにはしてた。常にカッコよく見せる、どんな時でもダンディーでないといけないというのが小林。だから僕は、もういいじゃんと。ボロボロな状態を他人に見せてもいいんだよと彼にはよく言ったんですけどね」

投手としての能力にももちろん目を見張るものがあったと、懐かしそうに回想する若菜。振りかぶった後、体を深く沈み込ませ、力を溜め、サイドからしなるように腕を振る独特のフォーム。そんな話をしている最中の若菜の表情を見れば、二人の関係がどれだけ良好であったか、容易に理解できる。ところで、小林がタイガース入団直後、なぜ巨人に勝ち続けられたかについては、確信に満ちた面持ちでこう分析した。

「やっぱり王（貞治）さんを抑えたことが大きいでしょう。当初、僕はインコースの厳しいところに投げてこいと言っても小林はそれができなかった。球界の主砲に対して、そんな危ないコースには投げられないと言うんです。それで工夫したのがタイミングの外し方だった。小林の投球フォームは体を深く沈み込ませた後、一旦、止まったような状態になる。その時、王さんが一本足になるわけですが、小林の方が静止状態をほんの少し長くとって、腕を振るタイミングを遅らせる。そうすると王さんは我慢できなくなって高く上げた右足をおろさざるを得ない。一本足打法と小林の変則的フォームを利用したタイミングのずらし方ですよね。そうやって膝下にスライダーでも投げれば簡単には打たれなかった。これに対抗するため、王さんは足を上げずに一般的な二本足で打ったことが一度だけある。あの王さんをそこまで苦しめたのは小林だけだったたし、王さんを抑えたからこそ巨人を封じることができたんですよ」

様々な教えを残したサヨナラ大暴投

西鉄ライオンズから始まり、阪神、大洋、日本ハムと二十年間、続いた若菜のキャリア。出場した都合1387試合の中で最も記憶に残る一球はと問うと、さほど時間をかけず、こんな答えが返ってきた。一九八二年のセ・リーグ、開幕戦。大洋を相手にエース、小林繁の投球は快調そのものだった。九回表の時点で阪神は2点のリード。ここまで大洋には2安打しか許さず、開幕投手を務めた小林の完封勝利は確実かに思えた。ところが試合終了目前、大洋打線の粘りにあい2対2の同点に。なおも2アウトで一、三塁のピンチを迎え、阪神ベンチはバッテリーに敬遠の指示。満塁策でその場をしのぐ作戦に出た。

若菜はこの直後の出来事をこう説明する。

「敬遠の指示に従って、僕は立ち上がり、小林のボールを待った。でも一球目、大きく外そうと僕が構えているのにど真ん中付近にボールがきた。もちろん失投なんだけど、何かが起きるなという予感はあった。二球目は大きく外したスローボールで2ボール。それで問題の三球目が、大暴投です。立ち上がっている僕が飛びついても捕れないような大暴投で、三塁ランナーが生還。あのサヨナラ負けはいろいろな意味で忘れられません」

試合後、雨で手が滑ったとか、敬遠の指示がショックで手元が狂ったなど、様々な憶測も飛んだ。一方で、若菜にはこの暴投について思い当たるフシもあった。真剣勝負での速球や変化球はもちろん得意でも、緩やかなスピードでのキャッチボールという当たり前の行為を、小林は苦手としていたのである。

「信じられないかもしれないけど、そういうこともあるんです。変則的なフォームだからということもあったのかもしれない。打者を打ち取ろうとすれば、ほぼ思い通りの場所へ投げられたんだけど、緩いボールで一塁へ送球するといったことを彼は確かに苦手にしていた。もちろんわざとなんかではないですし、あくまで小林の技術的問題。ベンチも彼のそういう部分に気づいておかなければならなかったし、キャッチャーである僕も一球目のど真ん中付近へのボールでおかしいなと感じ、声をかけておけばよかったのかもしれない。この暴投は苦い経験でしたけど、この一球から学ばせてもらったことも大きい。僕が指導者になった時、この暴投を思い出して、選手の技術や性格をより深く理解しなければいけないなとか、敬遠など難しい指示を出す時は事前に選手とコミュニケーションを取った方がいいなとか。それとなにより、あれほどの投手が、子供でも投げられるようなスローボールを上手く投げられないなんてね。僕の中では、天才型の選手ならではの不思議な一球。サヨナラ負けして悔しいっていうだけじゃない、いろいろな重みや深みが、あの一球にはあったんです」

ちょっと調子に乗りすぎたかも

現役時代、四チームを渡り歩いた上にオールスターゲームは六回出場、アメリカ1Aへの野球留学や3Aでの特命コーチまで経験した若菜。そのキャリアに後悔はないかといった問いを最後にぶつけてみると、茶目っ気たっぷりに笑いながら「やっぱりあるね」と答える。正捕手としてチームを牽引していたタイガース時代の振る舞いについて、こう追想した。

「タイガースに入団して三年目くらいから調子に乗りすぎたかもね。ＣＭ出演とか、サイン会にちょっと出席するだけで、びっくりするようなお金をもらったり。人気球団だからマスコミやファンはチヤホヤするわ、一晩でうなるようにお金を使って遊ぶとか、ちょっと飽きっぽい性格というのもあって練習にもなんだか身が入らないとか。主に、私生活を正しておけば、もっと良い成績が残せたかもしれない(笑)。まあ、良いプレーもたくさんできたと思うし、我慢せず思ったことは口にもしたし、楽しい現役生活でしたけどね」

田淵幸一というキャッチャーを超えることは到底できなかったと本人は言うが、その激しいプレーや印象深い言動はファンの記憶にしっかりと刻まれている。大洋時代、宿敵ジャイアンツの中軸打者であるウォーレン・クロマティを打ち取った時、若菜は決まって得意のポーズを繰り出した。「頭脳で勝った」と言わんばかりに自分のこめかみを指さし、ニヤリと笑う。今、現役でこんなポーズをクールに決められる選手が、果たしているだろうか。

わかなよしはる
1953年福岡県生まれ。柳川高校時代は投手として活躍するも、後に捕手へとコンバート。1971年のドラフト会議で西鉄から4位指名を受け、入団。1977年には捕手の定位置を獲得するが、1978年、田淵幸一、古沢憲司と若菜、竹之内雅史、真弓明信、竹田和史との2対4となる大型トレードで阪神へ移籍。阪神では小林繁、江本孟紀、山本和行らとバッテリーを組み、闘志むき出しのプレースタイルでファンの支持を獲得。阪神で4シーズン、プレーした後は退団してアメリカでコーチ経験を積んだ。1983年には横浜大洋に入団し、正捕手に定着。89年に日本ハムへ移籍した後、1991年に引退。現役通算20年間で、1387試合出場、オールスター6回出場などのほか、1試合5三振(日本記録)、1シーズン17捕逸(日本記録)なども印象深い記録。1997年からはダイエーの一軍バッテリーコーチに就任し、城島健司らを育てた功績が高く評価された。

Chapter 23

TADASHI MATSUMOTO

MOST STOLEN BASES: 1982, 1983
MOST STOLEN BASES IN CENTRAL LEAGUE 76: 1983
BEST NINE AWARD: 1983
GOLDEN GLOVE AWARDS: 1981-1983
342 CAREER STOLEN BASES

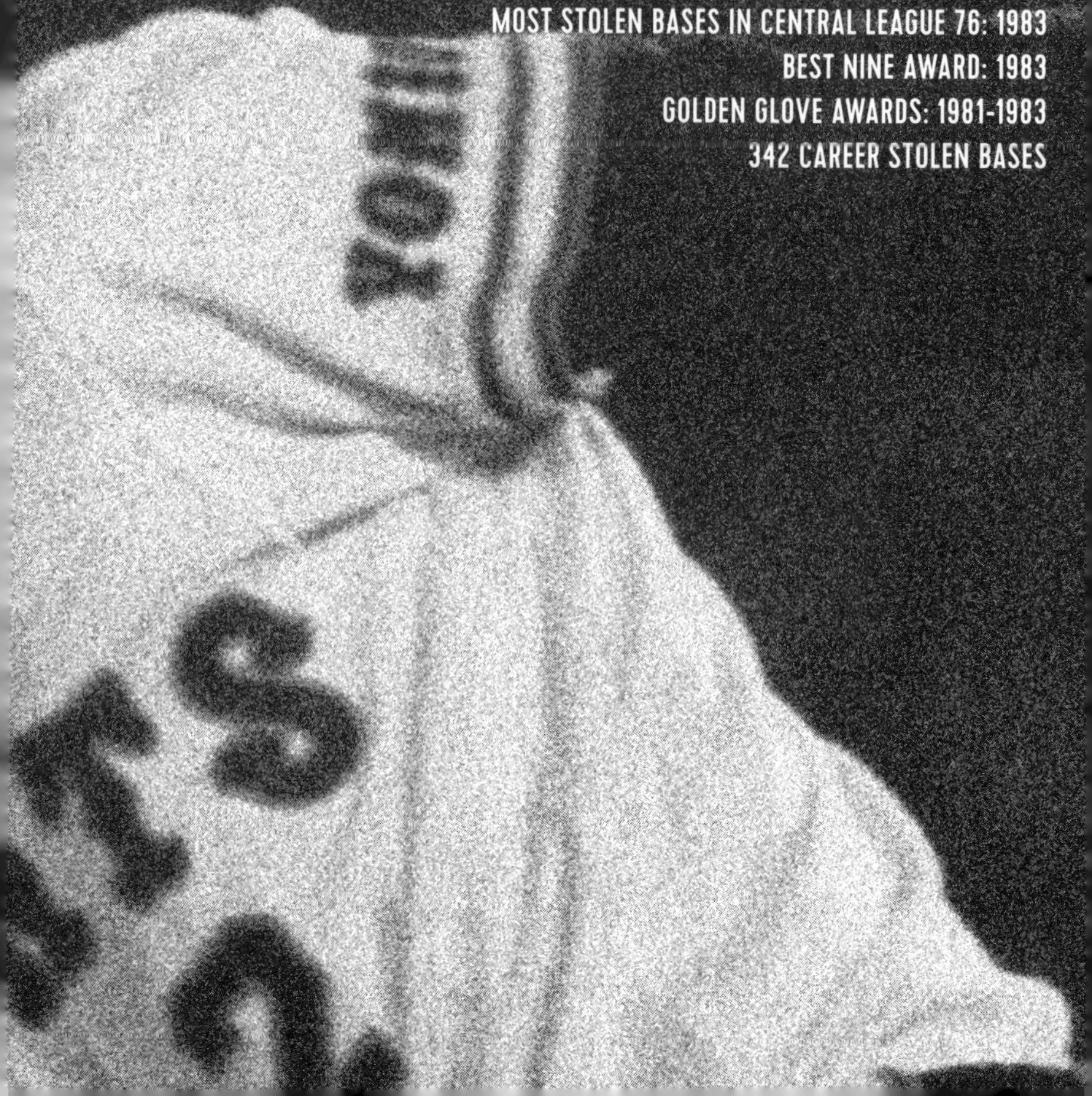

できればね、ノーサインで自由に走りたかったっていう思いもある。

Chapter 23

松本匡史

八〇年代のセ・リーグに閃いた「青い稲妻」の輝きは、今でもファンの脳裏に強烈な残像を残している。一九八三年にマークしたシーズン76盗塁はいまだにセ・リーグ記録として残る偉大な数字。巨人の一番打者、松本匡史《ただし》が塁に出れば、次の打者がどう打つかということより、何球目で松本が走るかということに興味が集中したものだ。とにかく松本は果敢にスタートを切る盗塁のエキスパートであり、スリリングな野球の一面を見せてくれる、しなやかで、魅力的なスピードスターだった。

往年のスター選手に話を聞く時、九割以上の確率で「後悔や未練はない」といった類の答えが返ってくる。ところが松本は違った。苦々しい表情を浮かべながら自らの現役時代を振り返り、こう口にしたのだ。

「自分としては巨人のレギュラーとしてものすごく中途半端だったなって今でも思ってます。もっとできたんじゃないかって。プロとしてプレーした年数も短いし、レギュラーをはった時期も短かったわけです。全然、満足できてないんですよ。物足りない」

昭和の野球を見てきた多くのファンにとって、間違いなく松本は華やかな盗塁王だった。確かに入団から引退までは十年と長くはないが、それでも二年連続の盗塁王、ダイヤモンドグラブ三回といった記録からは、当時の活躍が鮮烈に思い出される。これほどの選手が引退して三十年以上たった今でも、自身のプレーぶりに悔しさをにじませるのは少々、意外な反応だった。

「うーん、76個の盗塁を決めたシーズンも、自分としては満足してなかったんですよね。あの年、私は阪急の福本（豊）さんが残していた年間106盗塁という数字を目指していたんです。それなのに76しかできなかった。しかも76のうち三盗が二回しかないんです。私の場合、セカンドにいくと盗塁のサインが出ない。盗塁はすべてサインプレーでしたからゴーが出ないと走れないし、勝手に走ってアウトになったらチームプレーじゃないですよね。できればね、ノーサインで自由に走りたかったっていう思いもある」

巨人からのドラフト指名を拒否し続けた理由

もっとできた、やり残したことも多くあると松本が感じる背景には、肩の脱臼に悩まされ続けた苦労の歴史がある。中学生時代から地元の新聞に「第二の田淵幸一」とまで評された実力の持ち主。高校時代には甲子園にも出場し、早稲田大学進学後はリーグ盗塁記録を打ち立て、優勝も二度経験。まさにエリートとして将来を嘱望《しょくぼう》される存在だった。ところが大学二年の時、プレー中に肩の脱臼をし、そのためプロへの道を一旦はあきらめることに。大怪我を抱えながらプロではプレーできない。そう考えた松本は社会人野球の道を選び、内定までこぎつけていた。それでもオファーしてきたプロ球団が複数あったがすべてをシャットアウト。大学四年時の秋、プロ入りの考えは頭の片隅にも残っていなかった。

「その状況で巨人からドラフト指名を受けたんです。でも私は断り続けた。そして、直々に来られたのが長嶋（茂雄）監督だったわけです」

長嶋監督に直接、入団を断ろうと決めた松本。その意思は固かったが監督の熱い言葉が、気持ちを180度変えさせてしまった。

「これからの巨人軍は足を使う野球がしたい。どうしても君の足が必要だ」

この言葉と熱意にほだされ、一気に入団へと傾いた松本。怪我を抱えながらプロでやれる自信はなかったものの、ミスターの誘いを断れる人間なんていないと笑いながら当時を振り返った。

成功をつかむには、無心で集中すること

「一年目から一軍に入れていただいて。監督には感謝しかないですよね。それで初盗塁はデビューしたシーズンの四月。阪神戦、1点ビハインドの九回2アウトで代走での出場でした。ベンチで監督からは、出場したらとにかく走れと言われていてね。2アウトだから僕が刺されればゲームセットになってしまう。でも監督からの指示だから絶対走らなきゃいけない。だから私は何も考えず、走った。それが良かったんです。結果はセーフで結局、同点のランナーとしてホームを踏むこともできた。初めての盗

塁挑戦で成功。現役生活を振り返っても、自分の中で最も記憶に残る一瞬です。盗塁は迷いがあると絶対にスタートを切れない。スタートしなければ盗塁成功もない。つまり、試合の中でどれくらい集中できるか、無心でスタートできるかが大切だということを、初盗塁で感じることができたんです。その時得た自信のようなものが後の自分を支えてくれたし、最大の武器である足を活かすにはどうすればいい？ということだけを考えるようになれたんです」

ところがそのシーズンの夏、脱臼が再発。なんとか克服し、翌年には戦列復帰するものの三年目のシーズン目前、練習中の守備でまたもや肩を脱臼。この時の怪我は深刻で、ついに手術に踏み切ることとなった。結果として三年目のシーズンを棒に振った松本。一時は再起をあきらめるほど肩のダメージは大きかったという。

「大学の時から何度も怪我して、克服して、調子を上げて、また怪我してという繰り返し。私の野球人生は常に三歩進んで二歩下がる、そんな感じでしたよ（笑）」

結局、無心で一軍復帰を目指した甲斐あって、なんとかプレーできるほどまで復調。そして、俗に言う「地獄の伊東キャンプ」を迎えることになる。松本自身が最大の転機だったと話すこのキャンプは、当時の巨人軍にとって大きなターニングポイントともなった。主力の高齢化によるチームの弱体化を改善すべく、早急な若手育成を目的に実行されたこのキャンプ。この年、リーグ5位という体たらくもあり、練習は後に伝説として語られるほど過酷なものとなった。結果としてこの異例の秋季キャンプで鍛え上げられた江川卓、西本聖《たかし》、篠塚利夫（現・和典）、中畑清といった面々が、後の巨人を牽引する主力となっていく。とりわけ松本はこのキャンプで過酷なタスクを強いられた一人だった。聞けば、キャンプ直前、長嶋監督に呼ばれた松本はこんな指示を受けたという。

「新しい巨人軍を作るために伊東キャンプがある。お前はスイッチヒッターになれ。そして外野手になりなさい」

それまでは右打ち、巨人では当たり前のように内野手としてプレーしてきたのに、いきなりの一方的な告知。当然、松本は面食らった。

「いや、もう不安だらけですよ。左打ちなんて本当にできるのかなっていう思いと、内野から外野へのコンバートでしょう。だけど怪我が治ったばかりの自分に対して、これからのジャイアンツにどうしても必要だと長嶋監督から言っていただいた。じゃあ可能性がゼロかもしれないけど、やれることはやってみようと」

「もう松本はダメかもしれない」

俊足を少しでも活かすため、左打席に立つことを強いた長嶋監督。キャンプ中はさぞかし、手とり足とりの指導が続いたかと思いきや、そんなことはまったくなかった。指示や叱咤、激励やアドバイスはほとんどゼロだったというから驚きだ。

「指示といえば一つだけです。打ったボールをホームベースに叩きつけて、高く上がっている間に一塁に走りこみなさい、と。そういうゴロを打ちなさいということだけ（笑）。野球を知っていればそんなことできないって誰だって思う。私もそう思いました（笑）。でもやるしかない。だからこの伊東キャンプはそれしかやらない。そう決めて、気持ちを集中し、ホームベースに叩きつけるバッティングだけを練習したんです」

スイッチヒッターになれというとてつもない指令も下っていたため、キャンプ中、立つのは左打席のみ。守備練習もせず、ただひたすら、本当にひたすらホームベースを狙ってゴロを打つための練習を一心不乱に続けた。

「ホームベースを狙って打ってもね、まずバットがボールに当たらないですよ(笑)。たまに当たってもファウルチップみたいな感じで。だけど私はもう何も考えてませんでした。とにかくやると。他の選手がガンガン、バッティング練習しているのに私だけベースを狙ったバッティングで全然、ボールに当たらない。結局、キャンプ中、一回もベースにボールを叩きつけるなんてことはできませんでした。それを見ていた新聞記者が、もう松本はダメだなんて書いてましたね。結局、現役生活で一度もベースに当たったってことはなかったんですけど(笑)」

何かをつかんだのか、それとも徒労に終わったのか自身でも分からないまま、秋のキャンプは終了。その直後のタイミングで松本は結婚を決めていた。このオフを利用して新婚旅行も予定に。そして結婚式の後、旅行の予定を報告しに、夫婦で監督のもとを訪れた際、返された言葉がこれだった。

「お前、旅行なんてしてる暇あるのか？　大丈夫なのか？」

その瞬間、新婚旅行の予定をキャンセル。年末年始を利用して実現したのは旅行ではなく、夫婦二人っきりの練習だった。

「監督からの言葉を聞いて、妻は泣いてましたね。多摩川グラウンドには室内練習場があるのでそこへ家内を連れて行って、ボールを入れてもらったり、トスを上げてもらったり(笑)。一月の自主トレが始まるまでずっと、二人で休まずゴロを打つ練習を続けたんです。肩の手術をした時点で本当は選手としてダメだったかもしれないんですよね。だけど監督はあきらめずにいてくれた。入団前からずっと自分のことを買ってくれていたというのもあります。だから本当に一軍でまたやれるのかとか、成功するのかとか、一切考えもしなかった。ダメだったら野球生活を終えるのみ。不安はあるけど、悩みとか迷いはなかったんです」

松本を支え続けた長嶋監督の言葉

松本が巨人の一番打者として好調をキープしていた時代。ボテボテのゴロを打った直後に俊足を飛ばし、一塁を駆け抜けたシーンは確かに少なくなかった。確実にホームベースでバウンドするボールはいつまでたっても打てなかったというが、足を活かすバッティングは積み上げた練習によって完成の域に達していたとも思える。地獄の伊東キャンプ以降、3割以上の打率を達成したシーズンは二回、出塁率で3割を切ったのは引退目前の一九八七年のみ。間違いなく、徹底したゴロ打ち、そしてスイッチヒッターへの転向は松本にとって大きなプラスとなった。長嶋監督のアイデアと無心で打ち込む松本のメンタリティが見事に融合したわけだ。

「でもね、その次のシーズンで長嶋監督は退任されたので伊東キャンプの後、何年もゴロを打てと言われていたわけではないんです。それでも私はホームベースに叩きつける練習を引退するまで続けた。

誰からも言われていないのに、長嶋監督の言葉だけが自分の中にあり続けたんです。うん、引退するまで無心で練習したという自負はありますね」

邪心を振り払い、目の前の課題に無心で打ち込むのはとてつもなく難しいこと。現役生活を通じ、そんな無心の状態を貫いた松本はやっぱり人として格好がいい。そして、その無心状態に少なからず影響を与えた長嶋監督もさすがに格好がいい。何より、必然か、邂逅というべきか。二人の出会いと距離感が、男としてはなんだかとてもうらやましいのである。

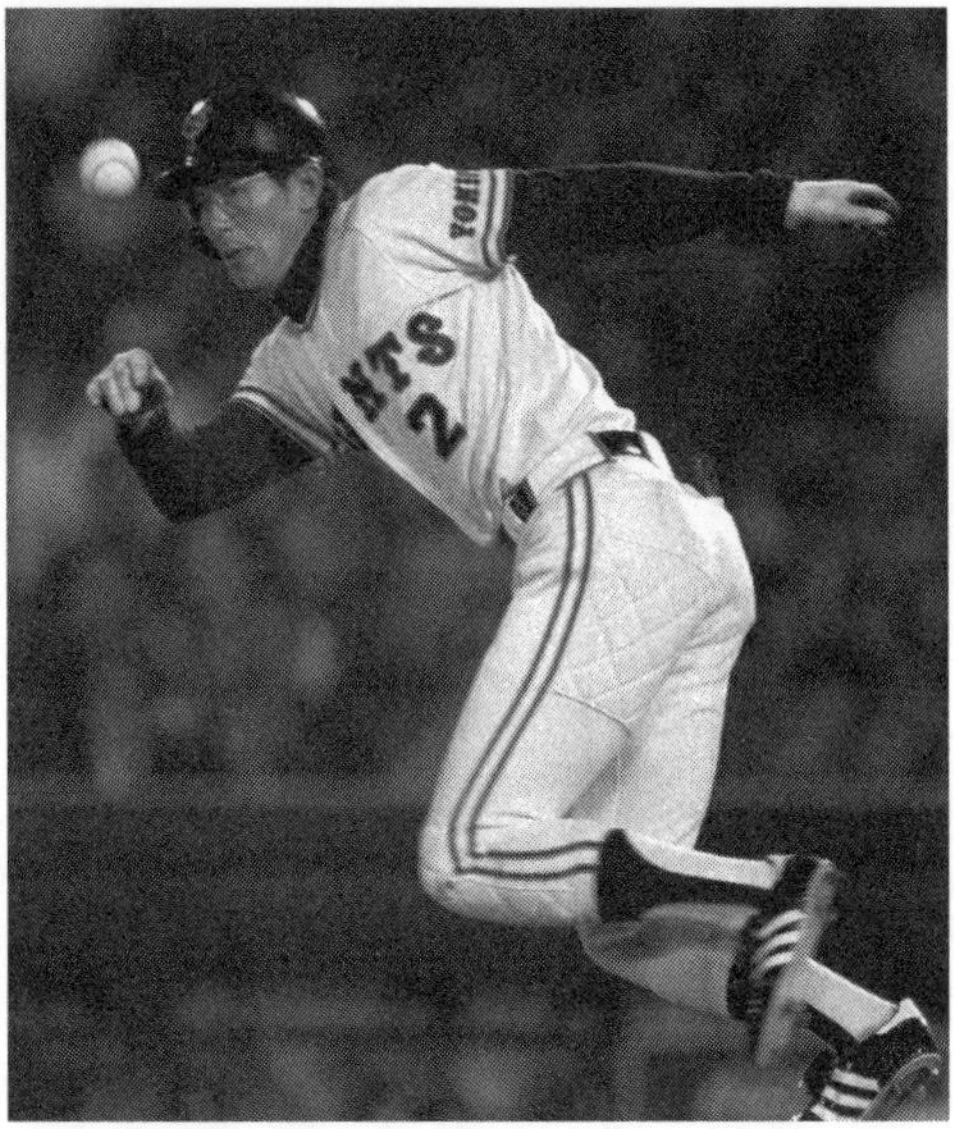

まつもとただし

1954年兵庫県生まれ。報徳学園高校を経て早稲田大学に進学。東京六大学野球リーグではリーグ盗塁記録を更新するなど活躍。1976年のドラフト会議で巨人から5位指名を受け、入団。翌年から快足の内野手として徐々に頭角を現す。1979年には内野手から外野手へとコンバート。同年オフ「地獄の伊東キャンプ」でスイッチヒッターへ転向。1980年から一番、センターでの先発起用が増え、21盗塁を記録。1982年には初の規定打席到達、61盗塁でセ・リーグ盗塁王のタイトルを獲得。翌1983年は1シーズン76盗塁(2022年現在もセ・リーグ記録)を記録し、2年連続で盗塁王となる。広い守備範囲にも定評があり、1981年から3年連続でダイヤモンドグラブ賞を獲得。青い手袋をしていたことから、ある新聞記者が「青い稲妻」と命名し、ファンに親しまれた。1987年、33歳の若さで現役を引退。引退後は巨人や楽天のコーチとして活躍した。

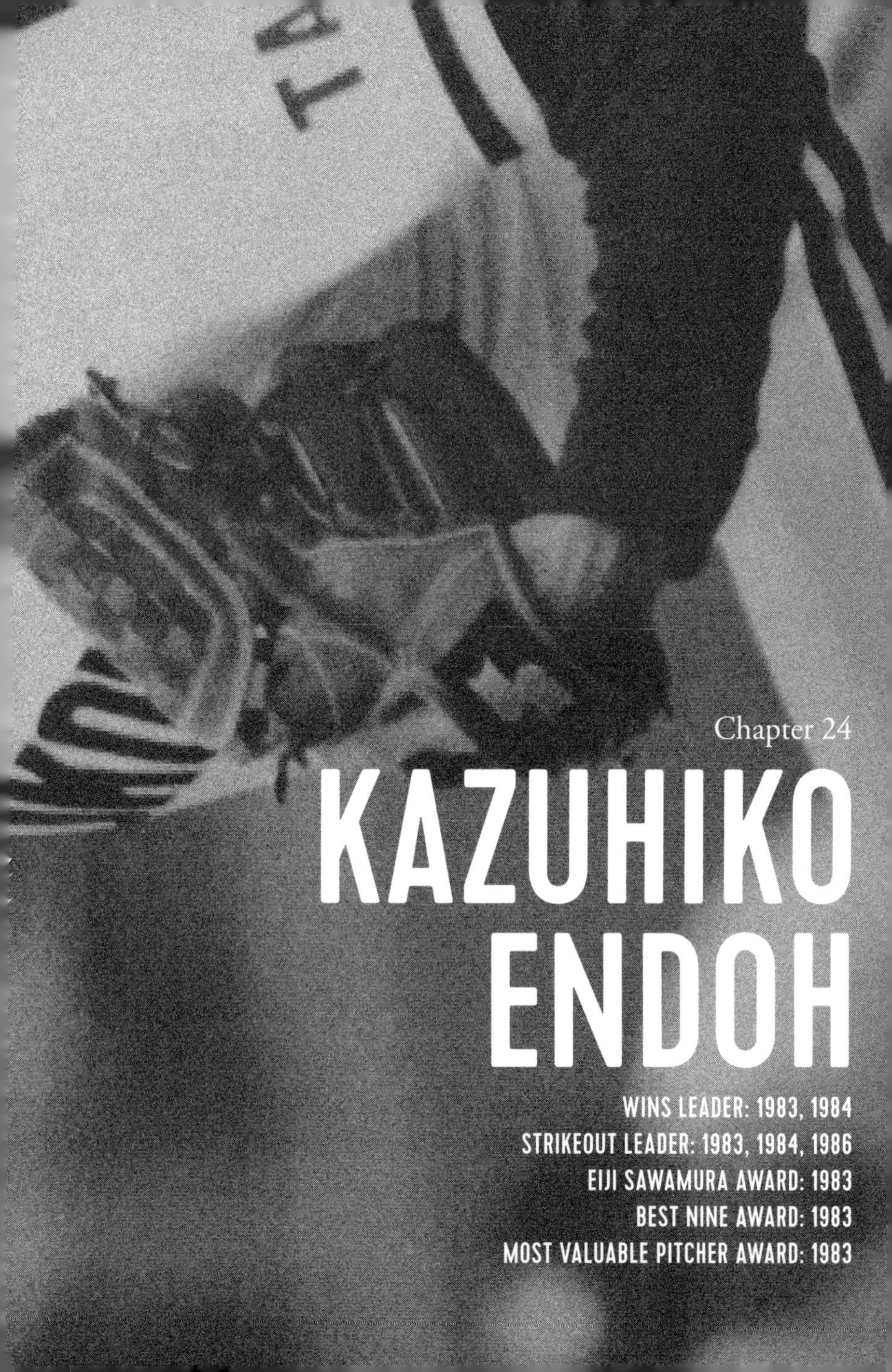

Chapter 24

KAZUHIKO ENDOH

WINS LEADER: 1983, 1984
STRIKEOUT LEADER: 1983, 1984, 1986
EIJI SAWAMURA AWARD: 1983
BEST NINE AWARD: 1983
MOST VALUABLE PITCHER AWARD: 1983

巨人に勝つことよりも、江川に勝つことの方がはるかに大切でした。

Chapter 24

遠藤一彦

昭和の時代は全国民が巨人ファンであるかのように、毎夜、巨人戦のナイター中継が日本各地で放送されていた。八〇年代、とあるナイター中継を思い出してみよう。その日、巨人の相手は万年Bクラスの横浜大洋ホエールズ。巨人の先発は江川卓、そして大洋の先発は遠藤一彦だ。アナウンサーが放つ言葉は決まってこんなフレーズだった。

「今夜も巨人が有利。ただし大洋は遠藤が先発すると一流のチームに変貌します。巨人としては最後まで気が抜けません」

中継ではいつも決まって、大洋が弱小のレッテルを貼られていた反面、遠藤投手だけはその力量がトップレベルであることを誰もが認めていた。当時の大洋を振り返ってみると、ファーストにはレオン・リー、セカンドには高木豊、ショートは山下大輔にサードは田代富雄という布陣。外野を見ても屋鋪要、高木由一、長崎啓二(現・慶一)ら、他チームと比較しても遜色ない一流選手がズラリと揃っていた。だが投手陣が非力すぎた。それゆえ余計にエースである遠藤の存在感は際立っていた。

ホエールズに入団できてよかった

十五年間、ホエールズに在籍しながら優勝経験はなし。それでもエースは少しも腐ることなく先発完投を使命とし、六年連続二桁勝利、二年連続最多勝、最多奪三振三回など、神々しい結果を残し続けた。今でもファンの脳裏に焼きついている流れるような美しいフォームとさわやかな笑顔。現在、六十六歳（二〇二〇年当時）の遠藤は184センチのスラリとした長身に上品なスーツをまとい、目の前に現れた。

「シーズンが終わるといつもBクラス。だけどそういうことは考えず、自分がやらなきゃいけないことをとにかくやるということですね。投げる試合、すべてで成績を残すこと。巨人戦だろうが他のチームだろうが関係ありません。1対0だろうが、5対4だろうが、とにかく勝利する。まあ、巨人戦は全国で中継されるので励みにはなりました」

そのメンタリティには恐れ入る。自分がどれだけ好投し、勝ち続けてもチームは一時的なAクラスへの浮上にも苦労した。それでも淡々と成績を残し、エースとしての風格を漂わせ続けた遠藤。15シーズンで134勝という数字や、大洋というチームに在籍し続けたことに関してはこう言い放った。

「他のチームで投げていればもっと勝てたはずだとかね。そう言う方がいますけど、私は大洋の投手でなければあのような結果は出せなかった。大洋でなければ先発としてあれほど投げられてなかったとも思います。ですから大洋に入団できてよかったなと。私にとって一番のチームだったと今でも思いますし、チームへの愛情はとてもありましたよ。縁あってドラフトで指名されたわけですし」

真摯な姿勢というのはこのような振る舞いを指す言葉なのだろう。謙虚で知的でダンディ。その理想的な歳の重ね方に惚れ惚れしてしまう。

エースを支えるのは丁寧なキャッチボール

あらためて遠藤という投手がどんな特徴をもっていたかについて振り返る。速球は時速130キロ台後半から140キロ台半ばが中心。三種類のフォークを決め球としていたがその他はカーブを使う程度で変化球投手というほどでもない。それでいて奪三振の数が多く、先発すれば最後まで投げきってしまうケースが多かった。なぜ、投手としてあれほどの成績を残せたのか、こうした特徴を見ていくと実に不思議である。本人は自身のストロングポイントをどう分析していたのか。

「コントロール、それだと思います。スピードがなくても投げ分けをきちんとできれば勝てる。今の野球を見ていて、160キロ近い真っ直ぐを放れる投手が何人もいるでしょう。それだけの速球をもっていても勝ち続ける投手はそう多くありません。やっぱりコントロール。140キロ前後の速球しかなくても投げ分けさえできれば、昔より随分レベルの上がった今の野球でも十分、勝てると思います」

では、そのようなコントロールをどう磨いていったのか、聞いてみた。

「大切なのはキャッチボールですよね。よく肩を作るためにキャッチボールをすると言うでしょう。あれが私には分からない。肩が壊れてないのに何を作るのかと。肩の可動域をやわらかくする必要はあ

りますが、キャッチボールはそのためにあるわけじゃない。肩を作るなんていうイメージをもっているからキャッチボールが適当になるんです。キャッチボールはきちっと相手の胸めがけて投げるもの。一球、一球、同じ場所へ正確に、ていねいに投げるものです。私は子供の頃、壁に向かってひたすらボールを投げました。壁に四角い的のような場所があってそこにボールを投げる。それがコントロールを身につける一番の練習でしたね。キャッチボールをきちんと続ければコントロールは身につくんです」

ここまで、すべての質問に対して誠実に答えてくれた遠藤だったが、実はほとんど笑みも見られなかったし、ほんの少しの動揺も、高揚も感じられなかった。まさに冷静沈着なエースといった面持ち。ところがそんな雰囲気が一つの話題で一変する。過去の対戦を振り返るなか、江川卓の名が挙がった時だった。

会話が江川の話題に及ぶと、表情は途端にやわらいだ。はにかんだような、想い出深いような、なんとも言えぬ態度。現役時代、遠藤が江川をライバル視していたというのは有名な話だ。

「江川はものすごい投手ですよ。私にとってはやっぱり江川。真っ直ぐは速くてカーブは綺麗。他のボールを投げなくてもあれだけの数字を残すわけです。やっぱりボールの回転でしょうね。普通、マウンドからキャッチャーに到達するまでに回転するのは八回から九回程度。でも、江川は十回転以上してたんじゃないですか?だからボールがホップして、打者は空振りしてしまう。これまで、江川以上の速いボールを投げる投手は何人も見てきましたが、やっぱりボールの質で言えば江川を超える投手は私の中にはいない。私と比べられる存在じゃないとは感じていましたが、勝手にライバル意識をもっていました。最初に、巨人戦には特別な意識はなかったと言いましたが、江川と投げ合う時はいつもと気持ちが全然違いました。巨人より、江川に勝ちたいという感覚です」

プロ入りしたのは一年違い。二人の全盛期はドンピシャでかぶる。八〇年、八一年は江川が最多勝。そして八三年、八四年は遠藤が最多勝だ。

「楽天のマー君（田中将大）が高めのボールを意識して投げているでしょう。そんなのは江川がやっていましたから（笑）。ちょうど打者が振りたいなというコースを意識して空振りをとる。江川がそこに投げるとプロの打者がファールさえできない。私とはレベルが違いました」

嬉々とした表情で江川について語り続ける遠藤。心中にあるのは、憧れでも謙遜の心情でもない。見て取れるのは同じ職を業とする者としての、深く濃い尊敬の念。遠藤をして「偉大」と言わしめる江川の力量があらためて浮かび上がる。

巨人の優勝を阻止し、江川の20勝も阻止する

そんな遠藤に生涯、記憶に残る一球はと問うと、やはり江川の名が挙がった。八二年十月九日、横浜スタジアム。巨人は最終戦の大洋に勝てば優勝に手が届き、負ければ中日に優勝の権利を渡すことになる緊迫の一戦。大洋の先発は遠藤、巨人の先発は江川だった。

「巨人は優勝がかかってますし、しかも江川ですからね。でも私にとっては優勝を阻止するということより、江川と投げ合っているということが重要でした。結果として投げ勝つことができた。その最後の一球は現役時代のなかで最も記憶に残ってますね。巨人が優勝を逃しただけじゃない。江川は自身の

20勝もかかっていたんですが、それを阻止できたんです」

そう話しながら爽やかな笑顔を見せる遠藤。この時の勝利の意味についてこう続けた。

「自分にとっては確かな自信につながりましたよね。何かが確実に変わった。確信でした。これでやれるっていう」

このシーズンの九月には同じく江川と投げ合った巨人戦で共に完投しながら3対2で遠藤が投げ勝つという結果も残していた。江川に勝ったという感触を胸に翌シーズンへ挑んだ遠藤は、結果、18勝で初の最多勝を獲得。16勝に終わった江川を抑えてのタイトル獲得だった。ライバルに勝ったという記憶と手応えはそれほどの重みがあったのだろう。江川との投げ合いは遠藤という投手のモチベーションそのものだったのかもしれない。

江川にまつわるさまざまな思いはこの後もとめどなく遠藤の口から聞かれた。自身、六年連続二桁勝利を確実とした八七年十月。14勝をマークした段階でアキレス腱断裂、戦線離脱を余儀なくされた遠藤。一方で13勝をマークし、日本シリーズに進んだ江川。ところがシリーズ後の十一月十二日、江川は突如、引退会見を開く。他チームのライバルたちも、もちろんファンもマスコミも、寝耳に水のような引退発表だった。

「私はケガだったので病院のベッドで江川引退を知ったんです。なんで?っていう。自分はケガしているから病院にいるっていうのに、江川はケガしてないじゃないって。それなのになぜ辞めちゃうのかという感覚ですよね。これはショックでした」

まさに突然、唯一無二のライバルを失うこととなった遠藤。数字的にも存在としても、常に意識せざるを得ない巨人のエースが去っていくという寂しさ。これが影響したかどうかは定かでないと本人は言うが、翌年の遠藤はケガの再発などもあって5勝止まり。この時から五年後の遠藤引退まで、シーズン二桁勝利を残すことはなかった。

九〇年以降は抑えとしてらしさを見せた遠藤だったが、図らずも、完璧な先発完投型エースとしての遠藤は江川引退と時を同じく、終焉を迎えたのだ。

言葉では表せない江川への思い

「初めて開幕投手をやらせてもらった時からあの快感が忘れられなくて。こんな体験を他の誰にも味わわせたくないと思うほど、開幕投手が得られる高揚感は特別なんです」

エースの証である開幕投手について、その執着心をこう語った遠藤。各球団のエースが登場する開幕で先発するということには特段のこだわりをもっていたという。そんな開幕試合で先発を務めたのは八五年、巨人の開幕投手は西本聖《たかし》だった。

「この前年は巨人の開幕投手が江川だったのに、私が投げた八五年の開幕では先発が西本だった。結局、開幕で江川と投げ合ったことがないんですよ。やっぱりですね、江川と一度は開幕でぶつかりたかった」

あきれるほどに江川への思いがあふれ出る。その思いの深さをあらためて言語化してもらおうと、最後に質問してみた。なぜ、江川の話をする時はそこまで目が輝くのか？

「とても難しいですね。うーん。ファンということでもないし、憧れというわけでもない。そうですね。

ふさわしい言葉は見当たりませんが、いくら言葉で表現しても、おそらくこの気持ちは誰にも伝わらないでしょう（笑）。彼とは、ほとんどまともに会話を交わしたことがないんですけどね」

遠藤対江川という目線で過去をひもとけば、遠藤5勝、江川4勝でその他は勝敗のつかない試合。つまり数字では遠藤が優位だったとも言えるのだが。

「だからといって投手としての力は江川の方が遥か上。どうやっても追いつけない存在です」

えんどうかずひこ
1955年福島県生まれ。学法石川高校から東海大学へ進学。首都大学野球リーグでは5回の優勝を経験。1977年のドラフト会議で横浜大洋から3位指名を受け、入団。1979年は24試合に先発しつつ救援投手としても起用され、12勝12敗8セーブをマーク。1980年は主に救援で54試合に登板したが、1981年からは先発ローテーションの軸としてチームを支えるようになった。1983年、1984年と2年連続で最多勝利のタイトルを獲得。1983年からは3年連続でリーグ最多の完投数、2年連続での奪三振王となるなど、セ・リーグを代表するエースに。1990年にはクローザーへ転向し45試合登板、21セーブをマーク。1992年に引退するまで15年間、ホエールズ一筋で通算134勝の成績を残す。最多勝利2回、最多奪三振3回、沢村栄治賞1回、最優秀投手1回、カムバック賞1回など受賞も多数。引退後も横浜で2軍投手コーチ、1軍投手コーチを歴任した。

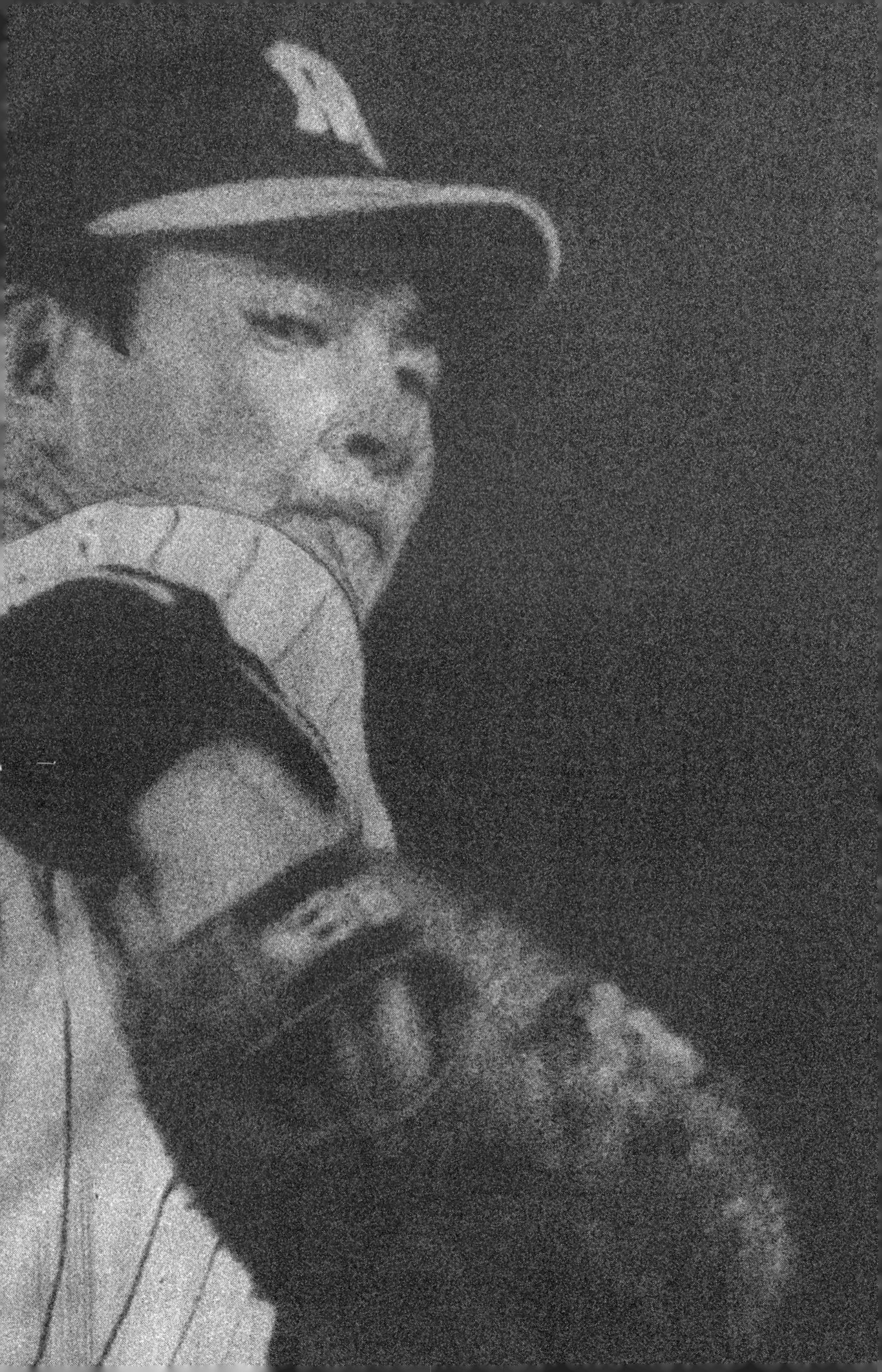

Chapter 25

KAZUYUKI YAMAMOTO

SAVES LEADER, CENTRAL LEAGUE: 1977
RELIEF PITCHER OF THE YEAR: 1982, 1984
116 CAREER WINS & 130 CAREER SAVES
700 GAMES PLAYED AS A PITCHER

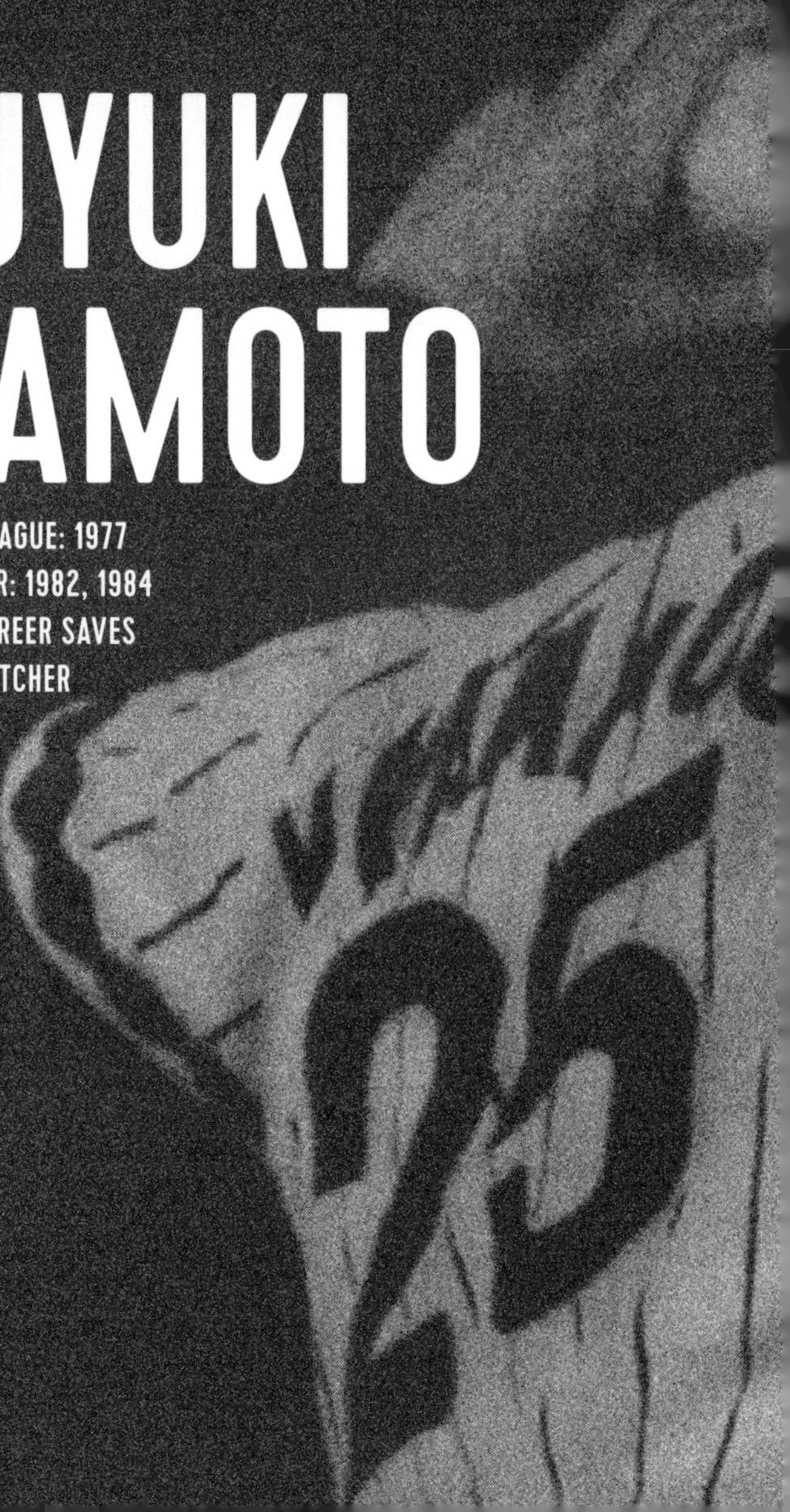

給料下がってもいいから リリーフはいややと言ったこともあった。

Chapter 25

山本和行

伝統の阪神対巨人戦。言わずもがなだが、この対決ではこれまで数え切れないほどの名勝負が生まれ、抜群の個性を持った輝けるスターたちが最高の技術と魂をぶつけ合ってきた。そしてこの伝統の一戦を振り返ると、決まって思い起こされる重要人物の一人が、山本和行である。歴史をひもとけば、阪神対巨人の通算登板数が最も多いのはやはり山本で、その数、実に161試合にのぼるのだ。

初登板、初勝利、初セーブ、1000奪三振も、100セーブも、100勝も、すべて巨人戦でのもの。一九七九年、江川卓の初登板となった試合では阪神の先発として完投勝利を収めた。山本と巨人の印象的な対決は、まだまだある。一九七六年六月には巨人戦の最終回、末次利光に逆転満塁サヨナラホームランを浴び、同年十月には王貞治にベーブ・ルースの記録を抜く通算715号本塁打を浴び、一九八三年五月には後楽園で原辰徳に逆転サヨナラ2ランを浴びた。どんなシーズン、どんな順位でも、両チームが重要視する伝統の一戦。これだけ劇的な場面で何度もマウンドに立っていたという事実は、長きにわたり、山本が阪神にとって最も頼れる投手の一人であったという証明ともなる。思えば本人は、ドラフト前、「巨人以外のセ・リーグ球団で」と入団希望を明確にしていた。まずは宿敵とも言える巨人の主軸、王や末次、原らに打たれたシーンを今、あらためてどのように感じているか、聞いてみる。すると、やや憮然とした表情でこんな答えが返ってきた。

「打たれたシーンっていうのは皆、記憶してるんだけど、抑えた記憶っていうのは皆、忘れてる。ピッチャーが抑えるっていうのは普通のことになってしまっていて、そちらの方が回数は多いはず。大事な場面で王さんや原から三振とったシーンなんて、皆、覚えていないですから」

隠しきれない、巨人への対抗心

マウンド上では感情を表に出さず、とびきりクールな印象だった切れ味鋭いサウスポー。いかにも、らしいコメントである。では、巨人に対する闘争心、対抗意識についてはどう自覚していたのだろう。

「特別、巨人だけっていうことはないけど。打たれた後、今度は抑えてやるぞ、この野郎っていう気持ちは、他チームより巨人に対して強かったね。それと、セ・リーグはやっぱり巨人ばかり勝ってるなという印象がどうしてもあって、腹立つなあと思って(笑)。江川初登板の時だって案の定、完投勝利しても報道は江川ばかりやった。けど、プロは甘くないよ、俺みたいのもいるよってことを見せられたかな」

冷静な言葉ではありながら、垣間見えたのは巨人に勝つことへの執着心。そんな山本にとって特段、抑えなければならない相手はどの打者だったかと考えてみれば、それは王貞治ではなかったかと勝手に想像する。再度、記録を見てみると、阪神対巨人の歴史上、この対戦に最も出場したのは王でその数、572試合。同カードで最も本塁打を打ったのも王で、152本塁打である。つまり、阪神の山本が投げ、巨人の王が打つというシーンはこの伝統のカードを最も象徴する名場面だったと言えるのだ。

「うーん、王さんには何球も投げてきたけどね。ピッチャーっていうのは良いバッターと対戦しないと成長しないしね。それに、王さんと真剣勝負できたピッチャーっていうのもそんなにいないわけじゃない？　そう考えるとやっぱり、王さんとの勝負はね」

そこで17年間のキャリアにおいて、最も記憶に残る一球は王に打たれたベーブ・ルース超えの715号であるかと単刀直入に聞いてみた。

「こう投げてこう打たれたなあとはっきり思い出しますよ。昨日のことは忘れるくせに、四十年以上も前のことをそうやってしっかり覚えていますよね、忘れりゃいいのに(笑)。それに、この一球ってファンの記憶にも残ってるじゃない。だからやっぱり王さんに投げたあの一球かな」

一九七六年十月十一日、巨人6点リードで迎えた八回裏、二死二塁。フルカウントから投じたカーブが王の通算715号につながった。

「それまでみんな、逃げてた。フォアボール、フォアボールって。僕の場合は点差があってまあ逃げるわけにもいかんし、勝負しようと思ってましたから。勝負しにいってフォアボールなら仕方ないけどね。あの時はカーブ、それまで一度も王さんに投げたことのない一球。腕をいつもより下げて横から投げたらカーンって。失投じゃないですよ。迷って投げた球ではないんで納得といえば納得。思い通りのコースにいっても打たれることはある。セレモニーを見た時はね、ああ、打たれた！くそっ！と思った

けど現役終わってこうして考えるとね。ああ、よかったなと思う。だってあの時の映像が流れると俺も必ず出てくるなあって(笑)。打たれたけれども勝負できてよかった」

それにしても王貞治という打者は一体、どのような存在だったのか。しばらく思案した後、山本は偉大なる一本足打法との数々の対戦についてこう振り返る。

「僕、王さんが打席に立っても、怖いという感情はなかった。だけど、雰囲気はあります。甘い球が来たら打つよ、ってね。インコース甘いところへいっちゃいかんと思うと不思議にそこへいっちゃう。はははは。そしてボールは絶対、振らない。完璧なコントロールじゃないと抑えられない打者ですね」

偉大なる打者、王貞治からのヒント

プロ入りから引退まで実に700試合を投げ、116勝130セーブという獅子奮迅《ししふんじん》の活躍を見せた。そのキャリアが光り輝いたのも王の存在が少なからず影響したと本人は口にする。大きなキッカケは一九七六年、山本が初めてオールスターゲームに出場した際のことだった。セ・リーグの控室でたまたま王が使う隣のロッカーを使用することになった時、ちょっとした会話が交わされた。

「王さんが他の選手といろいろ話しているわけです。それで僕もその輪に入って聞いていた。すると王さんが、自分にも打てないコースがあるという。それは内角だろうが外角だろうがきっちり膝下にくるボールだと。ストライクゾーンの四隅の低めいっぱい、左右のコーナーにしっかりきたボールは打てないよって。僕はそうか、と思った。じゃあ自信を持ってそのコースへ投げてみようかと。実際に、試合で王さんが打席に立った時、そのコースへ投げてしっかり決まるとやっぱり打たれなかった。それからですよね。王さんが打てないんだから他のバッターも打てるわけないという感覚で、そのコースへ自信を持って投げられるようになったんです」

十代の頃から投手はコントロールがすべてであると理解し、きっちりと狙ったところへ投げ分けるという術を磨き続けてきた山本。王の言葉でその思想はより強固なものとなり、ゾーンの四隅への投げ分けによって投手としてのクオリティもどんどん高まっていった。そしてなぜ、三十九歳を迎えるまで向上を止めず、阪神のマウンドを守り続けられたのかと問うと、自信の現れだろうか、淡々と言葉が流れ出てきた。

「バッターにはその日、打てる球と打てない球があるんですよ。調子とか試合の状況、あるいは選手としてどうやって育ってきて、どんな考えで野球をやっとるかということさえ関係することもある。そうやって考えながら投げていくと、そこでどんな球を待っているかが段々と分かるようになる。それをかわしていくだけです。ボクシングで言えば、パンチが飛んできても大げさに避けない。ふっと数センチだけ顔を避ければ相手のパンチは上手く当たらない、そんな感じ。もう一つは、本来、バッターとピッチャーはどちらが有利なのかを忘れないようにするということ。どんなに打つバッターでも打率が4割いくことはない。つまりおおよそ10回に7回はピッチャーが勝つ。それなのに、ピンチの場面でマウンドに立つと打たれるんじゃないかとバッターを怖がるでしょ。それがマイナスに出る」

一球一球に、バッターとピッチャーそれぞれが持つ背景が影響し合う、と話す山本。紡がれるフレーズはすべてが論理的で、整理された思考こそこの投手の武器であったということが容易に見て取れる。

聞けば、あの美しく流れるような投球フォームも合理性を積み重ねた結果だ。曰く、最大限の力を無理なく球に込めるには、下半身から上体、腕へと正確な順序で各部位がロスなく動くようにし、一連の動作を流れるように行うこと。どうしても負担がかかる肘、肩が壊れないようにするため、腹筋と背筋の強さ、そして手首を柔らかくすることを求めた。誰のアドバイスでもない、独自に構築したトレーニングの方向性とフォームである。チームの監督、コーチ、先輩などからプレーのヒントをもらったことはないのかと聞くと、こんな答えが返ってくる。

「ないですね。何かやれ、こうしろと言われた時は必ず聞くんですよ。本当にそれ、やったら勝てますかって。そう聞いてきちんと根拠を教えてくれたのは藤江（清志）さんというコーチ一人だけ。だから僕は自分で納得できることを積み重ねてきただけなんです。一時期ね、僕の剛毛を見て髪を切れとか、ストッキングはこうせいと言われてもいたんですけど、その時もね、髪切ったら勝てる？って聞きました（笑）」

決め球のフォークボールにしてもそうだった。師匠がいたわけでもない。自分で開発したボールだったと自信を持って語る。

「普通にボールを指で挟むと、ランナーがおる時に牽制できないでしょう。どうしたらええかなと考えて、人差し指、中指のそれぞれ第一関節あたり、指先同士で挟むようにしたんです。普通は二つの指の股にグッと挟みますけど、股で挟むより指先同士の間の方が誰だって広い。ボールを挟む距離が広いってことはフォークにおいて有利ですから。それに加えて、グラブの中で握るんじゃなく、投球動作に入って左手が下に降りた時にキュッとフォークの握りへ変えるようにした。そうすれば二塁ランナーからグラブの中のフォークの握りを見破られることがないですからね」

リリーフに見出したやりがい

キャリアを通じて先発、抑えと、目まぐるしく任務が切り替わったのもこの投手の特異な部分である。デビュー間もない頃は先発として、一九七五年からはリリーフとして、そしてその三年後には再び先発として。さらに三年後はまたまたリリーフとして。これほど起用法が変わりながらも好成績を残し続けられた事実に対し、本人はどう感じているのか。

「いやいや、先発の方が身体が楽なんでいいじゃないですか。だから何度も断りましたよ、いややって、あかんって。給料下がってもいいからリリーフはいややと言ったこともあった。八二年の時なんて、なんで26セーブあげて15勝もせなあかんねんって(笑)。リリーフはそれだけしんどい。だけどね、先発投手って自分が勝ってる途中で交代しても、リリーフが打たれて負けがつくことあるじゃない。先発は交代させられたらそうやってベンチで見守っているわけ。そういうの分かってたから、リリーフで出ていった時はよっしゃ抑えたると。先発のために絶対勝ったるという張り合いはありましたよね。まあ、そのやりがい。どっちにしても数字残したろと、最終的には切り替わっていったかな」

最後に、キャリアを振り返って悔いはないかと問うと、メジャーリーグへの憧憬《どうけい》を語った山本。そう、一九八四年オフ、メジャーのLAドジャースはこの投手の合流を真剣に待っていたのだ。

「はじめてメジャーを見た時、自分はここでもやれるなと感じた。それでドジャースのコーチに投球を見てもらう機会があって、ほぼ入団は決まっていたんです。日本とは異なる競争の激しい野球を体験してみたかったたし。ロサンゼルスでのアパートも決まってたんですよ。だけど当時は日本から出るという制度がなかった。クビにしてくれと球団に直訴したんだけどそれもダメでね。いや、今でも悔しいよねえ。行っていたらどうなっていたかと思うと。だけど、まあ八五年には初めて優勝、日本一にもなれたし、いいかぁと」

周りに流されず、信じるものだけを追い求めてきたそのキャリア。当時、日本の球界では確かに規格外、孤高の趣もあったアクの強い、個性的な投手。確かに、米国で活躍できそうな風格もあった。本人ならずとも、メジャーでの快投を見てみたかったと感じるのは、筆者だけではないだろう。

やまもとかずゆき

1949年広島県生まれ。広島商業高校時代にはエースとして甲子園出場を経験。その後、亜細亜大学を経て1971年のドラフト1位で阪神に入団。既にフォークボールを武器とし、ルーキーイヤーから先発投手として起用され、3勝を記録。1975年には先発として8試合に登板するも主にリリーフとして活躍し、4勝を記録。翌年には18セーブの成績を残し、阪神には欠かせないリリーフ投手として機能した。その後、再び先発投手として起用されるようになり、1980年には15勝を記録。1982年には15勝26セーブという獅子奮迅の活躍を見せた。1985年は中西清起《きよおき》と左右のストッパーとして5勝11セーブを記録し、阪神のセ・リーグ優勝に大きく貢献。同シーズンには100勝100セーブ(2022年11月現在、山本含め、日本では6人が記録)も記録。怪我のため日本シリーズには出場できなかったが翌年も15セーブの活躍を見せた。17年間、阪神一筋。通算登板試合は700で歴代17位(2022年11月現在)。

Chapter 26

KEN HIRANO

MOST STOLEN BASES: 1986
BEST NINE AWARD: 1988
GOLDEN GLOVE AWARDS: 1982, 1985, 1986, 1988-1993
451 CAREER SACRIFICE BUNTS

ランナーが二塁にいる時は俺のところにボールが飛んでこいっていつも思ってた。ホームで絶対殺してやるからって。

Chapter 26

平野 謙

人それぞれに特徴があり、長所、短所も人それぞれだ。そして面白いことに、長所は時に短所となり、短所は時に長所ともなることがある。このような変質は会社勤めのビジネスマンならなんとなく腑に落ちるはずだ。変質のカギを握るキーマンは上司であることが多く、異動で上司が代われば自分の評価が驚くほどに上がったり、下がったりすることもある。評価の変質が生じやすいのはジェネラリストよりもスペシャリスト。スペシャリストは特殊能力を有する一方で、苦手分野を持ち合わせるもの。このマイナスポイントに目をつぶれるかどうかは、チームや上司の考え方に左右されるのだ。

一九七八年にプロ入りした平野謙は現役時代、そんな評価の変質に翻弄された選手だった。平野は球界随一の強肩と俊敏性を長所としていたが、反面、中長距離の打球を飛ばす能力にはあまり恵まれていなかったからだ。それゆえ時には監督から評価されず、時には重宝され、そしてまた評価を落とすといったサイクルを繰り返した。それでも四十一歳までプロの舞台でプレーを続けたのが、平野という選手だった。

「よく言えば個性があるんだよね、自分には。だから個性を使い切ってくれる監督だったら大丈夫なんだけど、そうじゃない監督もいた。レギュラー獲ったはいいけど、まあ遊びすぎて成績下がっちゃった時もあったし、鼻高々でおバカになった時もありましたし（笑）。慶彦（高橋慶彦）が大きいの打ってるからって、自分もマネしてバッティングフォーム変えた途端にインサイドのボール避けられなくて骨折しちゃったりね（笑）。まあいろいろありましたよ」

ニコニコと笑いながらこう話す平野。約二時間の間、キャリアの転機となった事件やキッカケについて、陽気に振り返ってくれた。

ドラフト外で入団した期待薄の新人投手

高校、大学では投手として活躍。だが、プロ球界がこぞって注目する選手というわけではなかった。そこで大卒後は誘いを受けていた社会人野球のチームに行くと決心。ところがちょっとした偶然で運命が変わっていく。

「その年のドラフトで中日が六選手を指名したんだけど、二人が入団拒否した。それで急遽、地元の名古屋から選手を発掘しますっていう方針を新聞で発表したんですよ。それを見た高校の恩師がドラゴンズに連絡して俺を推薦した。自分としてはプロなんて全然、考えてなかったんだけどね」

こうして、さしたる野望もなく中日に入団した平野。まずは投手としてのキャリアが始まっていく。

一年目は二軍でなんとか2勝を挙げたが、二年目には肘の不調が表面化した。

「トレーナーが平野の肘はもうダメだとコーチに告げて、それが転機になりましたね。俺が大学の時、たまにセンターとかファーストやってたのを知ってたコーチが練習の時、ちょっと人がいないから外野守れと。ドラフト外だし、もともと期待されてた選手じゃなかったからね。それから、外野手としてやっていくことになった」

元来、スピードに長け、肩も強かったため外野守備には馴染んでいったが、バッティングには問題があった。そこでプロ入り三年目の秋、少しでも優位に立つべく決めたのがスイッチヒッターへの転向。俊足を活かせるよう左でも打てる選手を目指したのだ。

「左で振ってみて、コーチにどう?って聞いたら『いけるんじゃないか』って。じゃ、やりまーすって感じ(笑)。軽いでしょ(笑)。それで参考にしたのが田尾(安志)さん。足を一回、ポンと前に出してからまた引いて打つっていう田尾さんのフォームがカッコいいなと思って。カッコいいのはやっぱりいいでしょう(笑)。だから最初は田尾さんのタイミングのとり方を勉強して左での打ち方を練習した。ちなみに右打席はね、衣笠(祥雄)さんのフォームが好きでちょっと参考にしてました。だから俺のフォームは右と左で全然違う(笑)」

だが、スイッチですぐに結果を出すには至らず。プロ入り後の三年間、二軍暮らしの平野を中利夫《なかとしお》監督は戦力外のリストに入れてしまった。

「だけど中さんが解任になって、近藤(貞雄)さんが突然、監督としてやってくるんですよね。近藤さんは一芸に秀でていればプロで使えるっていう考えの監督。その近藤さんが見てる練習で俺がライトを

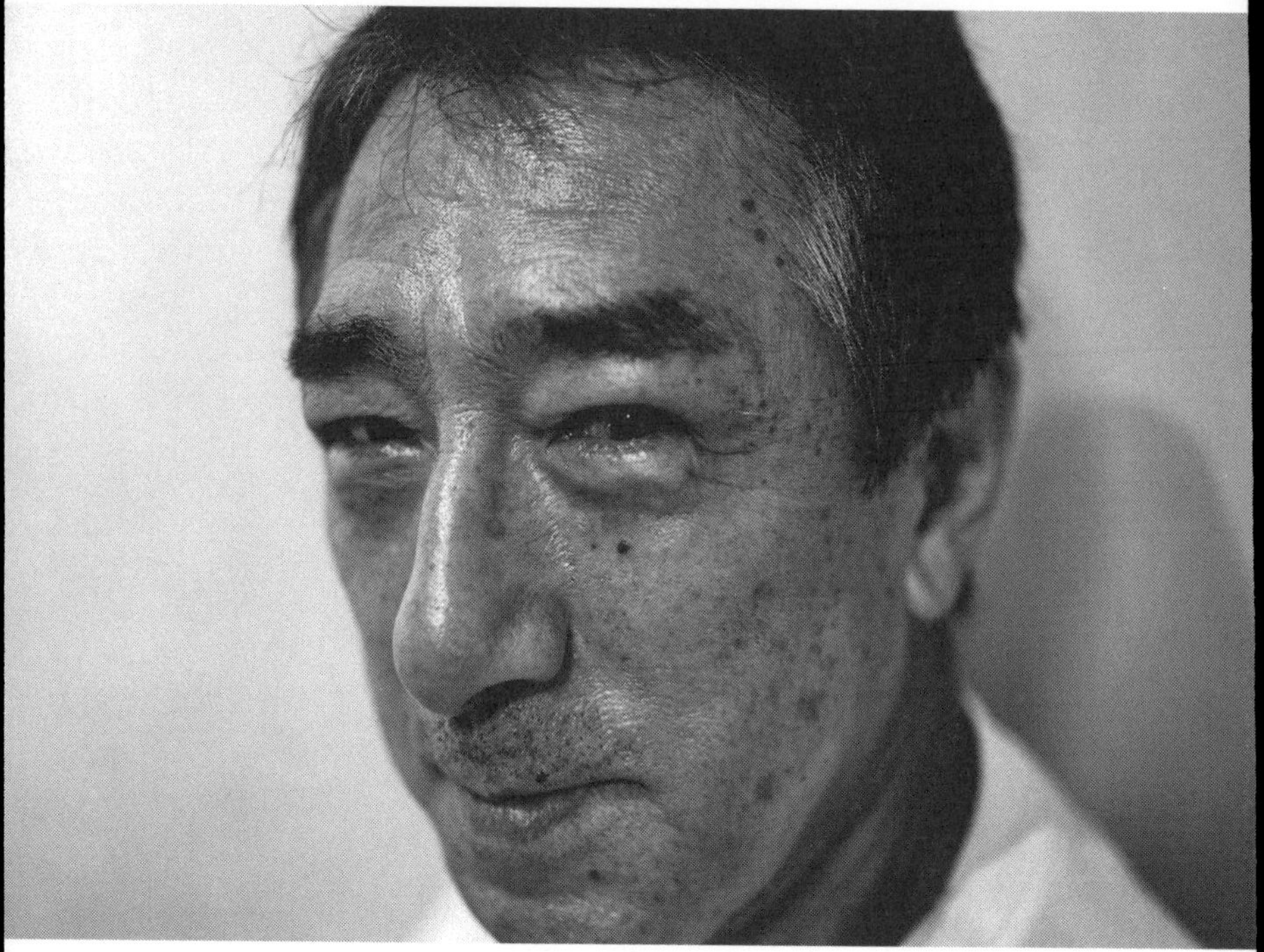

守った時があった。ノッカーが打って外野から内野へ返球するんだけど、主に走塁の練習で。それで俺がライトからものすごいボールをボンボン投げて、いっぱいアウト取っちゃったんです。そこですごい目立ち方したもんだからアピールできたんですよ。後で分かったんだけど、近藤さんはコーチからこう聞いてたらしい。『平野は足が速くて肩も滅法強い。だけどバッティングはからきしダメ』って（笑）。近藤さんが分業制の野球をやってなかったら、俺なんてとっくにクビになってたはずなんです」

強肩と俊足がいよいよチームの力に

翌年から守備固めの外野手として一軍でプレーするようになった平野。その強肩と俊足を買われ、八二年には開幕から二番打者としてレギュラーを確保する。このシーズン125試合に出場しただけでなく、セ・リーグ最多犠打、さらにはダイヤモンドグラブ賞まで獲得。精密な送りバントと広い守備範囲、強肩という武器はチームに欠かせないものとなっていく。

「ランナーがセカンドにいる時は、俺のところに飛んでこいっていつも思ってた。ホームで絶対殺してやるからって。その気持ちは引退するまでずっと変わらなかったね」

言葉通り、リーグ最多補殺（外野手の場合、主に内野へ返球することで走者をアウトにした時、補殺として記録される）を現役中、五度経験。目の覚めるようなレーザービームでギリギリのバックホームを何度も成功させた。犠打についてもプロ野球史上歴代二位の451をマーク。今でも理想的な二番打者として語られる選手である。

「コーチからはお前、打てないんだからバント練習しとけって。それでよく練習するようになった(笑)。一番が田尾さんであんまり足が速くなかったからね。俺がそこそこいいバントしないと送れないっていうのはいつもありました、本人には言えないけど(笑)。一塁側に転がす時、三塁側に転がす時、それぞれラインを切れないようにスピンをうまくかける。ちょっと押して内側にスピンさせたり、三塁には敢えて強めに当てたり。丸を描いてその中にピタっとボールが止まるようにバント練習したりね。そうやって遊びの感覚で楽しくやるわけですよ。バントの秘訣はってよく聞かれるんだけど、そういう練習を何千回、何万回やったかどうかだよね。試合では投手、一塁手、三塁手がピュッと前に出てくるでしょ。そのプレッシャーをかいくぐって成功させるには、絶対、失敗するわけないと思えるくらい練習したかどうか、なんです」

監督交代で運命が暗転、そして西武へ

一九八二年には主力としてチームの優勝にも貢献。さらなる飛躍が期待された矢先、近藤監督が解任の憂き目にあう。次期監督の山内一弘は一様に打撃力を求めたため、外野のレギュラー争いは熾烈な状態に。それでもめげなかった平野は打撃力を向上させ、八五年には初の3割を記録。定位置の死守に成功する。ところが八六年オフに今度は星野仙一監督が就任。平野は練習方法などで監督との行き違いもあり、出場機会が減少。八七年半ばには事実上、レギュラーの座を失ってしまうのだ。

「トレードに出されるかもなっていうのはなんとなく気づいた。それで声をかけてくれたのが西武だっ

た。その頃、ちょうど二番打者がいなかったんだよね、西武は。森（祇晶《まさあき》）監督は各選手にはっきり役割を分担させる人だったしね。それで俺が構想にハマったんじゃないかな。西武に入ってすぐ監督からは130試合出てもらうつもりだからって言われたんだけど、石毛（宏典《ひろみち》）、辻（発彦）、秋山（幸二）、清原（和博）っていうメンバー見たらどこに入り込めるのっていう不安もあったね」

四番の清原でさえ、ランナーが二塁に出れば右打ちに徹するのが西武の野球。個々がどう繋がれば得点となり、勝利に結びつくのかという方法論をチーム全体で共有している事実に、平野は面食らった。同時に、やるべきことが明確な西武野球は合点のいくものでもあった。そして、センター秋山、ライト平野で構成された右中間は破るのが困難なエリアとして敵チームから警戒されるようにもなる。一九九〇年、巨人から西武に移籍してきた鹿取義隆投手は、鉄壁の右中間をこう評したそうだ。

「投げます、打たれます、やられたと思った時にはそこに必ず秋山か平野がいてくれる。その守備があるから投げることがとても楽になった」

平野は西武入団から五年連続でリーグ最多犠打も記録。常勝チームに攻守両面で貢献し、不可欠なピースとして完璧に機能した。

サインを見間違え、打った打球はスタンドへ

いくつかの偶然、いくつかの運と縁、そしてもちろん才能と努力によって、中日や西武で栄華を極めた平野。一軍で活躍した16シーズンの中で最も記憶に残るのは、果たしてどのような一球なのだろう。

「やっぱりあれ。一九八二年のシーズン終盤、中日は巨人と首位争いしてたのね。絶対落とせないっていう状況で阪神戦があった。ノーアウト一塁で俺に打席がまわってきて、一点ほしい場面だからバントだと思うじゃない。だけどベンチ見たらエンドランのサインが出てる。おかしいなと思いつつもサインだから打つでしょ。多分、シンカーかシュートだった。パンって打ったらそのままホームランで」

こう聞くと、優勝に向けて前進する意義深いホームランといった印象だが、実はそう単純な話でもなかった。平野はサインを勘違いしていたのだ。

「結果として2ランホームランだからまあ一周するでしょ。で、一塁回ったところでコーチから『バントやぞ』って言われてね（笑）。え〜って、そこで気づいた。打つ直前、一塁ランナーの田尾さんがスタート切ってないのもおかしい！と思ってたんだけど、そういうことかと（笑）。本当はやっぱりバントのサインが出てて、俺がエンドランだと勘違いしただけだった」

ホームランを打って優勝を引き寄せる活躍だと思いきや、コーチからの無情な一言。塁を回る平野の感情は瞬時に暗転した。

「もう一気に憂鬱な気分になって顔にも出てたよね。本当だったら大喜びするはずなのにその時の写真見ると、めちゃくちゃ暗い顔してるの（笑）。ベンチ戻ったら星野さんに『喜べよ！』って頭はたかれたんだけど、サイン間違えたっていうのが自分としてはそれほどショックで」

このシーンは本人の記憶に消せない記憶として留まり続ける。四十年ほど前の些細な勘違いについて、平野はあらためてこう自戒した。

「なんでエンドランに見えたかっていう問題です。自分の分析では来る日も来る日もバントばかりで、心の奥底ではバントがもう嫌だったんじゃないかって（笑）。まあ結果が良かったからいいけど、凡打に終わってればレギュラー剝奪なんてこともあったかもしれない。やっぱりサインはちゃんと見なきゃいけないっていうのもあるけど、チームの中で自分に今、何が求められているかは自覚しなきゃいけないよね。反省してます（笑）」

投手としての能力を否定されても、監督から戦力外の烙印を押されても、トレードに出されても、サインを間違えても。決してめげることなく、明るく前を見続けた現役時代。何があってもチームプレーに徹して粉骨砕身してきた平野に、我々は学ぶところが大きいだろう。終始、感じられたのは職人ならではの謙遜と誇り。優れたチーム、組織には、こんな好漢が必ずいるものだと、あらためて知る。

ひらのけん

1955年愛知県生まれ。犬山高校から名古屋商科大学へ進学。愛知大学野球リーグで投手、野手として活躍。1977年、ドラフト外で中日に入団する。当初は2軍で投手としてスタートを切ったがすぐに野手へ転向。さらにスイッチヒッターへの挑戦を成功させ、約3年の2軍生活を経て、1981年から開幕1軍入りを果たす。翌1982年からは2番、センターとしてフルシーズン活躍し、2割8分8厘の打率、51個の犠打(リーグ最多)で存在感を示す。1985年には打率3割を達成、1986年には盗塁48で盗塁王のタイトルを獲得。1987年オフには、つなぐプレーのできる2番打者を求めていた西武への移籍を決行。翌シーズンは打率3割3厘、リーグ最多の41犠打を記録するなどチームに大きく貢献した。1988年からは5年連続でパ・リーグ最多犠打を達成。1994年にはロッテへ移籍し3年間プレーした後、41歳で引退。

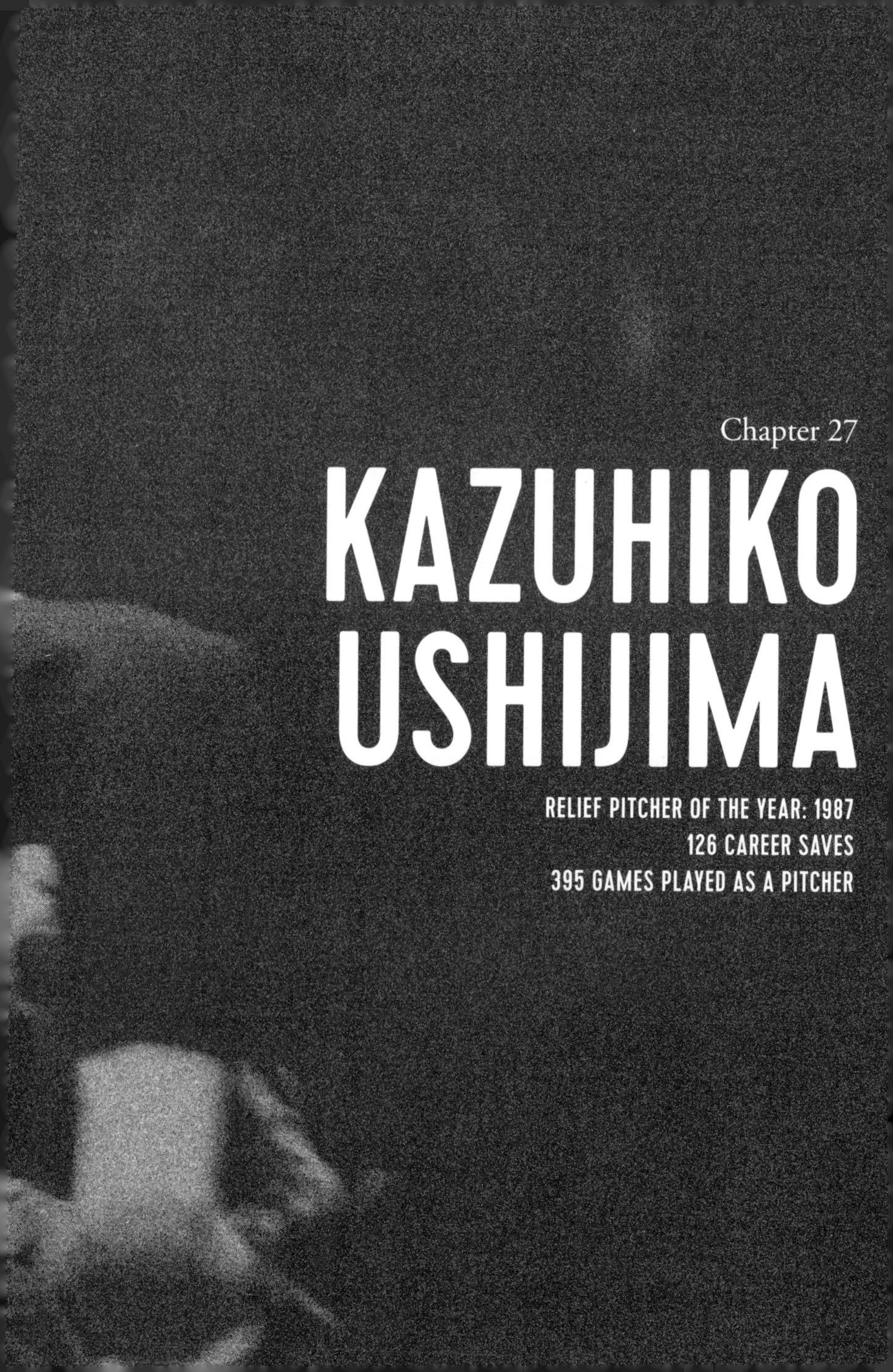

Chapter 27

KAZUHIKO USHIJIMA

RELIEF PITCHER OF THE YEAR: 1987

126 CAREER SAVES

395 GAMES PLAYED AS A PITCHER

27

ガッツポーズなんてしなかった。そっちの方がバッターは憎たらしいと思うやろ?

Chapter 27

牛島和彦

抑えのエースの始祖といえば、一九六〇年代半ば、ジャイアンツで活躍した通称「8時半の男」、宮田征典《ゆきのり》だろう。心臓疾患によって先発投手としての起用が難しくなった宮田を、川上哲治監督は救援投手に任命。僅差のリードでも確実な勝ちにつなげるという重責を、宮田は見事に果たした。この起用を端緒に、江夏豊や津田恒実、佐々木主浩《かづひろ》といった名守護神たちが続々と日本球界に登場するようになる。

とりわけ、多くの優れたストッパーを育ててきたのは中日ドラゴンズだ。8時半の男が球界を席巻した六〇年代、中日の近藤貞雄投手コーチもリリーフ投手の重要性に着目。スタミナに不安のあった板東英二をリリーフの切り札として起用し、結果を残したのだ。この時から現代まで、振り返ればドラゴンズはいつの時代も絶対的な守護神を擁していた。星野仙一、鈴木孝政、郭源治、与田剛、ギャラード、岩瀬仁紀《ひとき》ら、このチームを支えてきた名守護神たちはまさしく枚挙に暇がない。なかでもとびきりクールな存在として多くのファンを熱くさせた一人が、牛島和彦だろう。

憎たらしいくらいがちょうどいい

敵チームのファンにしてみれば、牛島ほど憎らしいストッパーなんてそうはいなかったはずだ。どんな場面で登場してもいたって涼しい顔。快投でピンチを切り抜けても決して派手には喜ばず、当然だと言わんばかりの趣でセーブポイントを重ねていく。そんなクールな活躍に、ドラゴンズファンは心酔し、一方、敵チームのファンは憎しみを倍増させた。現役引退後は監督としても、冷静な分析眼を土台に手腕を発揮した牛島。つまるところ、この男を偉大な投手、指導者たらしめた最大の武器は「動揺しないハート」だったと思える。なぜ、どんな局面でも冷静さを保てたのかについて本人に訊ねてみると、間髪を容《い》れず明快な答えが返ってきた。

「ドラゴンズのピッチングコーチだった権藤（博）さんの言葉は僕にとって大きかった。打たれても下を向くな、打たれてベンチに戻ってくる時でもスタンドの観客を見ていろと。そんな態度だったから生意気に見られたんですかね（笑）」

確かに牛島のマウンドでの振る舞いはある時から急激に変化していった。闘志を前面に押し出し、登板中に怒ったり、してやったりの表情を浮かべたりと、喜怒哀楽を直接的に表現していたデビュー当時。ところが好成績を残すようになると同時に、落ち着きを身にまとい、どこまでも冷静な態度で打者と対峙するようになっていく。牛島自身、この冷静さが投手として強力な武器になったことを否定しない。

「相手チームから見れば憎たらしいくらいの存在にならないと、この世界は生きていけない。権藤さんはそういう意味で、どんな時でも下を向くな、堂々としていろと言ったんです。だから僕は苦しい場面を抑えた時でも、ガッツポーズなんてしなかった。ガッツポーズせんかったら当たり前のように見えるじゃないですか。そっちの方がバッターは憎たらしいと思うやろ、と」

権藤コーチの言葉をすんなり吸収できた背景には、若い頃の苦い経験があった。思うようにいかない時、マウンドでイライラを隠さなかった牛島。でも、感情をあらわにした時は決まって、結果がついてこなかった。ストッパーの仕事を完遂する上で、感情の起伏は邪魔にしかならない。自分を制御することが良い結果に直結すると、キャリアの早い段階で理解していたのだ。

「プラスになると思えばそれを実行するし、マイナスになると思えばその行動を止める。シンプルですよね。あと、投球中、考えていたのは勇気を持って攻めるという部分かな。その局面や打者心理を考えたうえで、次の球は打ってこないと確信できる時がある。そう思った時には真ん中にまっ直ぐを投げる、という勇気。そういう気持ちが良い結果につながったとは思います」

進化のために、どこまでもどん欲に

極めてクールに振る舞っていたとは言え、投手として進化すると思えば周囲の眼もまったく気にしなかった。分からないことがあれば率直に質問もする。どんな相手からでも、吸収できることはどんどん自分の糧とし、技術や思考を洗練させていった。特に、先輩投手の星野仙一からは多くのことを学んだと牛島は懐かしそうに語る。

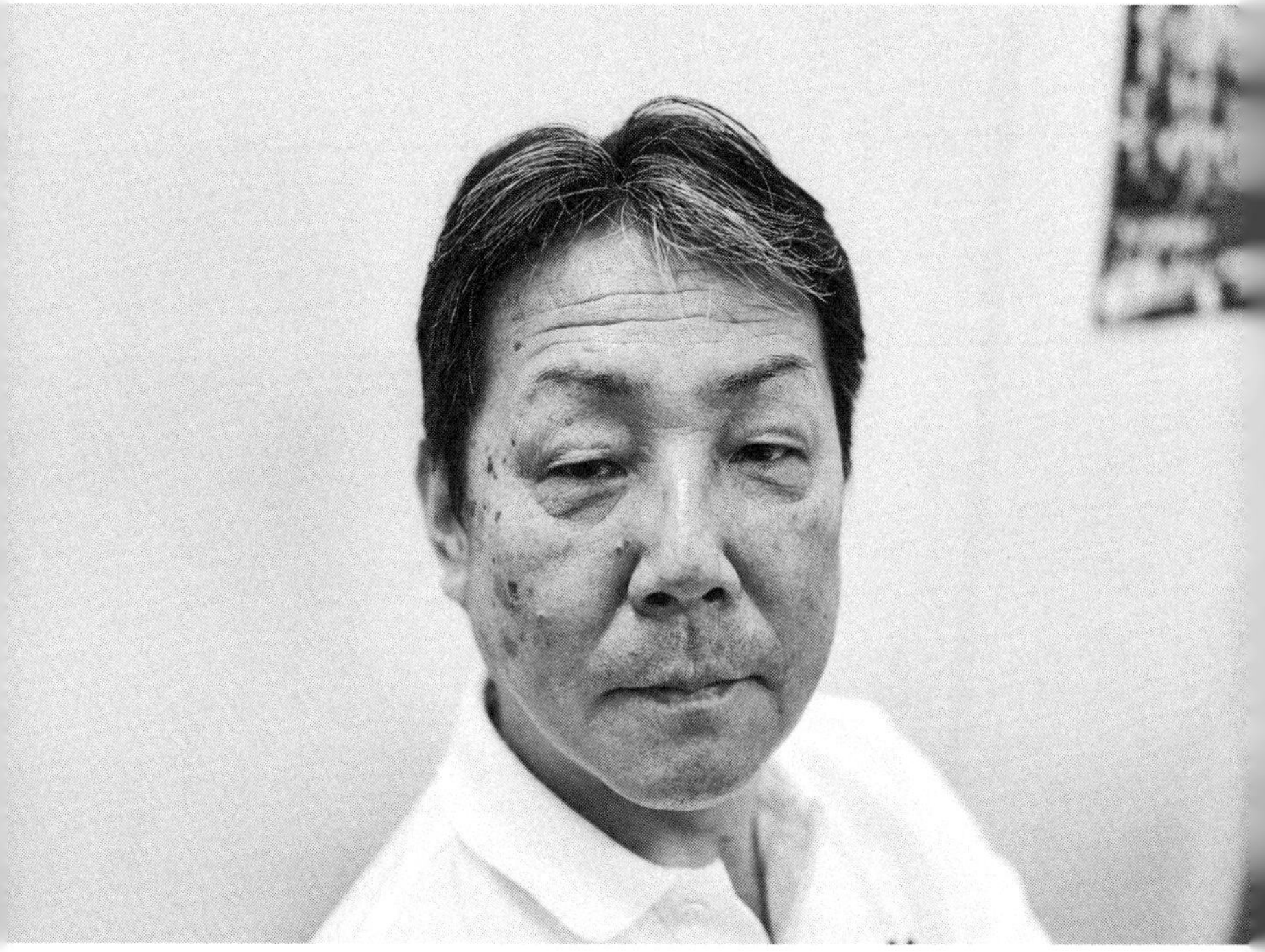

「ルーキーの時から可愛がってもらっていてね。先発投手のお世話をするのは若手と決まっていたので、入団したての頃から星野さんのアンダーシャツの準備、うがい用の水の用意まで、自分が投球練習してない時はベンチの中でもつきっきり。気に入らないことがあるとどこでも荒れ狂う人でしたけどね（笑）。だから星野さんがイライラしている時はほとんど誰も声なんかかけなかった。でも、ある時、ホームランを打たれた直後の星野さんがベンチに戻ってきて、どうしても聞きたいことがあったから機嫌が悪いのを承知で質問してみたんです。なんでホームラン打たれたんですかって（笑）。星野さんは丁寧に分析してくれましたよ。このカウントでスライダーが真ん中にいったら打たれて当然やと。そうやって遠慮せずに聞いていったことは、自分にとって役立ったと思いますよ」

時にはライバルに平気で質問もした。あるシーズン、オールスターゲームのセ・リーグ側ベンチでは巨人の安打製造機、篠塚利夫（現・和典）に、こう話しかけたという。

「どんなコースが苦手なんですか？」

キャリアのピークにあった当代切っての打撃の達人に、しかもライバルチームで頻繁に対戦する中心打者に対し、いかにもストレートで深い質問。おそらく今、眼の前にしている屈託のない微笑みを添えて、篠塚にも言葉を投げかけたのだろう。ひょっとすると篠塚もフイを突かれ、これまたあまりにあからさまな答えを返してしまったのかもしれない。とにかくはっきりとした答えが戻ってきたという。

「真ん中のボール。どっちに打っていいか分からないから」

いかにも職人らしい返答だったが、牛島もその意味を即座に理解できた。

「本人としては球のコースにただ反応しているだけで、あれだけ上手な流し打ちができているんだなと。

それを聞いてこの人、すごいなと思ってね。その後、篠塚さんと対戦する時は勇気を持って真ん中に投げると結構、アウトがとれた。これ、言うてええんかな（笑）」

バッティングピッチャーを務めていたある日、たまたま前に振り出す足が地面に引っかかり、つんのめりながらボールをリリースしてしまった時があった。その時、打者だった谷沢健一はノーマルなモーションからの投球に合わせたタイミングで待っていたため、超スローボールにもかかわらず思わず空振り。そんなふとした瞬間にも牛島にはちょっとした気づきがあった。

「変なボールがいってしまって、谷沢さんにすぐ、すみませーんと謝った。でも、あの空振りが気になったんで練習後に質問してみたんです。あれは投球ミスだったけど、意識してあのボールを投げたら打ちづらいですかと。すると谷沢さんは、絶対に打てないって。それからですね、フォークボールとチェンジアップの中間のようなボールをうまく利用できないかなと考えるようになったのは。あの時、足が引っかかった感覚をいつも再現できれば、打者のタイミングを外せる遅いボールがうまく使えそうだなと」

甲子園でのライバルに生涯唯一の勝利を

あまたある勝負の瞬間のうち、決して忘れられない対戦について訊ねてみる。すると、熱心なドラゴンズファンでも覚えていないようなある日の登板について語り始めた牛島。それは一九八四年十月五日、シーズン最終戦のことだった。優勝は広島の手に渡り、ある意味、消化試合とも思えたが、この日の登板は牛島に予想外の緊張を強いた。その年、中日に入団してきた仁村《にむら》徹が勝利投手の権利を得た直後の、火消し役だったからだ。牛島と仁村と言えば、七九年の甲子園初戦、浪商対上尾の試合で相対したエース同士。あと一人で勝利という場面までこぎつけた仁村投手は土壇場で打者・牛島に同点2ランを浴び、延長の末、浪商に勝利を奪われた。その仁村にとって中日入団後、初の登板がこの最終戦だったのだ。

「投手として入団した仁村は、翌年から打者に転向することが決まっていた。だから投手としてはこれが最後の登板だと分かっていたんです。しかも勝利投手の権利を持っていて、ストッパーの僕が打たれたら彼のプロ初勝利が消える。この機会を逃したら仁村は一生の思い出になる1勝をフイにしてしまうと。それに場所は甲子園ですから、妙な因縁を感じてもいました。そういういろいろな気持ちがあって、あの時のリリーフは緊張しましたね。ここで打たれたら本当に申し訳ない、絶対に抑えなきゃと思いながら必死に投げてました。現役時代、もっとも緊張した場面かな」

ともに甲子園で自チームを牽引した好敵手同士。この日の登板について語る牛島からは、仁村に勝利を届けたかったという男気がそこはかとなく感じられた。クールに振る舞うのはあくまで良い投球を実現するため。緊張も、動揺も、意気込みも、闘志も、心の中ではいつだって渦巻いていたのだ。

「そりゃ、出ていくのはいつも緊迫した場面なんで、緊張する登板も多かった。でも、相手にスキを見せたくない。だから現役の時は、感情を顔に出さないように心がけていただけです」

男気を感じさせる場面といえば、いわゆる10・19における牛島の振る舞いも思い浮かぶ。八八年十月十九日、近鉄はロッテとのダブルヘッダーで2連勝すれば世紀の逆転優勝を果たす、という状況だった。そして第1戦の九回表、近鉄攻撃の時点でスコアは3対3。この回、近鉄が無得点に終われば規定により引き分け、つまり近鉄優勝の可能性は第2戦を待たずして消えてしまう。2アウトでランナーは二塁。

マウンドにいたのは当然、ロッテの抑えの切り札、牛島だった。近鉄はこの究極の場面で代打に強打者、梨田昌孝を起用する。梨田はこのシーズン限りでの引退が決定しており、この打席の重みは一層、増していた。一方、ここを抑えれば引き分けとなるロッテは敬遠で、勝負強い梨田との対決を避ける方法も考えられた。だが、牛島は真っ向からこの強打者に挑んでいく。そして2球目、インコースに投げ込まれたシュートを、梨田は詰まりながらもセンター前へと運んだ。二塁ランナーは生還し、近鉄は加点。結局、この第1戦では近鉄が薄氷の勝利をモノにし、第2戦での劇的な結末(シーソーゲームの末、時間切れ引き分け)によって、10・19は伝説となっていった。この前年、中日から電撃トレードでロッテへと移籍していた牛島。この時の対戦には、人気で劣るパ・リーグを盛り上げたいという気持ちも大きく影響したと、当時を振り返る。

「あの場面で梨田さんと勝負しないのは失礼なことだと思ってましたね。もちろんゼロに抑えるのが僕の仕事ですけど、球界全体として見た時、ここで敬遠していいんかなという気持ちが強かった。当時のパ・リーグは人気で劣っていたのでこれは盛り上げなきゃあかんと。ひょっとすると梨田さんの現役最後の打席かもしれないし、敬遠してその後を抑えても、梨田さんや近鉄ファンは納得しない。だけど、梨田さんと勝負してアウトになれば皆が納得できるでしょう。だから真っ向勝負。結果としてこっちは狙い通りのシュートでどん詰まりにさせたし、近鉄は1点取って試合としても盛り上がった。でも、もし打者が梨田さんじゃなかったら敬遠していたかもしれない」

大きすぎる存在、香川伸行

取材中は終始、落ち着きはらい、明快に現役時代を振り返った名投手。だが、最後に盟友、ドカベンこと香川伸行との関係について聞いた時は特段、丁寧に言葉を選んでいるように見えた。それだけ、浪商でバッテリーを組み、甲子園を沸かせた香川との関係は特別なものだったのかもしれない。

「バッテリーとは言っても何でも話す間柄というわけじゃなかった。僕がブルペンで投げていても香川はボールを受けに来ない。試合の時だけバッテリーという感じでね。後で知ったのは、ポジションは違っても向こうは僕をライバル視していたということ。僕は僕で、ライバルというより野球選手として追い越したい存在だった。彼は中学生の時からものすごい選手やったから。新聞でも『香川牛島』のバッテリーという書かれ方(笑)。だからなんとか、『牛島香川』のバッテリーと言われるようにしたいなと思ってました。香川を追い越そうという気持ちが自分の原動力にもなっていましたね」

この取材(二〇一八年)の四年前、若くして亡くなった盟友に対して多くは語らない。だが少ない言葉からも、失ってしまったものがどれだけ大きかったかが、十分に感じ取れた。

冷静な態度の裏に秘めた野球への熱き情熱と、時に顔をのぞかせる男気やさりげない優しさ。何度も修羅場をくぐったストッパーならではの経験値が、一層、人間としての魅力を倍加させているようにも見えた。いつも涼しい顔で闘い続けていた、しなやかで華奢な抑えのエース。ひとしきり話を終え、なぜこの細身の投手があれだけの活躍をできていたか、その理由が少しは理解できたように思える。

うしじまかずひこ

1961年大阪府生まれ。浪商高校では2年生の春、3年生の春、夏と甲子園に出場し、高校球界のスターに。1979年のドラフト会議で中日から1位指名を受け、入団。1981年には開幕1軍を果たし中継ぎ投手として活躍。翌1982年にはストッパーとして17セーブを挙げ、中日のリーグ優勝に大きく貢献する。1984年にはセ・リーグ最多の29セーブを挙げ最多セーブ投手に。1987年には落合博満との1対4となるトレードで7シーズン在籍した中日からロッテに移籍。直後のシーズン、翌年のシーズンと2年連続でパ・リーグ最多セーブ投手の記録を残す。その後は先発に転向し、二桁勝利を挙げるなど、7シーズンにわたりロッテに在籍。落差の激しいフォークボールを武器に、通算14シーズンの間、球界を代表する投手として君臨した。通算セーブ数126、オールスター出場は5回を数える。引退後は横浜の監督や社会人野球チームの投手指導などを務めた。

Chapter 28

YUKIO YAEGASHI

BEST NINE AWARD: 1985

1348 CAREER GAMES PLAYED

PLAYED 24 SEASONS FOR YAKULT SWALLOWS

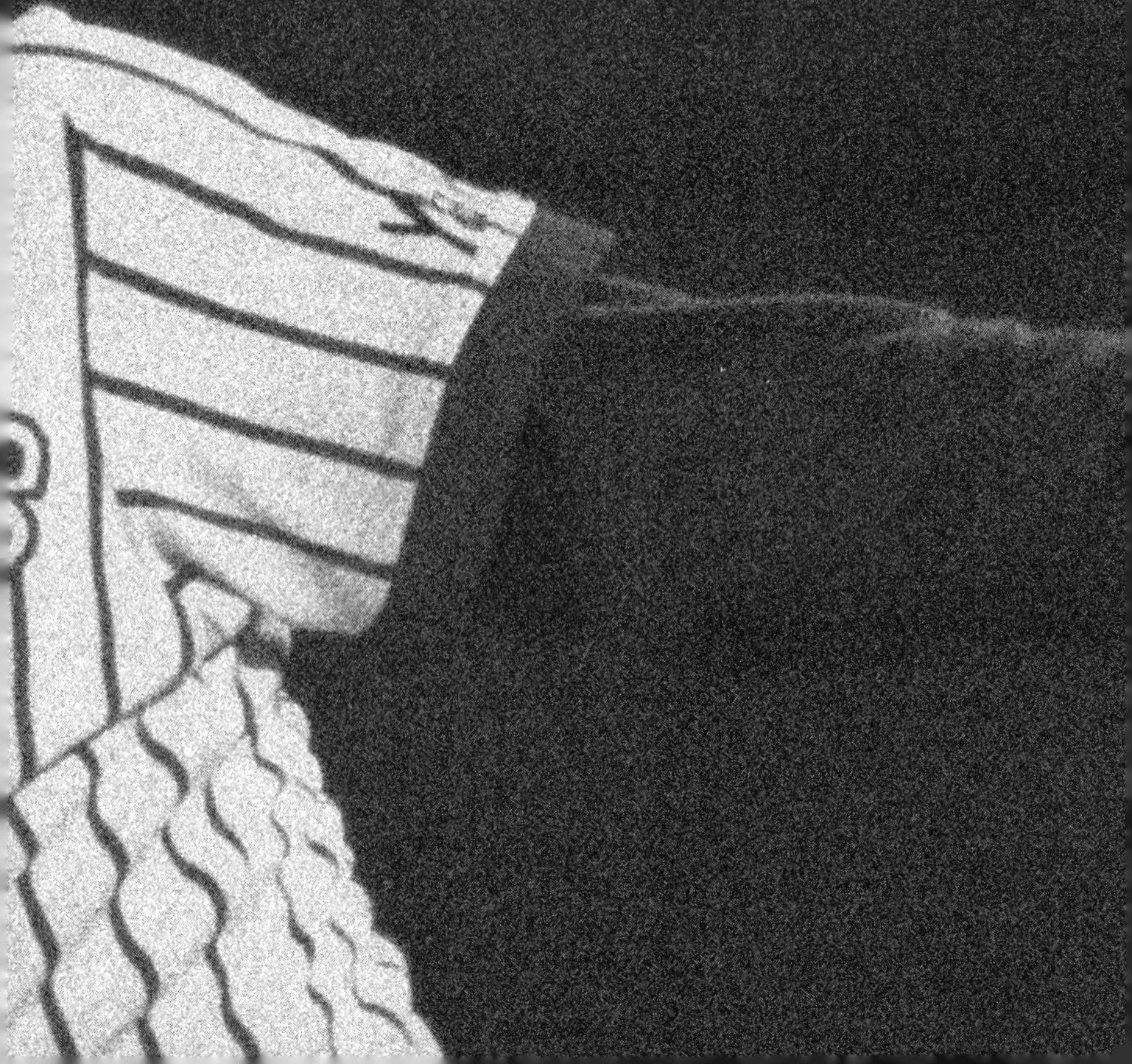

一本足打法で調子を崩して十年（笑）。それでフォームを変えようと。

Chapter 28

八重樫幸雄

会社勤めのビジネスマンなら、誰しも一度は定年まで勤め上げる自分の未来を想像したことがあるだろう。六十五歳を定年とすれば、二十歳で就職したとしてざっと四十五年。一つの会社で過ごすには実に長い道のりだが、不屈の精神といくばくかの運があれば、不可能なミッションではないとも思える。だが、生き馬の目を抜くプロ野球の世界ともなればまったく話は別だ。十年生き抜くのもなかなかに難しい上、トレードやFAだってある。数十年、同じチームに在籍し続けるには、実力、体力、努力、メンタル、機転、運など、幾つもの条件が揃わなくてはならないのだ。

歴史をひもといていくと、二十年以上、入団から引退まで一つのチームに居続けたいわゆるフランチャイズプレーヤーは、四十人強しか存在しない（二〇一九年九月現在）。一九七〇年、ヤクルトアトムズ（現・スワローズ）に入団し、24シーズンの間、ヤクルト一筋を貫いた八重樫幸雄もそんな偉業を達成したひとりだ。しかも八重樫は現役引退直後から二軍バッテリーコーチ、一軍バッテリーコーチ、一軍打撃コーチなどを歴任。二〇〇九年にコーチの職を離れてからも約八年間、スカウトとしてチームのために心血を注いできた。実に四十七年間、ヤクルト一辺倒の野球人生である。座右の銘について問うと、本人はこう話した。

「やっぱり、継続は力なり、ですね。しばらくの間、ファンにサインを書く時もこの言葉を書いていました」

多様なポジションを務め、野球を知る

現役時代を彷彿とさせる強い眼光は少しも衰えを感じさせない。会話をはじめてほんの数分。言葉の端々に、まるで何でも見透かしているかのような鋭い洞察力が見え隠れするのを感じた。捕手とはかくも、状況分析に長けた人種なのか。

「僕らの時代は手とり、足とり教えてくれる人なんていなかった。だから自分で学ぶ、吸収するしかなかったんですよ。自分が試合に出てない時でも先輩投手が好投していたらどんな球種で勝負してるんだろうとチェックしておいて、自分がマスクかぶる時に良いリードができるようにとかね。あとは時間さえあればブルペンに行って、うちのチームの投手がどんなボールを投げるのか見ておく。そういう積み重ねによって、自分の身体に配球を覚え込ませるというかね。試合に出てる時はマスクをかぶってアゴを動かさずに投手や打者を見たり、コーチやベンチを見たりするでしょう。だからいつの間にか180度以上の角度、大体200度位まで周りが見えるようになって。捕手ってそういうものなんです」

23シーズンもの間、チームを支える存在として不可欠な選手であった八重樫だが、そのキャリアは決して平坦なものではなかった。高校時代は四番打者としてならし、期待の大型捕手として入団したものの、同期入団には強力なライバルとなる大矢明彦がいた。大卒の大矢が即戦力の捕手としてすぐさま重用されることで、八重樫は野手としての起用を余儀なくされる。入団直後、捕手としてのプライドはズタズタに引き裂かれたのではないかと問うと、本人は平然とこう言ってのけた。

「中学生の時から捕手もやったし、投手もやった。自分で言うのもなんだけど、僕は足が早かったんですよ。捕手だと守備の時、足を活かせないでしょ。だからということでもないんだけど、どんなポジションでも楽しめてましたね。とにかくプロでレギュラー取りたいっていう気持ちが強かったから絶対、捕手じゃないとっていう思いはなかった。結局、引退するまでに投手と二塁手、遊撃手以外は全部やっているんですよ、一軍で。それだけいろいろなポジションを経験するとたとえば他の選手がエラーした時もその理由とか気持ちがよく分かる。捕手だけやっていたら得られなかったものをたくさん吸収できてよかったと思ってますよ」

文字通り、様々な角度から昭和の野球を見つめてきた八重樫。長嶋茂雄が神宮球場で放った左中間のフライはセンターで捕球。王貞治が756号本塁打を放った際には、捕手としてスタンドに向かうその打球を見送っている。与えられた任務は何でも黙々とこなし、不平不満は一切なし。こうして首脳陣の信頼を少しずつ勝ち取っていった。

オリジナルの打法が生まれるまで

元来、パンチのある打撃を持ち味としていたことで、出場機会も増えてきた入団後の数年間。一九七五年にようやく捕手として登録されるようになり、控えではあるものの勝敗を左右するポジションで徐々に存在感を示すようになってきた。その二年後には五十八試合でマスクを被り、2割6分7厘の打率をマーク。ゆっくりと上昇気流に乗ってきたキャリアだったが、一九七八年には左膝靭帯損傷という大怪我を経験。プロ生活において最も大きなピンチを迎えた。

「ケガの直後は一所懸命治そうと思ったんだけど、自分の足の状態見ていたらこれはもうダメなんじゃないかってね。退院してからも思うように動けないし、クビになるかもしれないと真剣に思いましたよ。それでもトレーニング続けてたら少しずつ筋肉がついていきて、このままやれば戻れるかもしれないと思えるようになってきた。やっぱり野球が好きだってことと、とにかく認めてもらえるまで野球を続けたいっていう気持ちが強かったんですよね」

約半年のブランクを経て、不屈の精神で一軍へと戻った八重樫だったが、その後も順風満帆《じゅんぷうまんぱん》とはいかなかった。復帰直後は広岡達朗監督の考えもあり試合出場の機会が激減。乱視のために眼鏡を使用するようになったことで、眼鏡のフレームに遮られて変化球が見えづらくなり打撃不振に陥ったこともあった。それでも腐らず、前に進み続けた八重樫。そして大きな転機が一九八三年に訪れる。大胆な打撃フォームの改革だった。一軍で試合に出場するようになってからすでに十三年。このタイミングで大きくフォームを変えようと決めたのには理由があった。

「七〇年代前半に荒川（博）さんが打撃コーチとしてヤクルトへ来て、僕と杉浦（享）、渡辺（進）の三人が特訓を受けるようになったんです。三人全員、一本足で打てと（笑）。いやだとも言えないんで最初は教えられるがままにやっていたんですけど、どんどん右肩が早くなっていって（左肩が早く開くこと）、空振りするはずのないボールを空振りするようになったり。上げた左足が着地する前にバットを振れと言われるんだけど、それがうまくできなかった。なんとかバットに当たっても自分としては打ってる気がしなかったんです。それで長い間、タイミングを崩しちゃって」

そんな状態でも起用されれば、生真面目に打席で結果を残そうとした八重樫。だが、絶対の自信を持っていた打撃力を100パーセント、プロの世界で発揮できているという実感はいつまでたっても得られなかったという。

「言ってみれば一本足打法で調子を崩して十年（笑）。それで中西（太）さんがコーチで来た時、相談してね。そうしたら中西さんが、顔を最初から投手側に向けて、そこからタイミングをとったらどうだと。それに加えて自分で足を拡げる間隔を工夫して、フォームを変えていったんです。中西さんがつきっきりで見てくれて、最終的に形が固まったのは二年後くらいかな。ようやく自分のタイミングで打てるようになったんです」

これこそいわゆる極端なオープンスタンスの「八重樫打法」だ。投手に正対するような独特の構え。ボールを待つ間は、外角低目一杯までバットのヘッドをクイクイっと伸ばしつつ、アウトコースギリギリでも対応できるよう準備しておく。顔はほとんど投手側を向いているため眼鏡のフレームでボールが遮られることもない。入団してからなんと十四年目。ようやく理想のフォームを会得したわけである。

一撃必殺、代打の切り札として

打撃フォームを大きく変えたと同時に正捕手の座もつかんだ一九八〇年代半ば。3割以上の打率でセ・リーグ打撃十傑に食い込むなど、そのまま順調なキャリアは続いていくと思われた。だが、またしても大きな転機が訪れることになる。若手の秦真司が頭角を現しはじめ、一九八八年には捕手のレギュラーポジションを奪われてしまうのである。関根潤三監督から「今シーズンの捕手は秦でいく」と聞かされた八重樫。すぐさまその意向をくみとり、腐るでもなく、怒るでもなく、キャンプでは同室だった秦本人に向かってこう話したという。

「監督がお前を使いたいと言ってる。だから俺は協力する。だけどお前が捕手としてピッチャーから嫌われるような選手であれば、俺も戦うよ、お前と」

だが八重樫は、ここでポジションを奪われたままベンチに座り続けるような選手ではなかった。このシーズンからの肩書は言わば「右の代打の切り札」。絶対に好打が欲しい場面、決まって起用される勝負師として、引退まで活躍を続けることになる。とりわけ一九八九年の成績は凄まじかった。シーズン中に記録した17安打はすべて途中出場で放ったもの。代打では13安打、打点のついた代打安打は10本を数え、打率はなんと3割4分7厘に。幾度もピンチを迎えたキャリアの中で最も脚光を浴びたシーズンともなった。まさに継続は力なり。愚直に前を見据えて必死に任務をこなし続けた結果、ようやくたどり着けた頂《いただき》だと言えるだろう。

「13安打を代打で打ったあのシーズンはね、どんなボールが来ても打てる感じがしてましたね。調子が良かったのは、戦う気持ちがあったからかな。僕は正捕手になった秦がまだまだだと感じてた。それでもとにかく若手を育てるっていうチームの方針と戦うっていう気持ちね。あのシーズンの自分は確かに腹立ててましたね」

キッカケは意外な時に訪れる

キャリアの後半、代打の切り札として活躍できたのは、八重樫打法を完全に自分のものとしていたことも大きい。そんな八重樫にとって生涯、忘れられない一球とはどんな場面で訪れたのか、聞いてみた。

「もう正確には何年だったか覚えていないんだけど、たぶん八〇年代前半だったと思う。まだ自分としてはバッティングに納得できていない頃、巨人戦で浅野啓司投手と対戦した時。アウトコースのストレートだったんだけど、ライトスタンドにパチーンとホームランを打った。その一球でね、アウトコースのポイントをつかめた気がしたんです。その感覚がずっと残っていたから、身体を思いっきり開いた新しいフォームでもいけるっていう自信を持ちながら取り組めたの」

後のオリジナル打法完成には、その数年前、突然訪れた静かな気づきが深く関係していた。その一球がなければひょっとすると八重樫打法は生まれなかったかもしれないと考えれば、実に濃密な一瞬だったと言える。

「アウトコースはこうやって打てばいいっていう絶対的な感覚がその一球で身体に染み付いたという

かね。オープンスタンスで構えると外角がすごく遠く感じるでしょ。だけどあの一球があったから、中西コーチと一緒にいろいろ試せたっていうことだね」

朴訥な語り口調ながらも、対話のなかでは戦う男の矜持《きょうじ》が随所に感じられた。四半世紀近くも一つのチームに尽くしたそのキャリア。どれだけピンチが訪れようとも、「すべてに大満足」だったと自身の現役生活をあらためて評価した八重樫。最後にこんなエピソードを披露してくれた。

「野村（克也）さんが監督だった時にね、なんで大事な場面でいつも自分を使ってくれるのかって聞いたことがあるんですよ。するとね、『結果は関係ない。ただお前が打席に立って、必死になっている姿を若手に見て欲しいからだ』と。僕は褒められるのがあまり好きじゃないんだけど、野村さんのその言葉はやっぱり嬉しかったですよね」

やえがしゆきお

1951年宮城県生まれ。仙台商業高校時代には甲子園出場を果たし、1969年のドラフト会議でアトムズ（ヤクルト）から1位指名を受け、入団。入団当初は俊足や打棒を買われ、外野手、三塁手、一塁手などとして活躍。1975年には捕手登録となり、大矢明彦の控えではあったものの、1977年、打率2割6分7厘の成績を記録。1983年にはフォーム改造に成功し、レギュラーの座も確保。1985年には120試合出場、本塁打13本、3割4厘の成績でベストナインにも選出。1988年からは代打の切り札として活躍し、好機での勝負強さを見せつけた。1990年、プロ21年目で達成した通算100本塁打は所要在籍年数で歴代1位タイの最遅記録となる。1993年オフに引退するまで、1978年、1992年、1993年と3回のリーグ優勝も経験。引退後もヤクルト一筋で、岩村明憲、青木宣親らを育てるなど名コーチとしてもチームに貢献した。

Chapter 29

CHOJI MURATA

WINS LEADER: 1981
ERA LEADER: 1975, 1976, 1989
STRIKEOUT LEADER: 1976, 1977, 1979, 1981
BEST NINE AWARD: 1981
2363 CAREER STRIKEOUTS
148 CAREER WILD PITCHES / NPB RECORD

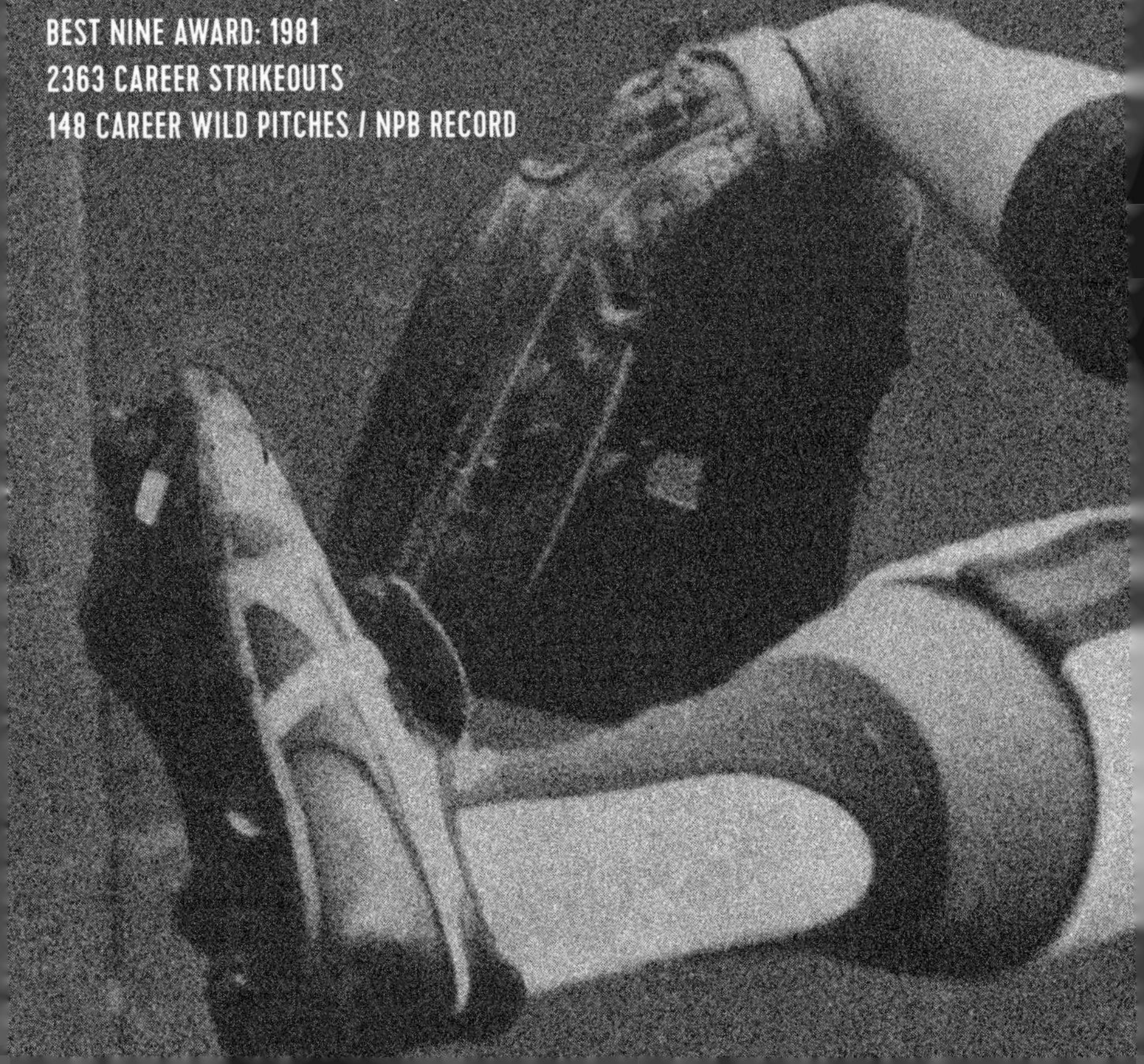

打たれたら給料は、いらん。したくない時は敬遠なんかしない。

Chapter 29

村田兆治

身長181センチの引き締まったボディにビジネススーツがよく似合う。体つき、表情、肌ツヤは、ひときわエネルギッシュだった現役時代とさほど変わらないようにも見える。六十歳を超えてからも、始球式に呼ばれれば130キロを超える投球で周囲の度肝を抜く規格外の投手。現役引退後は途端に体型を崩してしまう名選手も多いなか、節制とともにある日常が、出会った瞬間に透けて見える。なぜ、現役を引退して三十年近く経った今でも、肉体と精神をシャープに整え続けているのか。そんな質問をまず、村田兆治に投げかけてみた。

「なんで君はトレーニングしないんだ？　人生は一回きりだろ。今の時代、百歳まで生きるかもしれない。だから五十歳でもあと五十年は生きられる身体を維持していかなきゃいけないじゃないか。俺は身体を粗末にしない。状況を見極めながら挑戦していくっていうことは現役時代も今も、自分に求められていることだと思ってるから」

なんの迷いもなくこんな答えが返ってくる。人生におけるすべての局面が真剣勝負。インタビュー中も「人生先発完投」というフレーズが何度も聞かれた。どこまでも熱く、真っ直ぐで、眼光は極めて鋭い。

敬遠させたいなら俺を代えろ

ロッテオリオンズの投手として(入団時は東京オリオンズ)、実に22シーズンもの間、投げ続けた村田。デビュー二年目から頭角を現し、その豪球には既に定評があった。一九七二年のシーズンからは、豪快に左足を上げて渾身の力を込め、右腕を振り下ろす「マサカリ投法」で初の二桁勝利をマークすると同時に、自他ともに認めるチームのエースとなっていく。オリオンズでは金田正一監督や小山正明といった昭和を代表する大投手らから技法や練習法を吸収しながらも、若くして絶対的な自信を備え、時には監督の命令も聞かない頑強な態度でマウンドを守り続けた。

「監督の金田さんがマウンドに来て、交代しろって言われた時、いやいや負けたら俺が責任取るからと言って代わらなかったこともあった。打たれたら給料いらんとかね(笑)。敬遠の指示が出ても俺がしたくない時は敬遠なんかしなかった。その時は、敬遠させたいなら俺を代えろと。でも、そこまで言うからには責任も伴う。認めてもらえるだけの行動と結果を常日頃から見せておかないといけない。自分にはそういう自信があったからね」

そんな村田を支えた最強の武器は、一九七〇年代半ばに会得した圧倒的な落差を誇るフォークボールだった。持って生まれた長い指を活かし、速球と同レベルのスピードを持つフォーク。中指と人差し指を徹底的に鍛え、二本の指で挟む力を極めたゆえの決め球だった。絶対の自信を持つフォークを九球続けて三者三振に切ってとったこともある。それほど研ぎ澄まされた至高のボールに打者はまったく手が出なかったのだ。

「プロに入って九年目くらいかな。そのフォークを南海の藤原(満)にホームランされたんだ。自分でもちょっと投げ損なったという意識はあったんだけど、それでも驚いた。悔しいというより、ああ、俺のフォークでも打たれることがあるのかと。後から考えたらゴロを打たせようとしてほんの少し中途半端な投げ方をしてたと気づいた。その体験があって、フォークを投げる時は絶対、空振りさせるんだっていう強い思いで投げるようになった。ヒットはあってもホームランはないっていうちょっとなめた気持ちもあったんだね。いい経験になったよ。現役時代、フォークを投げてホームランされたのはその時だけだったから」

フォークボールの話になると俄然、表情が引き締まる。それだけの自負があったのだろう。野茂英雄や牛島和彦ら、フォークの名手について話をふっても自身のフォークが「完璧に、ナンバーワン」だと村田は断言した。

「フォークは低く、強く投げる。キュッキュッと落ちなきゃダメだね。俺は指の角度を少しだけ変えて、異なるフォークを使い分けてた。フォークボールっていうのはシュート回転をどう調整するかで切れ味が変わってくる」

1シーズンにおける最多奪三振は実に四度。加えて現役通算148個の暴投は日本記録。どちらもフォークの圧倒的な威力を証明する村田らしい数字である。

リハビリは地獄だよ。苦しいなんてもんじゃない

対戦チームのエースが登板する日を事前に確認し、オリオンズのエースである自分がその日に登板できるよう監督に直訴もした。それゆえ、バファローズの鈴木啓示、ブレーブスの山田久志、ライオンズの東尾修らとはしばしば緊迫の投手戦を展開することが多かった。それはプライドや闘志、意地からの登板直訴だったのかと問うと、なぜそんな簡単なことを聞くのかといった表情でこう話した。

「相手のエースが負けるとダメージが大きいだろ。当たり前のこと。もちろん相手のエースは手強いんだけど、トップに立とうとする奴はそうやってリスクをとっていかなきゃダメでしょう。宮本武蔵だってそう。強い奴からやっつけていく。そうすると黙っていても弱い奴は逃げていく。バッターだってそうだ。クリーンアップの三人は三者連続三振を狙っていく。つまり九球で終わらせる。そうすれば、相手チームを負かす確率が上がる。だけどすべてのバッターを三振に取ろうなんて思わない。ロッテはピッチャーが少ないから自分一人で投げなきゃいけないっていうこともあった。だから、弱いバッター三人に九球投げるなんてことはしない。力を無駄遣いしてもしょうがないからね」

圧倒的な自信と究極の決め球を武器に、順調にキャリアを重ねた村田。ところが一九八一年にパ・リーグ最多勝を獲得した直後のシーズン、肘の故障に悩まされることになる。自他ともに認める最大のピンチ。このシーズンは先発登板の機会が六度にとどまり、その翌年、いよいよ肘の手術に踏み切る。投手が肘にメスを入れることは絶対的なタブーとされていた時代。ところが村田は再起を賭け、アメリカの

整形外科医、フランク・ジョーブに手術を依頼する。これは極めて危険なギャンブルでもあった。術後は二年間、リハビリが続く。

「一九八二年は開幕から絶好調で3連勝。その後に肘を痛めて、三年間、地獄だよ。苦しいなんてもんじゃない。山奥に行って祝詞《のりと》をあげたり、閉ざされた空間で般若心経やったり。座禅とか瞑想とかで、雑念を払おうともした。故障してからは毎日、朝から晩まで、頑張るんだ、頑張るんだって口に出して自分に言い聞かせてた。もうそれ以外、考えないようにして。今日しかない、今日しかないって毎日、思うようにもしてた。指をきちんと開くとか、わずか10メートルのキャッチボールとか、地味な練習を黙々と続けるだけ。やらずに悔いを残すより、できることをすべてやる。よく、リハビリの期間、どんな気持ちだったかと聞かれるけど、俺だって不安の塊が心の中にはあった。絶対、復活するっていう気持ちは当然、強かったけどね」

そんな苦闘の時期を経て、一九八五年のシーズンは開幕から11連勝を記録。コンディションを考慮し、中6日でちょうど日曜に登板したことからサンデー兆治としてキャリアの第二幕がスタートしていく。こうした活躍で、肘にメスを入れるという大きな賭けに勝ったことを証明した村田。トミー・ジョン手術と呼ばれたこの治療法をその後、中西清起《きよおき》（阪神）や桑田真澄（巨人）、赤堀元之（近鉄）など多くのプロ選手が選択。過酷なリハビリを克服したサンデー兆治の鮮烈な復活は、その後の球界に多大なる影響を及ぼしたとも言える。

自信のボールがサヨナラホームランに

自ら過去を振り返ることはせず、前を見据え続けているという村田。現役時代に悔いはあるかと問うと、「最大限のベストを尽くした」と、らしい答えで返された。それでも記憶にこびりついて離れない一球はないのかと食い下がると、一瞬、考えた後、一つのエピソードを語り始めてくれた。自他ともに好敵手と認める南海の主砲・門田博光との対戦だ。

「一九七三年だと思う。フォームも固まってやっと勝てるという自信のついた頃。左バッターの内角低めにいいスライダーが決まれば絶対に打たれないという確信もあった。それで門田博光にスライダーを投げたんだ。投げた瞬間、自信もあった。でもそれをホームランされて試合は負け。やっぱりショックだよ。自信のあるボールを打たれたら、まったく仕事ができなかったことと一緒じゃない。それから彼に投げる時はやっぱり気持ちが変わったよね。相手のタイミングを研究してね。どう踏み込んで、腰を入れてくるのか、バットがどこから出てくるのかとか。野球でも人生でも最高級の相手と切磋琢磨するのが大事。張り合いといってもいい。向こうもこっちを研究してきて、一対一の勝負が面白くなっていく。俺も相手の四番をどうやっつけるかってことをいつも考えてるしね。あの時、打たれたのはたった一球のボールなんだけど、その一球から自分が成長していくんだってことが分かったね」

この対戦を経て、門田への投球が明らかに変わっていったと村田は言う。球場で顔をあわせてももちろん一言も口はきかない。しかしマウンドと打席で、ボールを介した無言のコミュニケーションは確かに互いを高めあった。渾身の投球と迫真のスイング。三振か、ホームランかという二人のスリリングな闘いは、ロッテ対南海という一見、地味な対戦をギラリと輝かせるクライマックスでもあったのだ。

「最高のバッターだから、やっぱり。研究を重ねないと、簡単には打ち取れない。もちろん全力投球だけじゃなくて、かわしていくことも必要だ。はためには分からないかもしれないけど、目に見えないこちら側の我慢もある。だけどそこに勝負の面白さもある」

ただ、ファンのため、結果を残す

肘の出術を経た後も先発完投にこだわり続け、一九八九年のシーズンには四十歳にして最優秀防御率のタイトルまで獲得。翌シーズンは二桁勝利を挙げながら引退と、衰えをほとんど感じさせない疾風のごとき現役生活だった。一時は再起不能寸前、地獄の入り口まで見た男を二十二年間、駆り立てたモチベーションは何だったのだろうか。

「簡単でしょ、やっぱり、ファンのため。ファンのために一番なのは、結果を残すこと。そのためには努力をしなきゃいけない。そういうこと。頑張ったら結果がついてくる。でもまた壁にぶつかるからそこに挑戦する。それの繰り返ししかない。実績を残すってことは勝つってことだから、とにかく勝つためにどうすればいいかだけ考える。もちろん、三振も取りたいんだけどそればっかりじゃ勝てない時もある。3点もらったら2点取られても勝てる。1点もらったら0点に抑える。だから駆け引きもなきゃ、勝負にならない」

話せば話すほど、人生の充実ぶりが窺《うかが》える、確信と自信に満ちた言葉の数々。これほどまでに「迷い」

を微塵も感じさせない男もそうはいない。最後に聞いてみたくなったのは、人生を輝かせる秘訣についてだ。

「四十歳でも五十歳でも六十歳でも、数十年先じゃなく五年先くらいを見ることかな。それくらいの未来に何があるか、考えればやるべきことも見えてくる。それと現状に満足しないことだ。満足したらそこで終了。課題っていうのはいつでもあるはず。自分が求めているものと少しでも違うならそこを改善していく。たとえば先発して九回をただ投げようっていうんじゃなく、延長十二回まで投げる可能性を考えておく。そして、野球には引退があるけど人生には引退がないってことに、すべては集約されるんじゃないか？」

むらたちょうじ

1949年広島県生まれ。福山電波工業高校時代から豪速球で鳴らし、1967年のドラフト会議で東京（オリオンズ）から1位指名を受け、入団。1969年から1軍での出場機会を増やし、1970年にはパ・リーグ優勝を経験、翌年からは先発ローテーションの一角に。1974年には12勝をマークして、パ・リーグ優勝に貢献。中日との日本シリーズでは4試合に登板し1勝1敗1セーブを記録し、日本一に貢献すると同時に、最優秀投手賞を受賞。1976年からは2年連続でパ・リーグ奪三振王、1981年には19勝で最多勝利、奪三振154個でパ・リーグ奪三振王に輝く。1982年の大手術後には見事な復活を見せ、1985年は開幕11連勝を含む17勝でカムバック賞を受賞。オリオンズ一筋で現役生活23年。豪速球とフォークボールを武器に、最優秀防御率3回、最多奪三振4回、1試合16奪三振、オールスター出場13回など、華麗な活躍を見せた。2022年11月11日、逝去。

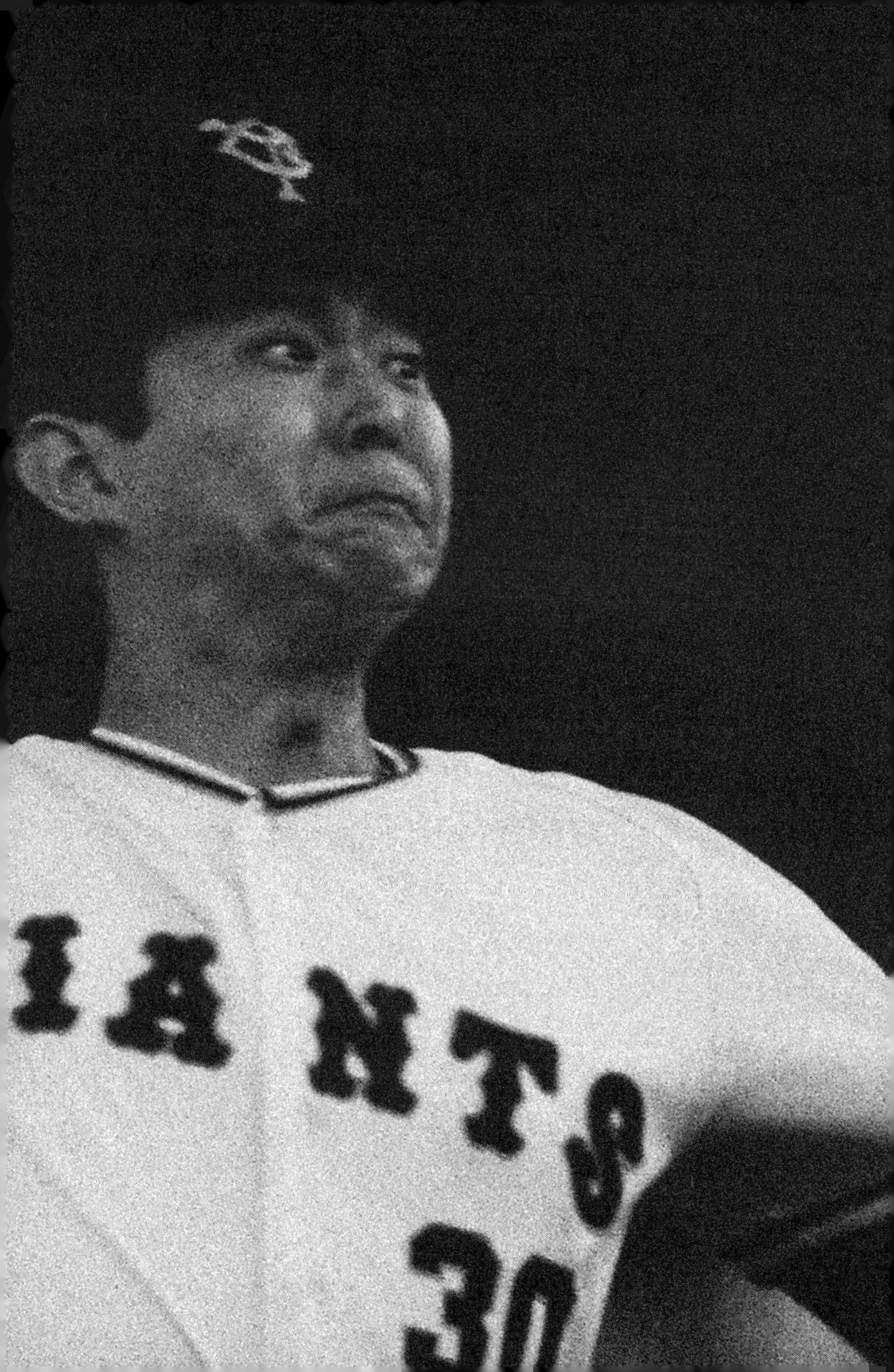
IANTS
30

Chapter 30

SUGURU EGAWA

WINS LEADER: 1980,1981
ERA LEADER: 1981
STRIKEOUT LEADER: 1980-1982
WINNING PERCENTAGE LEADER: 1981, 1984
MVP: 1981
1366 CAREER STRIKEOUTS
1.12 CAREER WHIP

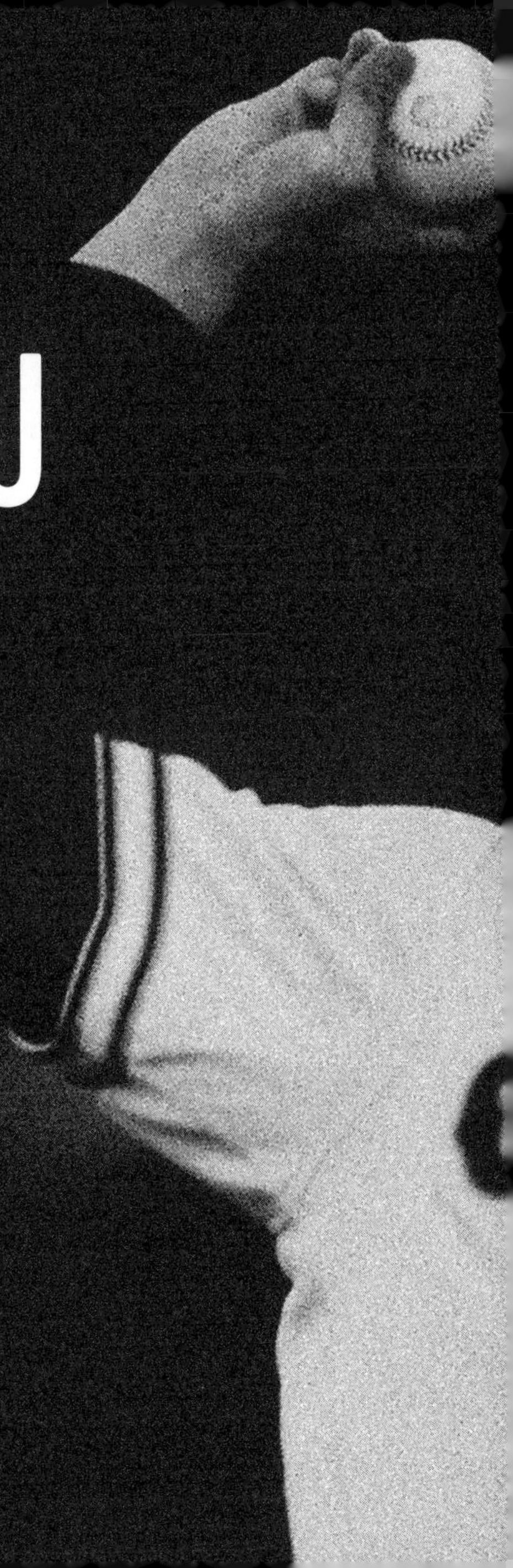

マウンドに登るときは冷静ではいられません。あそこはおっかない場所ですから。

Chapter 30

江川 卓

これまで、何人ものレジェンドと対面した。そしてインタビューの中ではそれぞれのレジェンドが、かつてのライバル、自らにとっての難敵について熱く語ってくれた。そこで最も多く登場した名前が江川卓である。だからこそ、伝説の怪物に是が非でも会いたかった。とにかくその言葉の一つひとつを丁寧に紹介していきたい。

確かに、浮き上がるその速球

まずは、実に多くのレジェンド達が史上最高の投手として名を挙げた事実について告げると、江川は一瞬、困惑した表情を見せながらもこう話した。

「真っ直ぐは確かに自信を持っていました。ただ、三、四年目くらいでしょうか。肩を痛めまして、プロ野球生活九年のうち前半の半分はスピードだけで抑えていくといった投球でしたが、後半の半分は肩の痛い状態で投げていたということになります。ですから肩を痛めてからはコントロールがないと生きていけないと思って、ボールを半個分、外したり入れたりという作業を練習でも行って、なんとか乗り切ったという印象、それが本音です。キャリアの前半、後半にはこうした違いがあったとしか言えません。本音では、成績に追いかけられた現役時代、でしょうか。前年度の成績を下回ることはできないという感覚がとても強く残っています」

では本人も認めるキャリア前半、スピードに自信があった時代のボールはどのような種類のものだったかを訊ねていきたい。具体的にはプロ入りした一九七九年から、セ・リーグ最多勝を獲得した翌年の一九八二年あたりまでのおよそ四年間。この時代の江川をライブで見られた我々はつくづく幸せだった。そのボールを目にした打者は口々に「ボールが浮き上がって見えた」と話し、そのスピードは他投手とは別次元にも見えた。三年連続奪三振王としてセ・リーグに君臨した時代でもある。

「勘違いされている方も多いんですが、プロの打者はタイミングさえ取れればいくら速い球でもファールにできるので、球のスピードがあれば三振を取れるわけではありません。ですからポイントは〝伸び〟といいますか。正しくは球がミットに入るまで、いかに減速しないか、です。球が〝浮き上がる〟ということに関しては、自分でも感じたことは何回かあります。マウンドの上からストライクゾーンに投げれば実質的には球が〝落ちる〟のが正しいですし、球が浮き上がることは絶対にないとおっしゃる方はたくさんいます。でも視覚として球が浮き上がっていくという感覚があったのは事実です。うまく回転させたという時にふわんと球が上がる感覚。もし浮いているとすればですが30センチ程度、浮いたなという感じ。本当に何回かですが」

球が浮き上がるのは、球の回転に秘密があるという研究データもある。江川の球の回転軸は地面ときっちり平行であり、通常の投手ではできないこの芸当が球を浮き上がらせたという一つの推論だ。そんな球を投げられたと感じた瞬間は、やはり至上の快感が全身をほとばしったのではないかと本人に聞いてみた。

「そうですね。人間によって重力が発見され、この重力に逆らって球が浮く。これを目指していた感じでしたから。物理学の専門家からすればそんなことはあるはずがないと言われるかもしれませんけど」

モチベーションの源にあった究極の感覚

こうした言葉の数々から、江川という投手にとって誰にもなし得ない「浮き上がる球」の実現がモチベーションの一つになっていたと窺《うかが》い知れる。そう、取材前にいまいちど考えた時、筆者にとって最大の興味は江川のモチベーションがどこにあったのかという点だった。重力に逆らうボールを投げることに加え、そのこだわりは果たして勝利数か、三振奪取数か、ライバルとの対戦か。

「ライバルはと聞かれると自分になってしまうんですよね。前年度の自分に負けないということでやっていくしかないと思って、プレーしていましたし。もちろん阪神でいえば掛布（雅之）さん、先輩なら山本浩二さん、パ・リーグなら落合（博満）さん、一緒にやっている中では西本（聖《たかし》）など、負けられない相手は一人ということではありませんでしたね。こういう話をすると決まって定岡（正二）が自分も入

れてくれと言うんですが、そこはダメだと(笑)。まあ冗談で」

モチベーションの源について、なかなか答えが見つからないようではあったが、ふと、江川はかすかな笑みを浮かべながら、言葉を紡ぎ始めた。その様子はまるで試合が楽しくて仕方ないといった野球少年のようにも見えた。

「ホームランバッターが出てくるとなぜ楽しいかと言えば、球場が沸くからですね。満杯の球場で歓声が一つひとつ聞こえるわけではないんですが、マウンドにいるとやっぱり声が聞こえますから。相手チームの三番、四番が出てくるとその声援がどんどん、大きくなる。それを感じながら投げるのが楽しいと思っていましたね、ええ。マウンドに登る時は冷静ではいられません。あそこはおっかない場所ですから。テレビ、ラジオがあって皆さんが注目している。そんな時、普通の神経では投げられないはずなんですが、あの場所では興奮状態でもまたダメなんです。ですからそういう瞬間はとても面白いというか、通常では味わえないものだと引退してあらためて感じます。もちろんファンの方に楽しんでいただいてるということも重要なんですが、そうですね、自分にとって緊張が走るということが楽しかったんでしょう。歓声が沸いて、球場全体がその場面に集中すると、今度はシーンと静まり返る。そこには何万人もいるはずなのに、音がしなくなるんですよ。ホームランバッターが打席に入る前はわーっと歓声が聞こえるんですが、対決の瞬間を見たいとなると誰も喋らなくなるんですよね。この感覚はマウンドにいなければ経験できません。やっぱりその瞬間が最高に面白い。三振をとるか、バッターが打つかという球場全体の興味ですか。自分としては、刀をかざし合って勝負しているといった感覚、それが好きだったというのが正確な表現でしょうか」

9連続三振の上をいく、18連続三振の「夢」

江川という投手を語る時、決まって登場するのが八四年のオールスターゲームだ。江夏豊の9連続三振にあと一歩で届かなかった8連続三振のシーンである。

「実は、オールスターの一週間位前に漫画家の水島新司先生と食事をしたんです。その時、江夏さんの9連続三振の話になってですね。僕が言ったんです。振り逃げも三振は三振ですよねと。先生もそうだ、そうだと。じゃあ、1イニングで三振を六つ取れるから、規定の3イニングなら18個の三振が記録できるんじゃないかということになった。そうなると江夏さんの9連続が最高ではないのではないかと盛り上がりまして」

振り逃げは事実上の三振だが、捕手の後逸によって打者は出塁となる。これを三回繰り返せば満塁にはなるものの三個の三振を稼げるので1イニングで合計6個の三振が取れ、3イニングでは18個の三振が取れるという理屈だ。

「実際、マウンドに上がったらこの話は一時、忘れていたんですが、8連続で三振を取った後、頭に浮かんだのはここで三振を取っても結局9連続で江夏さんに並ぶだけだなと。翌日の新聞にも〝二人目の9連続三振〟と書かれるのは分かっていましたから、じゃあ、振り逃げを狙おうと。江夏さんを超えようという気持ちは全然ありませんでしたが、オールスターで10個の三振を取れるということを証明するのが面白いと思ったんです。こういうこともできるんですよという感覚ですね」

知っての通り、結果は九人目の打者、大石大二郎にカーブを打たれセカンドゴロに。なぜあの場面でストレートを投げなかったのかと、後に散々議論された場面だ。

「振り逃げを狙って球をワンバウンドさせるくらいの気持ちではあったんですが、反面、そういう投球は果たしていいことなのかなと迷いながら投げてしまった。ワンバウンドして捕手の中尾（孝義）君がパスボールしたらちょっと可哀想だなという気持ちもありました。そのような思いが入り混じりながら投げた、とても迷った一球でしたね」

野球の神様は江川の願いを受け入れたか？

そして最後の質問。本書のテーマである、記憶に残る忘れられない一球についてだ。オールスターでの投球とは別の一球が、江川の脳裏に深く焼き付いているという。それは八一年の日本シリーズ第6戦。相手は日本ハム、ついに日本一を決めた最後の一球だった。

「この何日か前に、歴代の日本シリーズがどのような形で終了しているかを調べてみたんです。三振で終わるのもいいですが、最後の球は捕手が捕って試合終了になりますし、それは過去に何度もあった場面。誰もやったことのない形で日本一を決めたいと考えていたんです。調べた結果、投手が最後に球を捕って日本一を達成し、しかもこれまでなかった場面というのはピッチャーライナーだったんですね。だから登板前日の夜、眠る前に僕は野球の神様へお願いをしました。明日はピッチャーライナーで終わりたいと」

この年、レギュラーシーズンでは最多勝利、最優秀防御率、最多奪三振など投手四冠王に。巨人は八年ぶりの日本一が懸かった日本シリーズでも江川を軸に試合を組み立て、3勝2敗と王手をかけた第6戦でもこの絶対的エースに先発を託していた。そして6対3と巨人の3点リードで迎えた九回裏、2アウトで打席には五十嵐信一。ストレートを続けざまに投げ込んで2ナッシングと追い込んだ後の四球目。一球遊ぶこともせず、内角やや高めへストレートが投じられた。一見するとセ・リーグ奪三振王が最後に三振を狙った球のようにも思えたが、本人の意図は異なるところにあったようだ。そして五十嵐の打球は高々としたフライに。江川は、捕球しようと一塁からマウンド方向へ向かってきた中畑清を制し、このピッチャーフライをキャッチ。その瞬間、日本一が決まるのである。ポーンと上がったフライのボール。観客やテレビの前のファンには、なんだか時間が止まったようにも感じられたシーンだった。

「野球の神様からこのピッチャーフライをいただいた。でもライナーでお願いしたのにフライでしたのでちょっと違うんですよ。ひょっとすると神様は野球にあまり詳しくなかったのかもしれません。神様としてはちょっとひねって、フライが上がる時間を僕に楽しませてくれましたね。でもそのフライを捕球しようとした時、白いボールが真っ黒な背景に浮いているように見えたんです。真っ暗な背景にボールの赤い縫い目が見えて、回転せずにわーっと落ちてきた。ですけどあれ、デーゲームだから空は青いはずなんですよ」

完投の役目をまっとうしつつ、最後の打球を投手が捕球して日本一を決めるというこの結末。事前に想定したライナーではなかったが、まんまと江川の思惑が最高の舞台で実現した瞬間だった。

誰もやっていないことは、何かないか?

「それがすごいとか、偉いという感覚でもありません。オールスターでの連続三振にしてもそう。誰も考えていないことを考えていくというのが好きなんですね、結局。江川さんって変ですねとよく言われるんですが、人と同じことを考えても面白くないというか、そういう行為に興味が湧かない。誰もやっていないことは、何かないか。そういう発想にどうしてもなるんです、僕という人間は」

極めて稀有な存在として走り抜けた九年間の現役生活。それ以上、プレーし続けることができなかったから引退したと、別れ際にすがすがしく語った。論理的な思考や、研ぎ澄まされた技術などを、存分に感じさせた伝説の投手との対話。そしてなにより、常人とは異なるその旺盛な好奇心が、この速球投手の魅力を増幅させていたのだとあらためて思い知る。

えがわすぐる

1955年福島県生まれ。作新学院時代は公式戦でノーヒットノーラン9回、完全試合2回などを達成。1973年のドラフトでは阪急から1位指名を受けるもこれを拒否して法政大学へ。大学卒業時にはクラウンライターからの1位指名を受けるがこれも拒否してアメリカへ留学。その後の1978年、通称「空白の一日」を経て、巨人へ入団。ルーキーイヤーは9勝10敗だったものの、翌年から2年連続でセ・リーグ最多勝投手、3年連続でセ・リーグ奪三振王に。1984年のオールスターゲーム第3戦では8者連続奪三振を達成。速球の他はカーブのみという先発完投型の本格派エースとして1980年代の巨人を支えた。故障の影響もあり1987年、32歳の時点で突如、引退を表明。通算9年間の巨人でのキャリアを終えた。現役通算135勝72敗。奪三振数1,366個。最多勝利2回、最優秀防御率1回、最多奪三振3回、ベストナイン2回など受賞も多数。

Tiger
ANS

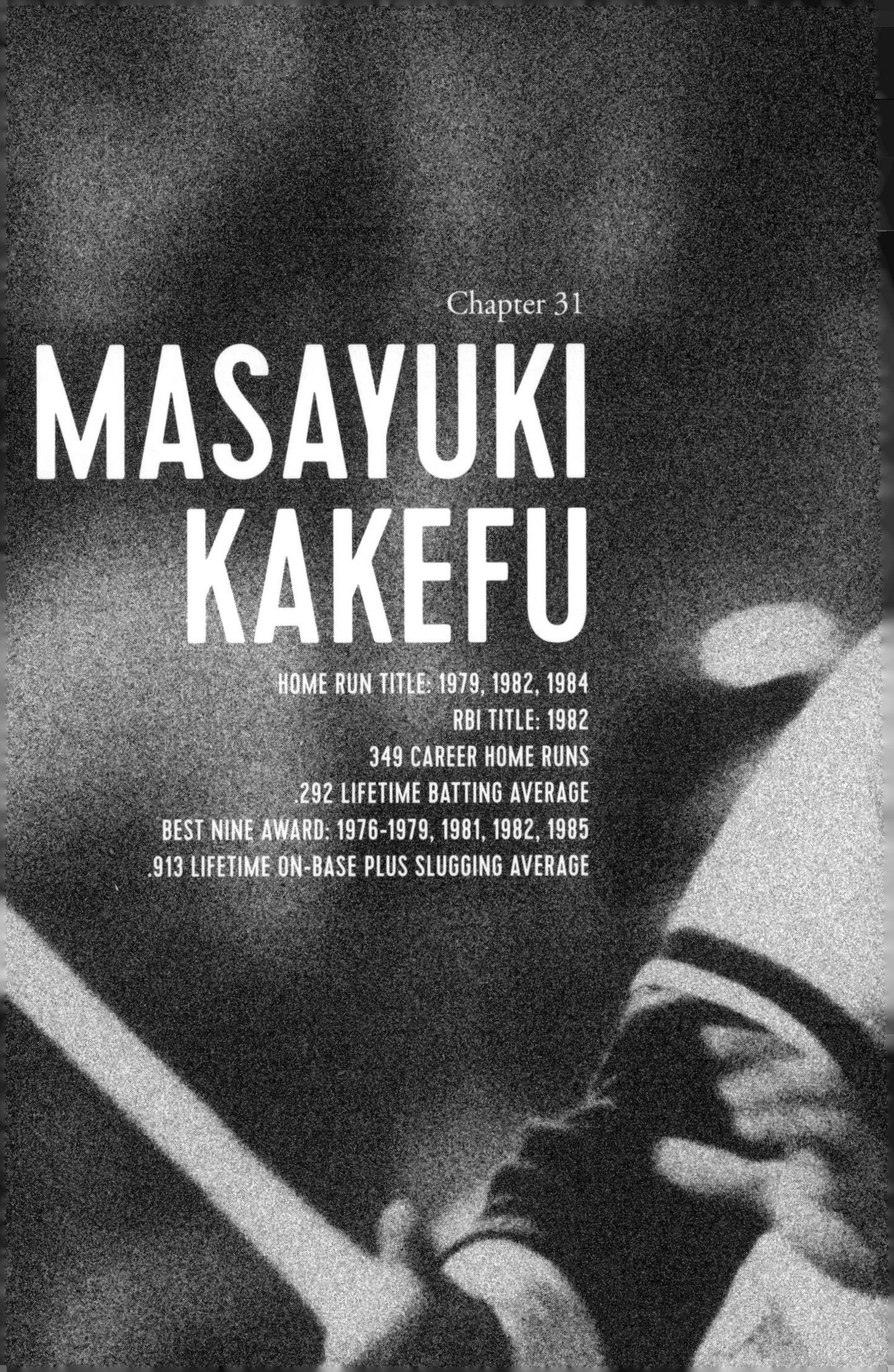

Chapter 31

MASAYUKI KAKEFU

HOME RUN TITLE: 1979, 1982, 1984
RBI TITLE: 1982
349 CAREER HOME RUNS
.292 LIFETIME BATTING AVERAGE
BEST NINE AWARD: 1976-1979, 1981, 1982, 1985
.913 LIFETIME ON-BASE PLUS SLUGGING AVERAGE

できれば「江川」という単語さえ聞きたくないというのが本音でしたね。

Chapter 31

掛布雅之

一九八五年四月十七日、甲子園で生まれた伝説について語るプロ野球ファンは、いまだに多い。タイガースファンならずとも刮目《かつもく》せざるを得ないほど衝撃的なシーン。そう、ランディ・バース、掛布雅之、岡田彰布《あきのぶ》のバックスクリーン3連発だ。相手は宿敵巨人、しかもマウンドにはエースの槙原寛己が立つ場面。阪神はクリーンアップの3人が続けざまに強烈な打球をバックスクリーンへ叩き込んだのだ。このシーズンは阪神が三十八年ぶり（1リーグ時代からの換算）の日本一をその猛爆打線によってもぎとったこともあって、かの3連発はチームの迫力を最も象徴した場面として我々の脳裏に刻まれた。とりわけ掛布のファンであれば、この四番打者のキャリアにおけるピークは一九八五年の3連発だった、と考える向きも多いだろう。あるいは、一九七八年のオールスターゲーム第3戦を、掛布という打者が最も輝いた瞬間だとするファンもいるかもしれない。三番打者としてセ・リーグのクリーンアップに名を連ねた弱冠二十三歳の掛布は、四番・王貞治、五番・田淵幸一といったホームランアーティストを差し置き、三打席連続でアーチを達成。そのボール運びの巧さに、後の大活躍を予見したファンは少なくなかった。

レジェンドはとびきりの笑顔とともに

こうした数々の名シーンを回想しながら少々の緊張とともに本人を待っていると、拍子抜けするくらいの明るさでミスタータイガースが登場した。端的に言うなら、底抜けの笑顔。現役時代の打席で見られた、固く集中した表情とは真逆である。まずはホームランへのこだわりについて聞こうと質問を投げかけたところ、こんな答えが返ってきた。

「背丈も大きくないですし、高校時代にすごい数字を残したわけでもありませんから。そんな自分を阪神が拾ってくれたという感覚。ですから入団した瞬間、これが自分のゴールだと感じましたよね。あとは一年でも長くプロとしてプレーしてクビだと言われたら仕方ないと。入団当時はホームランをたくさん打てるなんて思っていませんでしたからね。いまだにあれだけ打てた現役時代に対して、不思議に思う自分がいるわけですよ」

そんな掛布に単刀直入、もっとも記憶に残る一球について訊ねてみる。同時に、筆者の脳裏にはいくつもの名場面が瞬時に思い出された。やはり、バース、岡田とともに達成したバックスクリーン3連発、である。あるいは、一九七九年、江川卓との初対決でライトスタンドに叩き込んだ美しく豪快なアーチかもしれない。すると、こうした予想を完全に裏切るような答えがすぐさま、返ってきた。

「そういう質問に対して、やっぱりバックスクリーン3連発でしょうとか言う方は多いんだけど、僕にとっては入団四年目（一九七七年）のヤクルトとの開幕戦。初回に打った満塁ホームランですよね。これはもう絶対に忘れられない」

掛布が口にしたのは、よほどのファンでもなかなか記憶から引っ張り出すのが難しいシーン。あまりの即答ぶりに、この一球が本人にとってどれほど重みを持つものだったか、瞬時に推察できた。

打順が回ってこないことを願って

「その前年に3割を打って、ホームランも27本打ち、レギュラーとしても認められて、急激にチヤホヤされだしたわけでしょう。二十一歳の若者だった自分にとっては野球が楽しくて仕方なかったんですよね。でも、四年目のシーズンに入る前、いきなり野球が怖くなっちゃうんです。オープン戦でも4割近く打ってホームランも打ててた。だけど打てば打つほど怖くなる。自分に期待する怖さもあるし、周囲からのプレッシャーも感じる。マスコミのペンだってもちろん怖い。だから開幕なんて恐怖で一杯で、生まれてはじめて野球が怖いっていう感覚を味わうようになっていたわけです」

一九七七年の開幕戦では初回に二死満塁というチャンスが巡ってきた。次の打者は六番の掛布。ところがベンチに座っていた本人は恐怖にさいなまれ、ひたすら自分に打順が回ってこないことを直前まで願っていたという。

「満塁ホームランを打った直後、たぶん初めてじゃないですかね、バンザイしたのは。なぜバンザイが出たかっていうのは、恐らく、怖さというものをホームランの感触が一瞬、忘れさせてくれたからじゃ

ないですか。でもホームベースを踏んでベンチに帰ってきたらまた我に返るわけです。次の守備、次の打席がさらに怖くなっていることに気づく。大げさじゃなく、ベンチでブルブル震えてましたよ」

周囲には飛ぶ鳥を落とす勢いの若虎が、満塁アーチで最高のスタートを切ったかのように見えた開幕戦の初回。しかし本人の胸の内は言い知れない恐怖で支配されていたのだ。言い換えれば、阪神でスタメンを張り、チームや周囲、自分の期待に応えられるかどうかという恐怖。このホームランが教えてくれたことは、掛布にとってとてつもなく重かったということだ。

江川卓という男との濃密な時間

「1本のホームランで、先輩方がどんな気持ちで野球と向き合っていたかを初めて知ったんでしょうね。それまで調子に乗っていた若者が怖さを知り始め、扉を開いたらさらに怖いものがあったという。野村（克也）さんにしても、落合（博満）にしても、イチローにしても松井（秀喜）にしても、どれだけ打っても楽しいわけなかったって言うんじゃないですか？　だからあのホームランが僕にとってのスタートになった。あれ以来、野球が楽しいと思ってプレーしたことは一度もなかったんです」

一方で、「怖さ」は戦う対象ではなかったとも話す。その怖さが半歩前にあることをしっかり感じながら過ごした現役時代。「恐怖」は、その後の自分にとって最高の先導役となって、成長を後押ししてくれたという。

「自分のような選手は怖さがあるからとにかくバットを振るわけです。だからこそあれだけやれた。

怖さが僕を育ててくれたという意味では、やっぱりあの満塁ホームランは忘れられないんですよね。もちろんファンとかチームメートには、僕がそんな怖さを感じていることを気づかれないようにしてました。でも、女房は感じてたんですよね。毎シーズン、開幕の前日は気を使った食事を出してくれてですね。まずヤクルトを飲むでしょう。巨人大鵬ということで卵焼きを食べて、ドラゴンズは竜だから鰻か穴子。それから大洋はクジラだからそれを食べ、鯉は嫌いなんだけど広島だから一口だけ食べる。食事が終わるとグラブを枕元に置いて寝るという感じです。そうでもしなければ怖くて仕方ないってことを女房も気づいていたでしょう」

自信どころか、ミスタータイガースは野球に対する怖さを吐露し続けた。そこで聞きたいのが、最大のライバルとの対戦についてだ。プロ野球史に残る名勝負を演じた宿命の相手はもちろん、巨人の江川卓。江川との対戦は掛布にとって果たして恐怖の瞬間だったのか、訊ねてみる。

「楽しみなんていう気持ちは全くなかった。できれば江川という単語さえ聞きたくないというのが本音でしたね。それはもう正直、一番、怖い相手。彼も僕と対戦するのは怖かったと思うんです。だけど宿命でしたからね、彼との対戦は。今はね、とても楽しい思い出として話せますよ。もちろん江川には感謝もしてるんです」

通算では167打数48安打14本塁打で巨人のエース・江川に対して好成績を残した掛布。それでも当時は対戦するのが怖かったというのは正直、驚きだ。でもだからこそ江川を攻略するため、努力を重ねられたのだろう。強力すぎる相手を意識し、恐れおののき、恐怖を振り払うために打ち勝つ方法を考え、精進する。「自信」というより「恐怖」が、この対戦をヒートアップさせたわけである。

江川こそが、自分の長所を引き出してくれる

「でも彼との対戦は僕にとっていろいろな意味を持ってもいたんです。たとえば西本（聖《たかし》）だったらストレート、シュート、スライダーと球種がいろいろあるからこちらも配球を読むし、考えますでしょう。だけど江川だったらストレートしかない。その直球は他とは別格だから打つのはやっぱり難しいんだけど、余計なことを考えなくていいんです。打てるとしたらベストなスイングも一つですし、タイミングも一つ。それを目指そうとするから無駄なものが削れていってシンプルに考えて向かっていけるんです。だから、とてつもなく怖い相手なんだけど、自分の一番いいものを引き出してくれるのもまた、江川なんですよね」

かつて食事する機会を得た二人は、いろいろな会話を交わすなかで一つの合意にたどり着いたという。それは「俺たちの勝負が一球で決まってしまったら、面白くない」という結論。ファンが何を期待しているかをいつも真剣に考える二人だったからこそ、得られた結論だった。

「それで彼は初球に必ずカーブを投げてくるようになった。僕はそれを見逃しますでしょ。その後、三、四球目くらいのストレートで勝負が決まると。非常にシンプル。江川の最高のストレート、それを僕がベストなスイングで打つかどうか。さらには自分が打つか、江川が抑えるか、この一つの打席で試合自体も決まっていくと。いつもそういう流れでしたので、僕も江川も、二人にしかできない野球を作っているという自負はありましたよね。やっぱり四番打者やエースは、勝敗を超えてファンに見せなけ

ればいけないものがあるでしょう。もちろんチームが勝つためにやってるんだけど、それ以上のワガママな部分。昭和の時代というのはそれを許してくれたし、ファンもそういうワガママな野球に期待していたわけですよね」

御堂筋パレードでファンに応えたかった

取材は四十分にも満たなかったが、掛布の言葉はとめどなく紡がれた。一九七八年、絶対的な存在であった田淵幸一が西武ライオンズに移籍した時は、阪神に残された自分が四番の重責を果たせるかどうか、自信のカケラもなかったこと。八五年の優勝時には絶好調だった三番のバースが敬遠されないよう自らの長打も量産しつつ、五番岡田への「繋ぎ役」も考慮して四球も積極的に意識した難しい四番であったこと。そしてすべての試合で四番には本塁打が求められるということ。散漫にも思えたいくつもの話題だったが、それらすべてが掛布の背負っていた、プロとして、四番としての「責任」というキーワードでつながっていた。

最後に、三十三歳で幕を閉じた現役生活を振り返って、悔いはないかと質問した。答えはこうだ。

「悔いがあったら続けてたと思います。だから満足……。だけど、やっぱり一つあるかな。八五年はリーグ優勝を決めたのが神宮でしたし、日本一を決めたのも西武球場でしたでしょう。つまり、本当の意味で甲子園のファンを喜ばせることができなかった。だから当時、御堂筋パレードをやりたいって僕はいろいろなところで言ったんです。そうしたら死人が出るからダメだと知事に言われてね(笑)。パレードをできなかったことが唯一、心残り」

そんな言葉を残し、はちきれんばかりの笑顔を見せながら去っていったミスタータイガース。人はとんでもない怖さ、責任、プレッシャーから解放されると、あんなにもゆるやかでたおやかで、すがすがしい表情になっていく。なるほど、何かがストンと腑に落ちた。

かけふまさゆき

1955年新潟県生まれ、千葉県育ち。習志野高校を経て、1973年のドラフト会議で阪神から6位指名を受け、入団。翌1974年から1軍で83試合に出場した。1975年のシーズンにサードのレギュラーを獲得すると、翌シーズンには3割2分5厘、27本塁打をマークし存在感を示し始める。1977年には主に三番打者としての先発が増え、1979年には主砲・田淵幸一が抜けたチームを牽引、本塁打48本で本塁打王を獲得する。1980年以降は不動の四番打者として活躍。1981年には3割4分1厘を記録し、同年からは5年連続で全試合出場を果たす。1985年には掛布を中心にバース、岡田、真弓らが猛打を爆発させチームは日本一に。掛布自身も本塁打40本、打率3割、打点108と申し分ない成績を残した。1988年に引退するまで本塁打王3回、打点王1回、ベストナイン7回、ダイヤモンドグラブ賞6回など記録と記憶に残る活躍を見せた。

Chapter 32

SHIRO MIZUNUMA

1260 TOTAL GAMES PLAYED AS CATCHER
.360 CAREER CAUGHT STEALING PERCENTAGE
64 CAREER STOLEN BASES

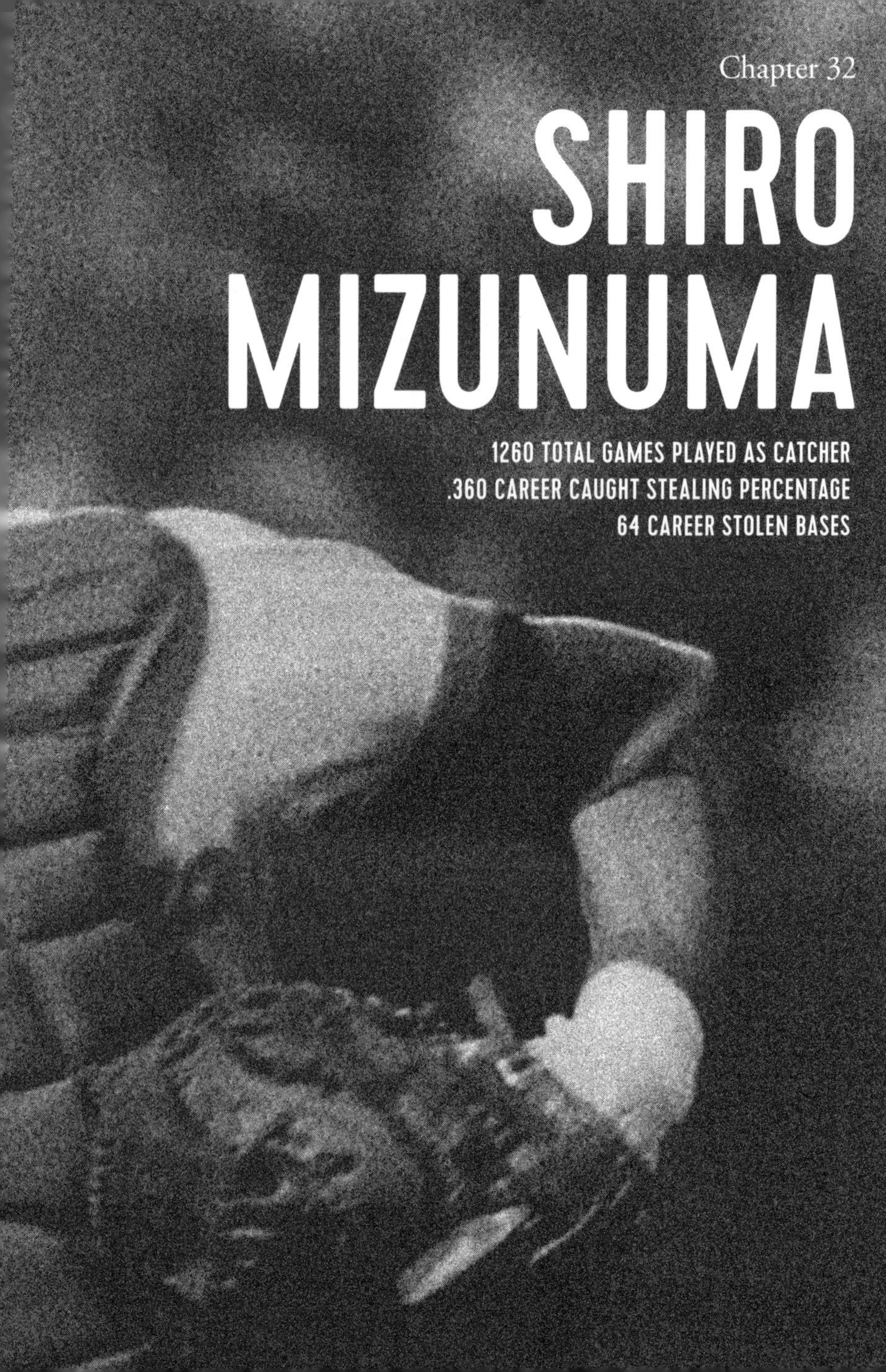

江夏に対しての微妙な感情も今はない。でも悔しい気持ちはいつまでも消えんよ。

Chapter 32

水沼四郎

ペナントレース中にももちろん名勝負は多いが、やはりファンの記憶に刻まれる劇的な一瞬は、日本シリーズ中のものであることが少なくない。先に4勝すれば日本一というシンプルな構成もファンにとっては没入しやすい。短期決戦であるからこそ、一球一球の重みも格別だ。日本一を懸けて戦う場では一流選手のポテンシャルが最大限に発揮されるし、選手たちの極限状態がむき出しにもなる。

一九七九年の日本シリーズ、広島対近鉄の第7戦はそんな野球の面白さが凝縮された、まさに一篇の優れた小説のようなドラマ性がファンを魅了した。そう、これまでも、これからも末永く語り継がれるであろう野球ならではのドラマティックな終盤の攻防、いわゆる「江夏の21球」である。ざっとおさらいをしておくと、こうなる。ともに3勝3敗で迎えた第7戦。序盤からカープがやや優勢に試合を進め、六回裏を終わって4対3という緊迫の展開。終始、リードするカープをバファローズが追うという流れで試合は終盤へ。そしてカープ1点リードで七回裏を迎える。バファローズの反撃を阻止すべくカープの守護神、江夏豊がいよいよマウンドに上がった。カープ側の期待通り、七回、八回と0封に成功した江夏。いよいよあとは九回を投げきれば球団史上初の日本一というところまでこぎつけた。ところが、安打と四球二つでノーアウト満塁のピンチに。次打者を三振で仕留めた直後、打席には一番打者の石渡茂が入った。そして1ストライクの後、同点のスクイズを狙った石渡。そしてそのスクイズを江夏は投球動作の途中で見破り、ボールはバットの届かない位置へ。結局、石渡はこのボールをバットに当てることができず、既にホームに向かっていた三塁ランナーはなすすべなくタッチアウトに。2アウトとなった後は石渡も三振でゲームセットとなった試合である。ポイントはもちろん、江夏が敵のスクイズを見破り、加点を許さなかった場面。九回裏に投じられたすべての投球、21球が一つのドラマのようにも感じられたこの攻防。なぜ江夏が咄嗟《とっさ》にスクイズを見破ることができたのかという謎も相まって、天才投手、江夏豊のイメージはさらに神格化されたわけである。

「スクイズ外し」より大切な瞬間

そして本章で登場するのはあの時、マスクをかぶっていたカープの捕手、水沼四郎である。七〇年代から八〇年代にかけてカープの正捕手として活躍し、三度のリーグ優勝に貢献。長年、赤ヘル軍団を牽引した強肩強打の名選手である。そんな水沼の記憶に残る最も印象的な一球は、きっとあの場面でのボールだろうという前提でいきなり質問をぶつけてみた。

「思い出すのはホームランの記憶かな。一つは初ヒットが初ホームランになった時。それとやっぱり一九七九年の日本シリーズ、第7戦でのホームランね」

意外なことに、あのスクイズを阻止した一球ではないと答える水沼。それよりも自身のホームランの感触が今でも忘れられないと語る。それほど打撃には自負があったのだろう。水沼の話はさらに続いた。

「わしはね、ホームランが意外と多いんです（笑）。でもなんだかそのホームランを邪魔する出来事がいつも起こっちゃう。それが悔しいんだよね。一九七一年の八月に満塁ホームランを打った時もそうだった。普通、満塁ホームランを打ったらヒーローよね。なのに、カープの藤本和宏っていうピッチャーがノーヒットノーラン。それでわしのホームランの印象がとっても薄くなっちゃった（笑）。いつもわしのホームランはピッチャーの影に隠れちゃう。江夏の21球の時もそうでしょ。あれがなかったらわしはヒーローになってたはずよ（笑）」

そうなのだ。あの第7戦に価値をもたらしたのはなにも江夏だけではなかった。緊迫した序盤で4イニング無失点に抑えたカープの先発・山根和夫や、押され気味の試合を五回裏の2ランホームランで振り出しに戻したバファローズの平野光泰といった面々も、試合中盤までは確かに第7戦を盛り上げた立役者だった。そして2対2の状況で相手の戦意を喪失させるに足る2ランホームランを打ったのが水沼である。結果として試合はこの加点が決勝点となり広島は4対3で勝利。展開は二転三転したものの、最終的に打のヒーローは間違いなく水沼だったと言えるし、おまけにこの勝利によってカープは球団史上初の日本一を達成したのだ。もちろん試合に勝てたことは嬉しいが、ヒーローの座を最後の最後で横取りされたような感覚だと、苦々しく話す水沼。あの第7戦は水沼にとって極めて複雑な印象を残した試合だったわけである。そして、あの試合が「複雑」な理由はまだあると、本人が語り始めた。

「ホームランを狙って、その通り打てたということはわしにとって大きかった。だけど、最終回のスクイズを阻止したのは江夏一人だったということになってるでしょ。それがもう自分の中では許せんこと(笑)。あの場面でスクイズがくるということをわしは分かってたから、江夏の手からボールが離れる直前に自分は立ち上がった。それを感じて江夏はスクイズを外すことができたわけよ」

江夏の偉大な所業と語り継がれてきた「21球」だが、それを覆すような水沼の発言。にわかに信じがたい読者も多いだろうが、その論拠を聞き出していくと驚きの事実が次々と飛び出してきた。まずポイントとなるのは近鉄の打者が石渡茂だったということ。石渡は中央大学野球部で水沼の後輩だったことから、試合中にも言葉を交わすような仲だったという。そこで、あの第7戦で訪れた石渡の打席でも、水沼はマスク越しにこうカマをかけたというのだ。

「おい、何かあるんじゃろ?」

そしてその後の石渡の反応がいつもと違うことで、水沼にはスクイズへの警戒心が急激に高まっていったという。

「いつもはこういう風に声をかけると『四郎さん、何もないよ』と気軽に返してくる、石渡なら。それがあの時は一言も言わず、わしとは目も合わせなかった。それでピーンときたんよ」

一球目、石渡はど真ん中のカーブを見逃し。これで水沼の疑念はさらに深まった。直後の二球目。同じカーブのサインにうなずき、投球動作を始めた江夏。そしてその瞬間、三塁走者がスタートを切ったのを水沼は確かに感じた。

「もともと江夏は球持ちがいいというか、ボールを持ってる時間が他の投手より長い。だから最初は外すつもりがなくても、投球動作の途中で目標を変えるということができたわけ。でも、絶対に江夏はわしが立ったのを見たから、スクイズを外せたのよ。仮にわしがインコースに構えたままだったら、江夏は間違いなくミットにめがけて投げてたはずよ」

この最終回、江夏は水沼のサインに対して一度も首を横に振らなかった。つまり水沼に全幅の信頼を置いていたとも言える。その江夏がカーブのサインにOKを出し、カーブのままボールをウエストし、スクイズを回避した。通常、バントを外す際はキャッチャーが捕球しやすいストレートが基本であるため、カーブのままウエストしたことも「江夏の咄嗟《とっさ》の判断」という解釈を生んだ理由かもしれない。

「水沼の21球」という真実

この江夏の奇跡的な投球は、スポーツノンフィクションの傑作とされる「江夏の21球(山際淳司著)」によってさらに世間へと知られるようになっていった。でも実は、この作品の著者は執筆過程で江夏に取材をしたのであって、女房役である水沼の証言は一切、加味されていない。水沼は取材を受けていないことに対して、数十年経った今でもやや不満そうに話を続けた。

「確かに江夏はとんでもない投手よ。わしとはスター性も全然、違う。だけど、スクイズを外せたのはわしの判断が大きかったわけだし、あの第7戦では試合を決めるホームランも打った。そういうこともあって自分の記憶の中ではとても複雑な試合になってしまったんよ」

もちろん江夏にしてもあのスクイズ外しを自分だけの功績にしたかったわけでは決してないだろう。

1点も許してはいけない場面での1アウト満塁。打者がバントの上手い石渡であれば、百戦錬磨の投手でなくてもスクイズは警戒する。問題は誰が最も早く、スクイズという確信に行き着いたかである。そして実は、この問題は解決済みなのだと水沼は言う。

例の試合から二十一年経ったタイミングで、一つのテレビ番組企画が大阪で実現した。「二十一年目の21球」と題した番組は、江夏と水沼が出演し、当時を語り合うという内容だった。番組自体は視聴者を驚かせる内容ではなかったが、バッテリーを組んでいた二人がようやくあのシリーズに関して、まともに語り合う場となった。そして、番組では放送されなかった部分に、問題の核心があったという。

「球場で収録していて、マウンドに向かって二人で歩きながら話す場面があったの。その会話はカットされちゃったんだけど、江夏はこう言った。『四郎ちゃん、あの時は四郎ちゃんが立ったからわしは外した』って。それを聞いてわしは、まあ許したるかと(笑)。江夏に対しての微妙な感情も今はない。でも悔しい気持ちはいつまでも消えんよ。江夏がどうだというより、自分のホームランが忘れられているということの方がな(笑)」

当時を知る野球人の中にはあの試合を評し、「水沼の21球」と表現する向きも少なくない。そこで最後に質問してみることにした。タイムマシンがあったらどのタイミングに戻りたいかと。きっと21球の場面に戻り、また別のアクションを起こすのかと思いきや、水沼の考えはそうではなかったようだ。

「そうやね。戻るとしたらやっぱりあの日本シリーズ第7戦の六回表。わしがホームラン打った瞬間やね。ガツンと打って、ホームまでバーっと還る感じ。また味わいたいわね(笑)」

みずぬましろう
1947年兵庫県生まれ。報徳学園時代は春の選抜に出場、中央大学時代は東都大学野球リーグ優勝、全日本大学野球選手権大会優勝などを経験。1968年のドラフト会議では広島から2位指名(1位は山本浩司)を受け入団。その3年後から正捕手の座を獲得する。1975年にはチームとして初のリーグ優勝を牽引。この後数年はレギュラー争いに身を投じる時期があったものの1978年には初の規定打席に到達し、1979年から2年連続日本一にも大きく貢献する。1979年の日本シリーズでは「江夏の21球」を影で演出した捕手としても知られる。1982年には達川光男の台頭により出場機会を減らし、翌年には中日へ移籍。結局、1983年シーズンのオフに引退し、15年間の現役生活を終えた。引退後は中日で二軍バッテリーコーチ、一軍バッテリーコーチ、横浜大洋ではスカウトなどを務める。1990年代後半からは広島市内でお好み焼き屋を経営し、人気店に。

NTETS

Chapter 33

SHIGERU KURIHASHI

BEST ON-BASE-PERCENTAGE TITLE: 1980
BEST NINE AWARD: 1979, 1980, 1982
215 CAREER HOME RUNS
.837 LIFETIME ON-BASE PLUS SLUGGING

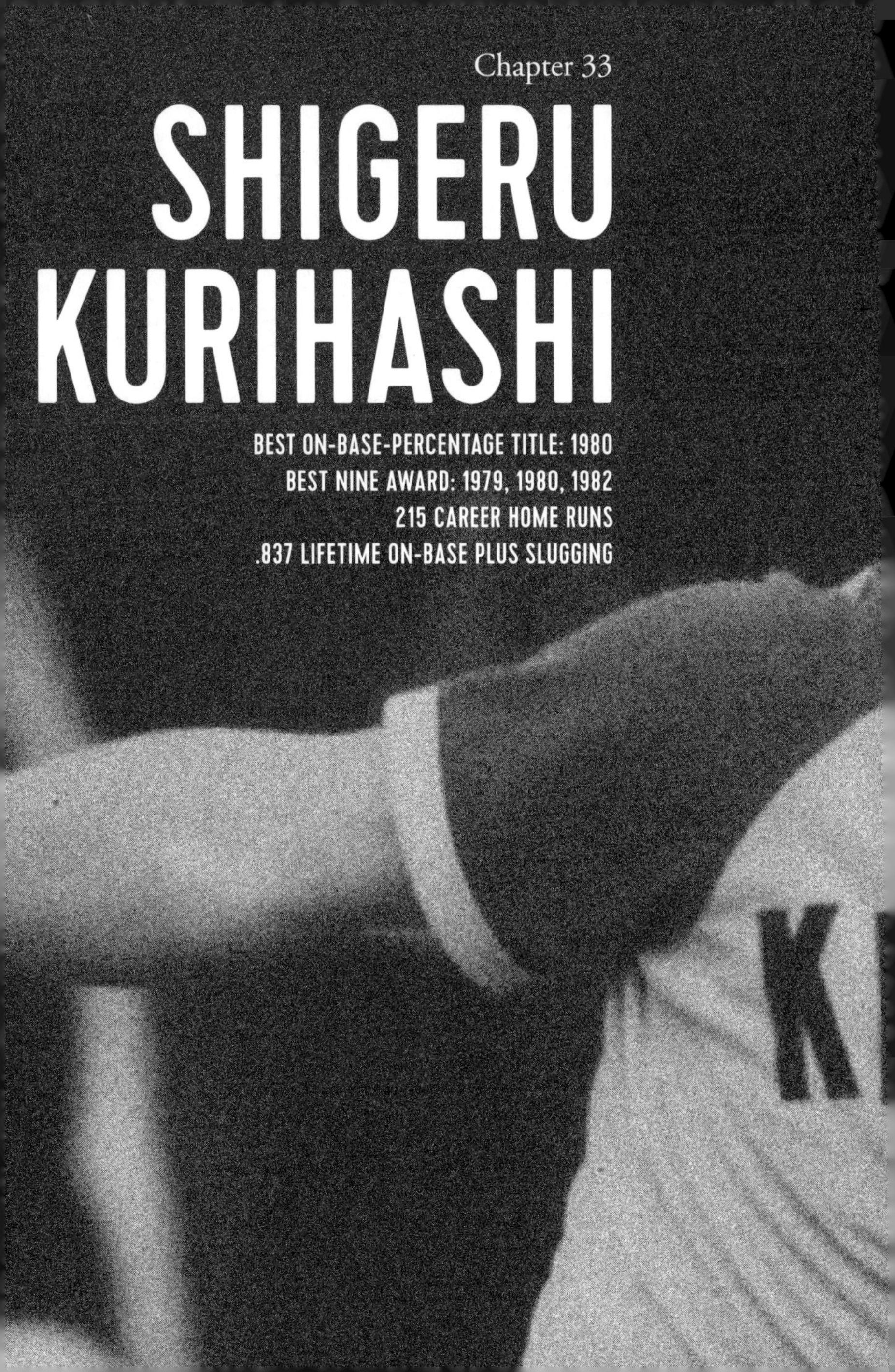

ワルじゃないからね、俺は。ただ、ブチッときたら気をつけろ、みたいな。

Chapter 33

栗橋 茂

一九七九年、当時の十二球団では唯一リーグ制覇を経験していなかった近鉄が、悲願の初優勝を成し遂げた。翌年も、シーズン239本の本塁打(二〇二二年十一月現在、パ・リーグ最高記録)を記録するなど強力打線が爆発してパ・リーグ二連覇。この黄金時代をクリーンアップの一角として演出したのが栗橋茂だ。筋骨隆々の身体から「和製ヘラクレス」との異名を取り、パワフルなスイングからの強烈な打球が最大の持ち味。一九八〇年には3割2分8厘の打率、リーグ最高の出塁率を記録するなど、シュアーなバッティング技術も持ち合わせた頼れる打者だった。

近鉄を躍進に導いた、中距離砲

栗橋自身が経営するバーでの対面。現役時代のマッチョで男くさい雰囲気はさほど変わっていないように見える。自身の打棒について話を振ると、冷静な自己分析が口をついて出てきた。

「俺は中距離のバッターだったよね。どっちかっていうと反対方向、左中間に打つのが結構、上手い。中距離砲でも当たれば長距離の打球が出るっていうのはあったけどさ。やっぱ、ホームランバッターと言ったら、引張りだから。そういうバッターはボールを待つ。だけど、俺は初球のアウトコースだろうが甘ければ打ってしまうから、左中間とか三遊間にいってしまうっていうのはあるよね。ホームランバッターはそういうボールを見逃すでしょ。いいボールを待ってでっかいの狙うってよりは我慢しないタイプ、早く打ちたいタイプなんだよ。自分が持ってるパワーは知ってたけどね。昔は、身体細かったんだよ。そもそも当時はウェイトのマシンとかもないし、バット振ってたらこういう筋肉になってきたんだろうな」

七〇年代後半、近鉄のクリーンアップは多くの場合、三番の佐々木恭介、四番のチャーリー・マニエル、五番の栗橋で構成され、その圧倒的な破壊力はパ・リーグでも群を抜いていた。当時、二連覇を牽引した自負はあるかと聞くと、こんなエピソードを持ち出してくる。

「いやいやマニエルだよ、やっぱマニエルは特別だった。それで、俺はマニエルがいるとダメなんだよ。みんなはマニエルにつられて打てるようになっていくんだけど、俺はやっぱり意識しちゃう、あいつを。マニエルに勝ちたいと思うと、空回りしてさ。そういう弱いところが自分にはあるの。初優勝したシーズンに、そういう俺を見て監督の西本(幸雄)さんが新聞記者に言ったの。『栗橋はプロじゃない』って。それが新聞に載って、敵チームのファンからも『プロじゃない奴が守ってるぞ』とか言われてさ。落ち込んだよ。だけど、それは気合を入れるために監督が言ったんだろうと思う。まあ、それから俺は頑張って打つようになったけどね」

大毎、阪急、近鉄と二十年間、監督として采配を振るい続けた西本幸雄。八回もリーグ優勝を達成しながら一度も日本一をなし得なかった、通称「悲運の名将」である。選手の力を最大限発揮させる何かを持っていたと、西本を評す栗橋。言葉ではなく、その存在感によって選手を鼓舞した、稀代のモチベーターであったと懐かしそうに話す。

猛者たちとの対決

磨かれた技を武器とする投手たちが跋扈《ばっこ》していた七〇年代、八〇年代のパ・リーグ。近鉄の主軸打者としてそんな猛者たちとどのように対峙したのか、聞いていく。

「やっぱ打てそうもなかったのは、山口高志。どんだけ打てなそうでも打ち方を変えることってほとんどないんだけど、山口の時だけはバット、変えたよね。バットを変えるっていうのは、握り。こぶし一握り分、バットを短く持った、俺にとっては最高の侮辱。この握りを上げさせるっていうのはもうそれで打者として負けたようなもん。あれだけはっきり握りを上げたのは山口高志の時だけ。もう、この握りにすごい戦いがあるから」

阪急が誇る速球投手はなかなか打ち崩せなかったと悔しそうに語る栗橋。どうしても打てない相手は山口の他にいなかったと話しながら、強敵たちとの対決についてユーモアと愛情たっぷりの回想が続いていった。

「村田（兆治）さんも速かったけど、フォークの角度がね、ありゃ打てないよ（笑）。あの人のフォークはそもそも打つボールじゃなくて見逃すもんなんだけど、それを見逃せないんだから。フォークを打とうと思っちゃったらもうお手上げ。だけどそんなボールがくる前にカウントを取りにくるやつがある。真っ直ぐなり、スライダーなり。それをもう先に打ってしまうってこと。山田（久志）さんとはいい勝負でしたねぇ。結構打ったよ。真っ直ぐはもちろん、俺はシンカーが好きだったしね。打つもんだから、もう俺にはシンカー放らなくなって。今井の雄ちゃん（雄太郎）のシンカーも好きだったな。俺が指を怪我してほとんど片手でしか打てない時も、片手でカーンってホームラン（笑）。試合前に一度、雄ちゃんと顔を合わせたら『今日、出るの？』なんて俺に言うの（笑）。ビビってんなあと思って（笑）。球は速くないんだけどここっていう時にやられたって言えば、東尾修。上手いピッチャーだよね、やっぱり。一回の打席で二度も自打球当てさせられちゃうくらいスライダーが多かった。追い込んだ後はガッと腕を振ったフォークでね。根性もすごい。左バッターにはグイグイこないんだけど、右バッターにはシュートでね。シュートのピッチャーだから右バッターにぶつけても何が悪いんだっていう顔してさ。俺にぶつけた時はバーっとマウンド降りてきて大丈夫か！大丈夫か！って感じだったけどね（笑）」

デッドボールに話が及ぶとさらに言葉の勢いが増した。当時のパ・リーグでは主軸打者に対して危険なボールで向かってくるピッチャーもおり、そのような対決で調子を崩す選手も少なくなかったと話す。パ・リーグにおけるかつての荒々しい攻防をどう乗り切ったのか。

「俺なんか頭に五度もぶつかってるんだからね、デッドボール（笑）。他にそんな選手いないんだから。狙われたのかどうか知らないけど、逃げるのが下手とも言われたしね。普通、頭に五度も当たったらおかしくなっちゃうよ。普通に野球できないから。だけど俺、平気なのよ(笑)。普通、そういうことがあると怖がっちゃってバッティングにならないんだけど、俺は当てられたら次の打席で逆に踏み込んでいくから。向かっていって」

ブチ切れた、荒ぶる魂

そう言えば、栗橋には荒い気性からなる逸話がいくつもあった。飲み屋での大喧嘩や監督とのいさかいなどなど、本人自ら、様々な場所でこうしたエピソードを披露しているのだ。その荒ぶる魂を本人はどうみているのか。

「結構、喧嘩するんだよね、学生時代から。茶化されるとブチっとくる。プロになってからもコーチなんかは『栗橋には気をつけろ』って言ってたらしい(笑)。だけどワルじゃないからね、俺は。ただ、ブチッときたら気をつけろ、みたいな」

たとえば、一九八八年にヘッドコーチから監督へと昇格した仰木彬との、キャンプでの一触即発の事件はよく知られている。中継プレーの練習時、レフトを守っていた栗橋の方向に、フェンス直撃の打球が飛ぶ。外野手が三塁手を中継してこのボールをバックホームするという練習の最中、事件は起こった。

「俺がクッションボールを処理しようとボールを待ってたの。そうしたらボールがフェンスの変な所に当たって、予想外の方向へ転がっていったんだよね。で、俺はそれを追いかける。その姿がちょっと格好悪く見えたんだろうね。仰木さんも監督になったばっかりで、選手に対して強さも見せなきゃいけないからハンドマイク持って指示を飛ばしてた。やめときゃいいのに」

そして、マイクを通じて監督が言い放ったのはこんな言葉だった。

「この年寄りがー！しっかりやらんかーい！」

これを聞いた瞬間、栗橋の中でブチブチっとキレる音がした。

「俺はすぐレフトから大声でさ。『なに?コラぁ～！お前、やれぇ～！』って(笑)。そうしたら金村(義明)が監督と俺の間に入って止めようとしたけどね。あの頃、仰木さんは若手を使っていこうっていう反面、ベテランには冷たかったたっていうのもあったし」

このような争い事は大小、挙げれば枚挙に暇《いとま》がない。そんな栗橋にとって、現役生活で最も記憶に残る一球にも、ちょっとした「争い」が絡む。ほろ苦くも温かい、忘れじの一球だ。レギュラーを確保して三、四年経った頃のあるシーズン、日生球場でのとある試合。栗橋はノーアウトで二塁打を放ち、続く次打者がセンターへと大飛球を打った。この一球が、後の野球人生に少なからず影響を及ぼすことになる。

あの一球で深まった、監督との絆

「俺は二塁にいるからタッチアップに備えるじゃない。センターが捕れるかどうか微妙な打球だったんだけど、結果的にはヒットになって。そういう打球だから当然、俺のスタートも遅れるでしょ。それで三塁止まり、ホームまで還れなかった。しょうがないよね。だけどその次のバッターがまた打ったから俺はホームに還って1点取れたのよ。そうしたら西本監督がベンチから出てきてさ。俺に向かってこう言うの。『手抜きしやがって！』って。それで俺は冷静に『いや、してないですよ』って返したんだけど、まだ監督は『手抜きしやがって！』って言うわけ。二塁から一気にホームへ還って来られたっていうことだと思うんだけど、微妙な打球だったしさ。結局、監督は三回も『手抜きしやがって』と俺に言った（笑）。もう頭にきてさ。『してねえっつってんだろ、この野郎、てめえ！』って大声で言っちゃったわけ」

監督に対してそれほどの啖呵《たんか》を切り、ベンチに戻った。そこで去来した思いを言葉にするとこうなる。

「やっちゃったよなぁ、やばぁ」

そして試合後、さすがに謝罪の姿勢を見せるべく、監督室へ向かった。

「『失礼しまーす』って言いながら部屋の方に向かうと、コーチ達が俺に気づいて部屋の中の監督に伝えてるのが分かった。『来てますよ』って。そしたら部屋の中から西本さんの手だけが出てきてさ。廊下にいる俺からは監督の顔が見えないんだけど、こう、手の平を広げてなんともいえない感じでユラユラ振ってくれたの。それに対して、『ああ、すいませんでした』って言ったら、また優しく手を振って『大丈夫、行け、行け』って言ってるような感じでね。こっちは落ち込んでるんだけど、なんかさ」

監督から言葉はなかったが、手の振りだけで「気にするな」といった雰囲気はしっかりと伝わってきた。

「それで次の日、ゲーム前の練習の時にさ、グラウンドに出る通路で監督とすれ違ったのよ。身体が触れ合いそうになるような狭い通路で。『おはようございまーす』って言ってもすぐには返事がなくて。だけど身体がちょっと触れ合いながらすれ違った直後、俺のお尻をポンっと軽く叩くわけ。言葉は全然ないんだよ。なんかね、その時からさ、あー、俺はこの人についていこうと思ってね。西武の広岡（達朗）

さんだったら二軍行きとか、トレードに出されるくらいのことだったんだろうなって（笑）」

かといって西本監督があらゆる局面で選手に対し、甘かったわけでは決してない。厳しくいくべきところは厳しく接し、大局観に立ち、選手たちのモチベーションを高めながら巧みにチームをまとめ上げる。そのような一連の言動が、栗橋を始め選手たちの共感を集めていたという。

「グラウンドでは鬼みたいだけど私服着たら茶目っ気のある優しいおじいちゃんでしょう（笑）。そういう切り替えみたいなことも教わったよね。大好きっていうことじゃなく、あの人のこと認めてた。認めてない相手だったら俺も堂々と向かっていくだけだしね。認めてて尊敬してるからこそ、こっちから距離も置こうとしたし、緊張もしたし、怖い存在。細かいこと言わないんだけど、プレーに関してもいろいろ教えてくれる人だった。いろんなことがあったけど、俺がプロで頑張ってたのは『西本さんのために』っていう部分が大きかったよ。それくらい鍛えられたし、認める相手だった、うん。だからあの人が阪神の監督として誘われてるって知った時も、俺はバファローズにいてほしい、ここで終わってほしいって願ってたよね」

そんな監督との関係性を聞けば聞くほど、なんだか胸がじんわりと熱くなった。他人は容易に知り得ない、互いに認めあった監督と主砲の深く、濃いつながり。そんなつながりの物語が、とある一球をキッカケとして始まっていき、チームの躍進へと結びついていった。それにしても西本幸雄という人は、つくづくとんでもない名将だ。これだけ気性の激しい荒馬、栗橋をその気にさせ、16年間もチームのために尽くすよう、仕向けたのだから。

くりはししげる
1951年東京都生まれ。帝京商工高校を経て、駒沢大学へ進学。東都大学野球リーグでは2回の優勝、明治神宮野球大会でも優勝を経験。その後、1973年のドラフト1位で近鉄に入団。翌年にはジュニアオールスターに出場し、MVPを獲得。1976年からはその打撃を買われ、クリーンアップでの出場機会を増やし、1978年には四番として77試合に先発、本塁打20本、打率2割9分2厘の好成績を残す。翌年からは佐々木恭介、マニエルらと強力なクリーンアップを形成し、チームの2連覇に大きく貢献。マニエル退団後の1981年以降は再び四番に定着し、コンスタントに二桁の本塁打を打ちながら3割前後の打率でチームの攻撃面を支え続けた。1989年、近鉄3度目のリーグ優勝を最後に現役を引退。16年間、近鉄一筋のキャリアでベストナイン3回受賞、オールスター出場4回、サイクルヒット1回などを記録する。引退後は藤井寺駅近くのバー「しゃむすん」の経営や、メディアでの野球解説、バラエティ番組などで活躍。

Chapter 34

MASARU UNO

HOME RUN TITLE: 1984
338 CAREER HOME RUNS
BEST NINE AWARD: 1982, 1984, 1987
10 CONSECUTIVE GAMES WITH AN RBI
.799 LIFETIME ON-BASE PLUS SLUGGING AVERAGE

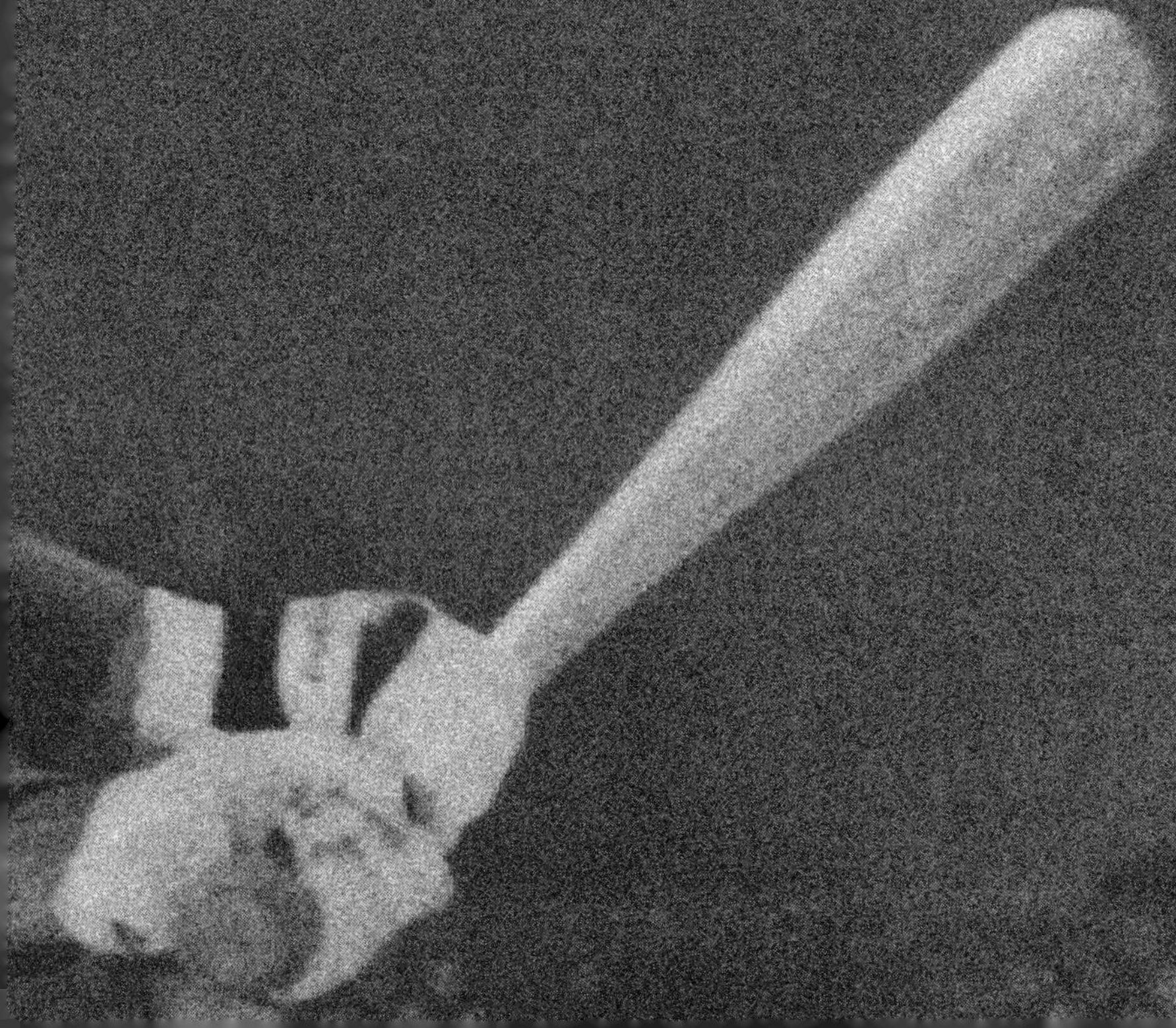

野球の魅力って、思いっきり引っ張って、スタンドに叩き込むホームランですから。

Chapter 34

宇野 勝

プロ野球選手ＯＢに史上最高の一塁手、三塁手は誰かと尋ねると、ほとんどの場合、前者に王貞治、後者に長嶋茂雄の名が挙がる。ところが、史上最高の遊撃手となると意見が割れる。遊撃手には打撃とともに守備の重要性も問われる、というのがその理由だろう。守備を重視するなら吉田義男、山下大輔、石井琢朗ら、守備と攻撃のバランスなら藤田平、真弓明信、高橋慶彦といったレジェンドを推す声が多い。守備範囲、肩の強さ、安打数、長打力、フィールディングなど、遊撃手の優劣を比較する要素は実に多いことから、「史上最高」を選ぶには苦心するわけである。

理想はいつも三冠王だった

では本塁打数で比較した時、誰が史上最高の遊撃手なのか。答えはズバリ、宇野勝だ。通算３３８本の本塁打数はいまだに遊撃手として歴代一位の数字。通算300本以上本塁打を放った遊撃手は、これまでの歴史上、宇野と池山隆寛(304本)の二人しかいない。ちなみに通算打点で見ても宇野は936点を叩き出しており、遊撃手としては田中幸雄の1026点、坂本勇人の944点に次ぐ第三位。実は日本のプロ野球史上、最も一発を期待でき、極めて得点力の高い遊撃手が宇野勝だったのである。冒頭からそんな数字を列挙すると当の本人は人懐っこい笑顔とともに、思い切り謙遜した。

「いやあ、僕なんかたいしたことないなあって思いますよ。理想はいつも三冠王でしたけどね。自分が平凡な選手だったたっていうのは打率に現れているのかな。ある程度、長打には自信がありましたけど僕の欠点はしぶとくないところ(笑)。10対0で負けてるゲームでの四打席目なんて気持ちが入らないんですよ。そんな時はまず打てない。数字だけ追っかければいつでもホームランとかヒットを狙うところなんでしょうけど、敗戦濃厚になるとここで打ったとしてもゲームに勝てんのかよってすぐ思っちゃう。気持ちにムラがあるっていうのも打率には影響しちゃったんですかね」

自分が自分がではなく、大切なのはチームの勝利

数多くのレジェンドにインタビューしていると、「自分本位」で記録に執着していたと語る選手が少なくないことに驚く。はっきりとした数字で評価されるプロ野球選手にとって、チームのため、自分を犠牲にするという精神はファンが思うほど強くないのかもしれない。そんな球界にあって、宇野はレア種だと言える。プレー中、頭にあったのはチームの勝利を目指すという、ただそれだけ。そのために自分

ができるのは長打を打つことだったと話しながら、にこやかに語り続けた。

「原辰徳とか高橋慶彦さんがいい活躍をしたと聞いても、なんとも思わなかったし、自分とは比べなかったんですよね。やっぱり野球はチームスポーツで勝つことがすべて。どうしたらチームが勝つのかなぁってことばかり考えてましたよね、僕は。こういうの珍しいんですかね?」

一九八八年のシーズン前にはこんなこともあった。鳴り物入りで入団を果たした立浪和義のポジションはショートで、星野仙一監督が絶対の信頼を置く宇野と立浪をどう併用していくのかに注目が集まっていた。そこで監督が出した答えはショートに立浪で、宇野を二塁にコンバート。周囲は、前年のシーズンにベストナイン賞にも選ばれていた宇野が、屈辱的な対応を迫られたと一斉にザワついた。

「キャンプ中に星野監督から呼ばれてこう言われたんです。『打っても打たなくても立浪をショートで使う』って。だから僕はセカンドに回れとだけ言われた。だけど、ふざけんなとは思いませんでしたね。それより高校卒業したばかりの華奢《きゃしゃ》な選手がきついショートのポジションをまかされて、大丈夫かなっていう気持ちの方が大きかった。その後、監督からは意見も求められたんです。『お前は立浪を選手としてどう見るか?』って。僕は『肩も強いし、すごい野球センスもってるし、間違いなく良い選手ですよね』って答えましたよ。あの時も自分がどうこうっていうより、ドラゴンズとして良い判断かどうかってことが頭に浮かびましたよね」

すんなりとはいかなかった本塁打王への道

プロ野球選手特有のエゴとは無縁。だからこそ選手会長としてもチームメイトから厚い信頼を勝ち得ていた。そんな宇野がキャリアの中で一度だけ、ガッツポーズを見せた瞬間がある。一九八四年のシーズン、初めてホームラン王を獲得した時のことだ。自分の活躍をめったに誇らない男が見せた、生涯一度のガッツポーズ。それはシーズン37本目のフェンス超えであり、ホームラン王争いを展開するライバル、掛布雅之に3本差をつけるシーズン終盤の一撃だった。

「現役時代、いろいろあったけどあのシーズンの37本目、広島戦での逆転3ランが最も記憶に残る一打ですね。珍しいんですけど自然にガッツポーズが出ちゃうくらい嬉しかった。そこまでタイトルに執着してたわけじゃないんですけど、どこかで意識してたのかな。だけど、せっかく逆転ホームラン打ったのにその後、また逆転されてゲームには負けてしまったんです。だから嬉しさも半減しちゃったんですけどね」

その後の特異なホームラン争いを記憶しているファンは少なくないかもしれない。掛布が宇野を猛追し、残り二試合の時点でホームランは両者37本と同数。中日、阪神の直接対決2試合でシーズンは終了という状況になっていく。そして当時、物議を醸した四球合戦が行われる。互いに自軍の選手をホームラン王にしたい両チーム。宇野は満塁の場面でまで歩かされ、結局、宇野、掛布ともに十打席連続の四球で両者ともにホームラン王の結末に。苛烈なホームラン争いを最後まで期待していたファンから多数のブーイングも起こった。

「僕にとってはあれが唯一の大きな個人タイトルですから確かに嬉しかった。でも、もうちょっとチームとしてのやり方があったのかなあと今は思います。正直、お互い勝負した結果、最後の最後でホームラン王を逃しても後悔なんてなかったと思う。やっぱりファンを喜ばせるのがプロだし、自分も若かったんで最後まで思い切りやらせてくれよっていう気持ちもありました。37本目を打った瞬間は単純に嬉しかったんですけど、あとになって思えば、最後の掛布さんとの四球合戦についてはモヤモヤが残っちゃいましたね」

ごく一握りのスラッガーだけが獲得できるホームラン王の称号。これさえも、チームの勝利に優先されるべきではないと当然のように語る宇野という男。そもそもホームランバッターという人種は、少なからず自身の傲慢な気持ちや強引な作法をエネルギーとしながら、打席へと入るものではないのか。そんな考えとは真逆の思想が本人の言葉からは感じられた。打席に入ればチームが勝つために最善を尽くすのみ。六番をまかされることの多かった宇野にとってその「最善」は長打であることが多かったがゆえ、通算338本ものホームランが飛び出しただけなのだと謙虚な物言いは続く。

「ホームランの数で掛布さんに追いつかれた時も、それほどあせったという記憶はないんです。あっ、並んだんだっていう(笑)。あらためて考えると、僕は執着心がない男なんだなってつくづく思いますよ。高校の時だって自分は絶対にプロで通用なんかするわけないって確信してましたし、絶対、成功してやるっていう思いもありませんでした。両親だって二、三年でクビになるくらいだったらプロなんて行くなっていう感じでね」

考えていたのはとにかく「強く叩く」ことだけ

いつの時代も強打者を抱えていた中日にあって、そのチーム史上、最も多くの本塁打を放った選手として名を残す稀代のスラッガー。あれだけの本塁打を打てた理由は一体、どこにあったのか、あらためて本人に聞いてみる。

「打席に入ったら、来たボールを強く叩くっていうイメージしかなかった。ホームランを打つというよりね。そのためにはバットスピードが速いとか手首が強くないとダメとかいろいろありますけど、基本は気持ちのなかで強く叩くっていうことだけ。あとは泳がされた時にどれだけ我慢できるかってこと。ストレート待ってて変化球が来た時、どれだけ我慢して打てるか。バッターっていうのは泳がされて当たり前だって思っていたので、じゃあ、しまったと思っても強く叩けるよう練習しておく。誰かに教える時も、強く叩けってことしか伝えられないですね、僕は（笑）」

極端に言えば、宇野にとって「強く振らないこと」は悪だ。ホームランも多ければ三振も多かった現役時代。ヒットを打つため、バットを合わせにいったという記憶はほとんどない。打者としてのそんな振る舞いについて、「ファンの思い」が大きく影響していたと説明する。いつの時代も、ファンは豪速球や豪打、爽快なベースランニングを見たいのだ。

「僕の時代もそうでしたけど、流し打ちでチョコンと当てたボールがヒットになるとなんだか必要以上に評価されるでしょう。え〜、どうなんだろうって思いますよね。もちろん流し打ちを否定するわけじゃないんだけど、やっぱりバッターは引っ張ってナンボですよね。そう考えると現役時代の僕は結構、バットを振ってたなって満足できますよ。どうも日本のプロ野球はこぢんまりしてきてるような気がしますよね。ノーアウト一、二塁になるとほとんどがバントじゃないですか。そういう場面ではスタンドからも『しっかり送れ〜、だ〜れ、誰』なんて応援の歌が聞こえてくる(笑)。本当に、これってプロ野球なんですかと僕は思っちゃう。ベテランと呼ばれるようになった頃、ある試合で僕はサイン通り、バントをしたことがあったんです。でもその直後、お客さんは僕のバントを見に来ているわけじゃないよなぁ〜って思ってしまった。もちろんそういうプレーが必要な時はあるんですけど、バントとか流し打ちを大声援で褒めてる場合じゃないよな〜と。やっぱりね、野球の魅力って、思いっ切り引っ張ってスタンドに叩き込むホームランですからね」

実は僕、硬球のボールが怖いんです。

言葉を交わして感じるのは、チームプレーに徹する真摯な側面、そしてひたすらファンの期待に応えようとする熱い側面。一方で、ユーモラスな部分も宇野という選手の人気を高めた重要な要素だったのを思い出す。ショート上空に上がったフライを思わずおでこで受けた「ヘディング事件」。打った後に勢い余って前の走者を追い越し、アウトを宣告されてしまった事件。さらには、ユニフォームを忘れて慌てて別のものを借り、普段とは異なる背番号で豪快なホームランをかっ飛ばした「ユニフォーム忘れ事件」。そんな話を向けると、本人はやや困惑した表情でこう切り替えした。

「自分としてはシンプルに野球を頑張ってきただけなんですけどね。でもヘディングの件はもう何万回、語らされたのかっていう感じです。『頭にボールを当てた人』って知らない人に言われるんですから。やっちゃったことはしょうがないですけど、もううんざりな部分はあります。守備面でいえばハンドリングとかスローイングには多少、自信はあった。ただ僕の欠点は怖がりっていうこと。硬い硬球がプロになっても怖くて仕方なかった（笑）。打者の時は怖くないいんだけど、守備になるとボールが怖いっていう気持ちがなくなることはなかったですね。だってあんなに硬いボールがイレギュラーとかで当たったら痛いに決まってるでしょ（笑）」

鮮烈な記録を多く残したのはもちろん、数々の記憶をファンの脳裏に刻んでもくれた宇野。思えば見ていてこんなに面白い選手はそんなにいるもんではない。とにかく豪快に引っ張って、チームのために腐心し、ボールを怖がりながらも三度のベストナインを獲得した稀有な遊撃手。きっと、こういう男のことを、生まれついてのスターと言うのだろう。

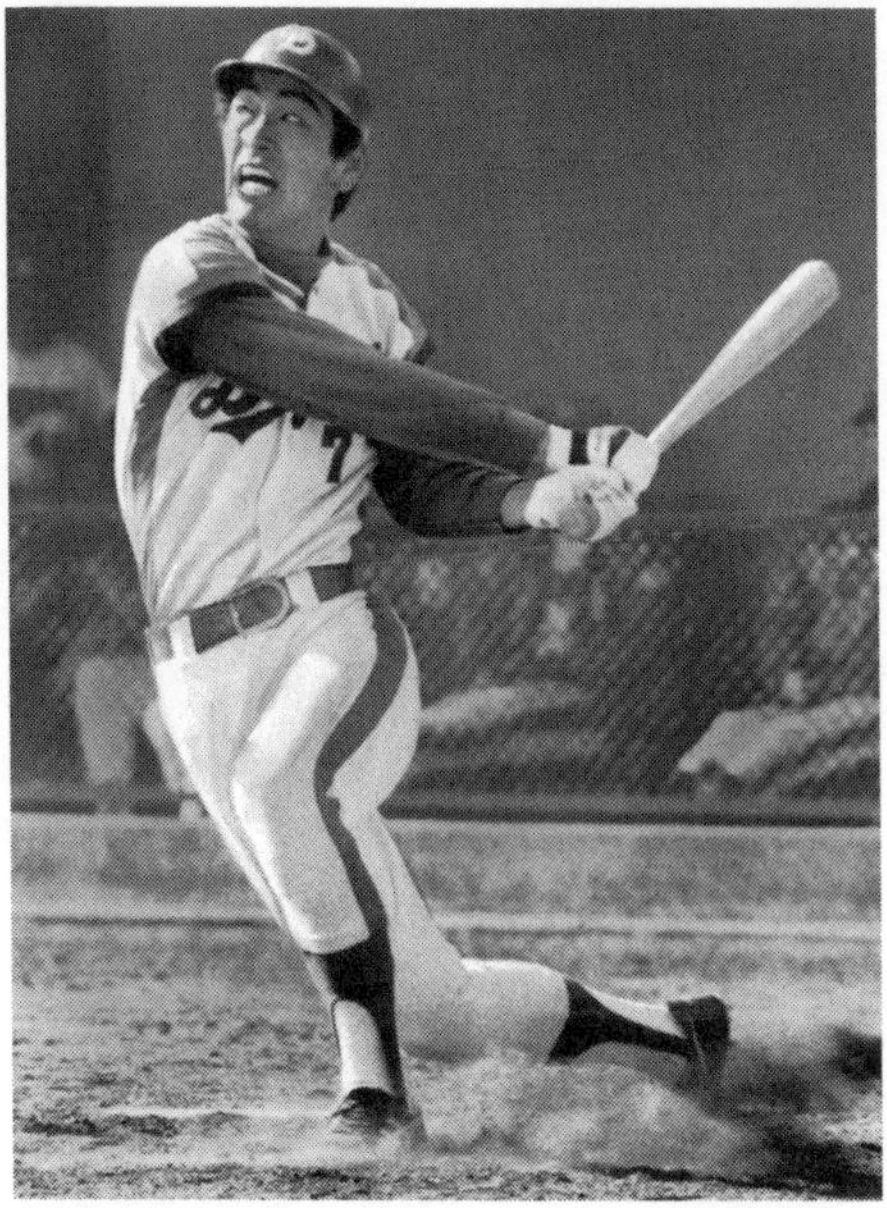

うのまさる
1958年千葉県生まれ。銚子商業時代から強打の遊撃手として注目され、夏の甲子園にも出場。1976年のドラフト会議で中日から3位指名を受け、入団。デビューから3年目の1979年にはショートの定位置を獲得する。1981年には25本塁打、2割8分2厘の好成績をマークし、1984年には阪神の掛布雅之と同数の37本塁打でセ・リーグ本塁打王を獲得。翌1985年にはキャリアハイとなる41本塁打を記録する(遊撃手としては1シーズン歴代最多本塁打記録)。1988年にはセ・リーグ優勝に貢献し、日本シリーズで2本の本塁打を放つなど、長打でチームを牽引した。1993年に16年間在籍した中日を離れ、千葉ロッテへ移籍するも、レギュラー獲得はならず翌年引退。本塁打も三振も多いスラッガーとして長年、愛された。通算338本塁打、14年連続二桁本塁打、10試合連続打点、ベストナイン3回、23試合連続三振など印象的な記録も数多い。

Chapter 35

KENJI AWAGUCHI

1639 CAREER GAMES PLAYED
.275 ALL-TIME BATTING AVERAGE
17 PINCH HOMERS IN CAREER
PINCH HOMER ON OPENING DAY: 1975

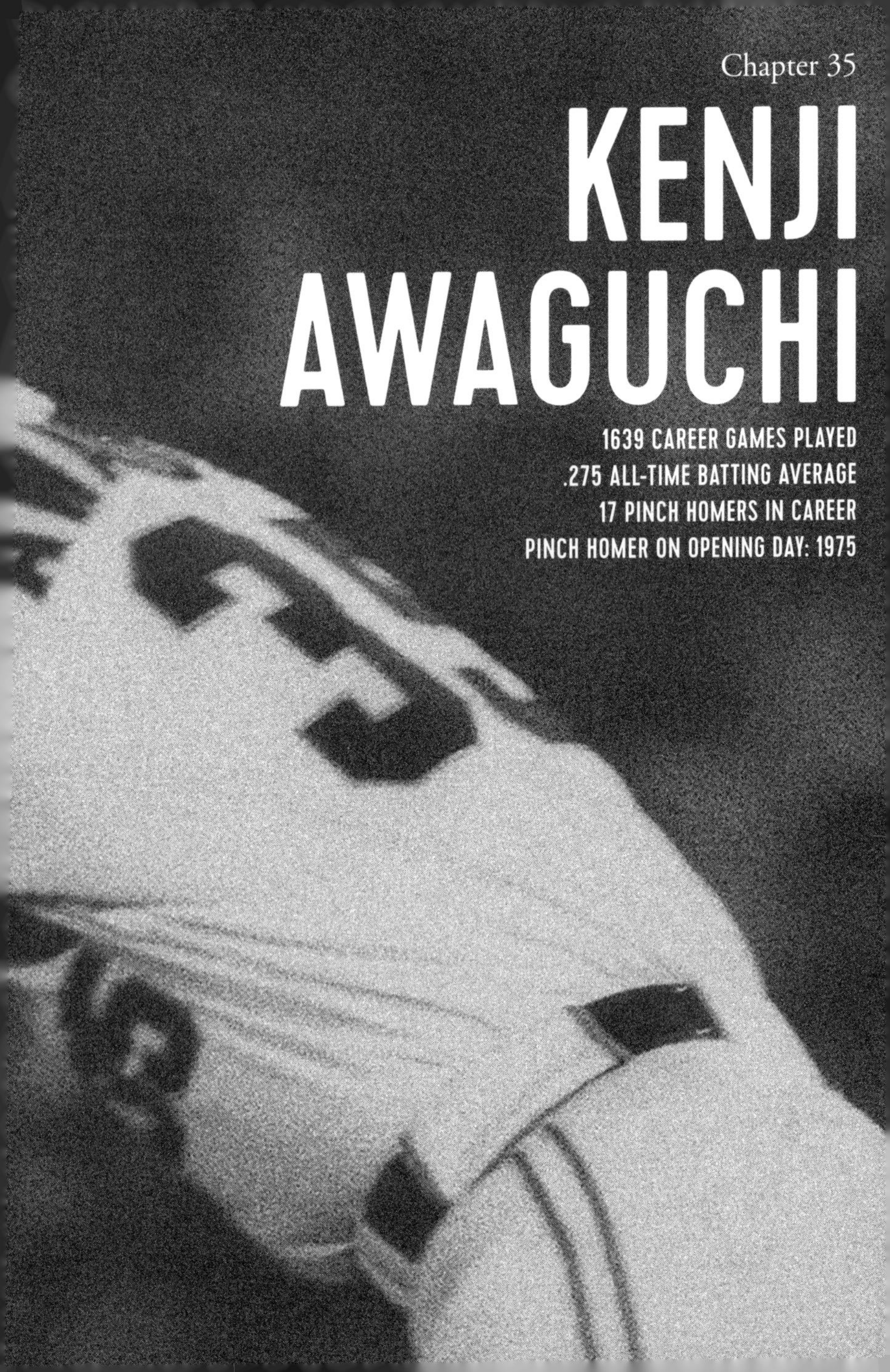

ONがいなかったら今の私はなかったかもしれません。

Chapter 35

淡口憲治

昭和のプロ野球を盛り上げた立役者は、間違いなく長嶋茂雄と王貞治だ。この結論に異論を唱える野球ファンはそう多くないだろう。それだけこの二人は奇跡的な活躍と圧倒的な存在感でファンを熱狂させた。そしてONは多くの少年たちへ、プロ野球選手になりたいという強烈な憧れを植えつけたのである。一九五二年、兵庫に生まれた淡口憲治もそんな少年の一人だったという。バッターボックスに入るとお尻をプリっと一振りする独特のフォームで知られた、元巨人のクラッチヒッターである。

「小さい頃は、地元が関西なので阪神の大ファン。だから巨人は大嫌いだったんですが、ONだけは私にとって特別な存在でした。ファンが期待している場面で必ず打つ。もう憧れて、憧れて。ですからドラフトの時はどこの球団からでも5位までに指名されたらプロ入りすると決めていたんです。それで巨人から3位で指名をいただいた。でもお袋から大反対されましてね。ONだけでなく、柴田（勲）さん、高田（繁）さん、土井（正三）さん、黒江（透修《ゆきのぶ》）さんなどがいて、とてもじゃないけどレギュラーなんてとれるわけがないと。確かに自分もそう思いましたけど、ONと一緒にプレーできるなんて夢のような話でしょう。だから四年間、プロに挑戦してみてダメだったら辞めるということで親を説得したんです。ONがいなかったら今の私はなかったかもしれません。それでもやっぱり巨人への入団は不安でしたけどね」

十三年間続いた緊張と集中と鍛錬の日々

そんな淡口の不安は現実のものとなり、レギュラー確保には数年を要した。プロ入り直後から強いリストとミートの巧さを活かした打撃を買われ、代打で使われるようになったものの、鉄壁のレギュラー陣にはほとんど穴がない。どんなに頑張っても、チャンスは一試合に一度あるかないか。代打による出場が時たまあるという状態が何年も続いたのだ。しかも当時の巨人には柳田真宏《まさひろ》、山本功児といった他チームならレギュラー間違いなしの打者が代打要員として複数、在籍。代打として選ばれることさえ、至難のワザだったという。

「一番目の代打は先発投手がKOされた時、投手の打順で起用される。二番目の代打は五回くらいに出場のチャンスがきて、三番目の代打は六回とか七回に勝敗を左右するかもしれない場面で使われる。そして代打の頂点は、決定的な場面で勝負を決めようという時に使われる切り札。代打にもこのように序列があるんです。ですからたった一度のチャンスで必ず結果を出して、代打の序列を一つずつ上がっていくしかありません。そうやってようやく切り札として認めてもらえた後に、初めてレギュラーの座が見えてくるんです。代打という立場は本当に苦しい。だってすぐに次のチャンスがやってくるわけではないですからね。打てなかったら次の起用までずっとずっと反省が続く。打てなかった打席の後は悪い感覚しか残らないですから、どうしてもそれをひきずりますし、反省しなくては次にもつながりません。そういう状態が三日、四日続くこともザラで、本当に辛いものなんです」

ONの後ろ姿を見ながら野球ができる幸せ

筆者が抱く淡口選手のイメージといえば、抜群のミート技術を有し、変化球にも速球にも柔軟に対応でき、左右に打ち分けられる実に巧いバッター。そして流れるようなスイングからはしばしばライナー性の当たりが飛び出し、チャンスでのスタンドインも多い、という印象の選手だ。他チームに移籍すればもっと活躍できるのにと感じたファンも少なくなかったに違いない。ところが名実ともにレギュラーと認められ、規定打席に達したのはなんとプロ入りから13シーズン目。それまで緊張と集中と鍛錬がひたすら続く、つらい日々を過ごしていたのだ。

「苦しい年月でしたが、昔はトレードがイコール都落ちというイメージを持っていました。ですから一度、入団したチームで最後まで頑張りたいと。それに巨人は強いチームですから、このチームに所属する選手は過酷なレギュラー争いに打ち勝っていかないといけないものだとも思っていました。しかも外野の守備につく機会があれば、レフトなら長嶋さんの後ろ、ライトなら王さんの後ろ、となるわけです。ONの後ろ姿を見ながら同じ場所で野球ができるというのは、自分にとって何より魅力的なことだと感

じていましたからね」

ある打席で起こった信じられない出来事

そんな淡口にとって、記憶に残る一球とはいかなる場面のものなのだろう。答えは大事な場面での満塁ホームランでも、起死回生のタイムリーでもなかった。長嶋茂雄が監督になった後、代打で起用されたというある場面。本人も正確な年月日は忘れたといい、ファンの記憶にもほとんど残っていないような打席である。

「大事な場面で代打に起用されましてね。私は初球、ストレートに狙いを絞っていました。実際、投げられたボールはカーブ。だから私は当然のように見逃しました。2ストライクなら手が出るでしょうが、まだ初球ですから無理にバットを出すこともありません。そうしたらタイムがかかってベンチから長嶋さんが出てきた。何かなと思って監督の動きを見ていると、代打で打席に立った私を代えて、さらに代打だという声が聞こえたんです。これには驚きましたね。たった一球ですよ？でもまあ仕方ないので私は打席を外し、代わるしかありませんでした。記憶に残る一球といえばこの時、ですよね」

満を持して、代打として打席に立った淡口。ところが一球でさらなる代打のコールを聞き、耳を疑う間もなく交代に。淡口でなくても激しく戸惑う場面であるし、トラブルでもなければなかなか見られない監督の判断だろう。そこで淡口はこの打席の後、監督に直接、交代の理由を聞くことにした。そして聞かれた長嶋監督の回答はなんと、「タイミングが合っていなかった」から交代を決めたというもの。この返答を聞いた時はさすがの淡口も、ふにゃりと腰砕けになったという。

「そう、たった一球。ピンチヒッターというのは変化球か直球なのか、絞ってから打席で球を待つことが多いんです。私の場合は直球を待っていたところにカーブが来たのでもちろん、その場面だけ見ればタイミングは合ってませんよね。当然、これで代えられたら普通は納得できない。だけど、相手は長嶋さんですからね。そういう判断が、野生のカンなんですよね(笑)。その後の現役生活で、嬉しい打席、悔しい打席はいろいろとありましたけど、この時のことは一生、頭と体にこびりついて離れない不思議な記憶なんです。プロの厳しさや悔しさというより、長嶋さんの不思議さというか」

長嶋監督の起用に戸惑いながら

この打席については後日談がある。当日、テレビ解説を務めていた元巨人の藤田元司と、何年か後に会った時のこと。藤田は淡口に、問題の「代打事件」についてこう言葉を発したのだ。

「お前はすごい」

これに対し、少々、面食らった淡口はこう切り替えした。

「何がですか⁉」

そして藤田はこう説明を続けた。

「普通なら、代打の代打、しかも一球で代えられたら頭を垂れて、憮然としてベンチに帰っていくものだ。でもお前は平然とバッターボックスの土をならしてから交代した。そんなこと、誰にでもできるもんじゃない」

土をならしたのは、次の打者が高校からの先輩でもあった山本功児だったからだ。先輩が打席に入ることを知った淡口は、告げられた交代に関する大いなる謎を抱えながらも、自分が踏み荒らした土を当然のごとく、元に戻そうとしたのである。なんとも、実直な淡口らしいエピソードではないか。この生真面目さがあったからこそ長年、決して腐らず、反省と苦労を重ねてレギュラーをつかみとれたのだ。

「藤田さんの言葉を聞いて、褒められたのかどうかさえ、私は分かりませんでしたけどね(笑)。そんなこともあって、この一球はね、やっぱり私には忘れられない」

この奇妙な体験以外にも、長嶋からの非情とも思える起用によって淡口は鍛えられた。というのも、レギュラーとして先発しても淡口に与えられるチャンスは二打席のみ。二打席凡打に終わればすぐ交代という、厳しい起用が続いたというのだ。

「だからせっかく先発できても、三回とか四回にベンチへ下がるなんてことも多かったんです。悔しいけどこれも長嶋さん流の鍛え方なのかなと思ってやるしかなかった。でもそのおかげでプレッシャーには強くなりましたね。どうして自分だけそういう起用だったのか直接聞けはしなかったですけど、監督からの期待の裏返しだったと私は今でも思っています」

圧倒的なオーラをまとう偉大な二人

七四年までは先輩として、八〇年までは監督として、約十年余りも同じチームで勝利に向かって邁進した憧れの存在、長嶋茂雄。それだけ長く、巨人の仲間として野球に接したのだから、さぞかし多くの教えを授かったのかと問うと、意外な答えが返ってきた。

「ONが現役の時、たとえば二人が共に打てない時ってあるでしょう。他の選手はそれを見て、ONがダメなんだから今日はとても打てないって思ってしまうんです。でも同時に、ONが活躍できない日は自分がヒーローになれるチャンスだと思う部分もありました。二人はそのように特別な存在だったんです。だからといって別に怖いわけでもないし、挨拶をすればもちろん返してくれます。話しかけてもくれるんですけど、こちらから挨拶以外で話しかけるなんていうのはなんだか恐れ多い。なぜだかお二人とも、なんとも言えず、近寄りがたい雰囲気をもっているんです。当然、現役時代に自分のスイングをちょっと見てほしいなんて言えませんでした。長嶋さんは気さくな方ですし、気が向いたらバッティングについていきなりアドバイスをいただくなんてこともありましたが、それに乗っかって何かを聞き返そうとすると、もう別のことを考えているのか、あっちの方を向いちゃうような方(笑)。王さんは練習の時、ひたすら黙々とバットを振るのみ。とてもじゃないけど格が違いすぎて話しかけられません。今でもお二人に会ったら当たり前のように直立不動です(笑)」

それにしても、古い記憶というものは極めて曖昧なものだと痛感する。筆者には、七〇年代半ばから八〇年代後半にかけ、淡口の印象的なフォーム、シュアーなバッティング、シャープな打球をテレビや球場で日常的に見ていたような記憶があった。ところが記録をひもといてみると十九年間の現役生活で、規定打席に達したのはたった1シーズンだけ。実は、毎日のように試合で活躍していたわけではなかったのだ。それだけ、そのバッティングが印象的であったとも言えるのだが、もっと出場機会が多くても良かったのではないか、というのが筆者を含めたファンの本音でもある。果たして本人は、自身の現役時代に心底満足しているのだろうかと問うと、まったく悔いなどなく十分に満足していると語りながら微笑んだ淡口。こう言えるのも、ＯＮという前代未聞の野球人とともにプレーできた充足感、夢のような体験が身体に残っているからだと言葉を続けた。つくづく、知らずのうちに人を幸せにしてしまうのが長嶋、王という存在なのだと、あらためて思い知らされる。

あわぐちけんじ
1952年兵庫県生まれ。三田学園高校時代には甲子園に2度出場。1970年のドラフトで巨人から3位指名を受け、入団。川上哲治監督の期待も厚く、入団当初から1軍昇格を果たす。1975年にはレフトを定位置とし、レギュラーに定着。翌1976年には張本勲の巨人入団によりライトを守ることが増えた。そのスイングスピードの速さから「コンコルド打法」の異名を取る。また打率も3割前後をコンスタントにマーク、長打も多かったため、巨人では先発の際、5番打者としての起用が最も多かった。1983年には初の規定打席到達と打率3割2厘をマーク。その後15年間在籍した巨人から近鉄へ移籍。移籍直後の1986年にはレギュラーを獲得する。代打本塁打17本は歴代4位の記録。1988年には1000本安打を達成、1989年には古巣・巨人と対戦した日本シリーズにも出場し、同年引退を表明。引退後は巨人や日本ハム、ヤクルトで打撃コーチを歴任した。

Chapter 36

TAKESHI YASUDA

ERA LEADER: 1972, 1973
ROOKIE OF THE YEAR: 1972
358 GAMES PLAYED AS A PITCHER
5 CAREER WILD PITCHES
BASES ON BALLS PER 9 INNINGS PITCHED 1.70 IN CAREER

どんなバッターでもインコース高めにうまく投げられれば、速く感じてくれるんです。

Chapter 36

安田 猛

昔はあれだけプロ野球を見ていたのに、今ではさっぱり見なくなったなんていう往年の野球ファンは少なくないかもしれない。筆者の場合も残念ながらそれに近い。自分自身が変わってしまったというのも大きな理由だろうが、他にも思い当たるフシはたくさんある。的を射ているかどうかは分からないが、「昭和の野球選手にはむき出しの個性があった」というのが一つの要因だと思っている。神主打法をトルネードが封じ込めるとか、投球は冴えないけどとにかく吠えるアニマルとか、好投していた投手を野生のカンでいきなり代えちゃう監督、百万円の馬券を躊躇《ちゅうちょ》なく買っちゃう監督といった個性が許される世界。むしろ、そうした個性を競いあうような場としてのプロ野球に、一般社会とは異なるはじけた魅力を感じていたのかもしれない。

実はそういう視点を最も高い優先順位に置き、どこかに異端のスピリットを持つ人物を追いかけることで、この書籍が成立したといっていい。筆者にとってそんな個性際立つ選手のひとりが元ヤクルトの技巧派投手、安田猛だった。やや丸みのあるボディにちょっと短めの手足を巧みに振り回す、そのモーション。あだ名の通り、ペンギンのようなコミカルさはあったが、投手としての質は間違いなかった。なにより安田投手の異端的要素は投球動作より、球の遅さにある。素人目から見ても明らかに遅いボール。それでもセ・リーグのスラッガーたちを次々と黙らせてしまうのである。その投球思想は、たとえば豪球で仕留める阪神の江夏豊や巨人の堀内恒夫らとは正反対で、いわば、トリックスターのような振る舞いがカッコよくも見えた。

球の遅さを圧倒的な武器に変換

そして二〇一七年秋、安田投手と対面がかなった。この時点で本人は胃がんに侵されていることを公表していたが、そのような背景を一切感じさせず、気さくな話しぶりでこちらを安心させてくれた。その後、抗がん剤治療を続けながらも公の場へ姿を見せるなど多くのファンも安堵していたが、二〇二一年二月、安田は七十三歳で帰らぬ人となってしまった。偉大なるペンギン投法に敬意を払いつつ、安田自身の言葉をここに紹介していきたい。まずはそのユニークな存在感について、本人の自己分析を。

「うーん、自分でもちょっと変わった投手だったとは思うけど、自分としてはボールが遅いっていうのを解決できなかったというか、どうしようもなかっただけなんだよね。でも、今のプロ野球を見ていると、僕らの時代に比べて感動を与える選手が少なくなったとは思う。投手で言えば完投するケースが本当に減った。やっぱり完全試合とか見ると、誰でもスゲーってなるでしょ。休息が増えて投手としてはいいんだけど、完投っていうのはやっぱり大事な部分。選手だけが悪いんじゃなく、やっぱり時代が変わっちゃったんだよ。いろいろなことが変わった。それで感動とか驚きが減ったっていうのは確かに感じるね。たとえば、僕なんて昔っから試合中、水飲むなって言われてたからプロに入ってもベンチで水なんか飲んだことない(笑)。それがいいわけじゃないけど、選手が守られすぎてるとか、マスコミもうるさく言うようになっちゃったとか、いろいろあるね」

それにしても、球が遅いという大きなマイナス部分をどのように武器へと仕立てていったのか。その発想の転換方法について、あらためて聞いてみる。

「社会人野球では通用してたけど、ドラフトで指名されてからも自信は全然なかったんだよね。だって僕の球、せいぜい時速135キロですよ(笑)。それでもなんとかやってこられたのはインコース高めのコントロールとキレが良かったから。たとえば飛行機って時速1000キロくらいのスピードがあるんだけど、それより間近で新幹線を見る方が断然速く見えるよね。それと一緒。新幹線は時速300キロくらいだけど、飛行機より近い場所で見るから速いし、怖い。だからどんなバッターでもインコース高めにうまく投げられれば速く感じてくれるんです。それと緩急ね」

その言葉通り、なんと時速約60キロという遅すぎるボールさえ、自分の持ち味としていた安田。これに精密なインハイの決め球を合わせ、チェンジアップを軸にカーブ、スライダー、シュートなど、魔法のように変化球を使い分けた。さらにそれぞれの変化球を様々なスピードで投げ分けることができ、自分でもどれだけの球種を駆使していたか分からないというほど、的の絞れない投手だったのだ。

世界の王が認めた最大の難敵

そんなクセ球にキリキリ舞いさせられたセ・リーグの打者たちだったが、中でもひときわ手こずった一人がなんと王貞治だった。極めつけは世界記録の756号本塁打を狙う王と安田の対戦。この時、多くの投手が逃げ気味だったが、安田は得意のインハイを武器に頭脳的投球で真っ向勝負を挑む。実は、王が753号を打った後に七度も対戦しているのだがその全ての対戦で一つの安打も許さなかった。まさに王キラーだったのだ。

「755号の時点で王さんと対戦した時は僕が抑えて、もう球場は大喝采でしたよね。翌日のスポーツ新聞には『男の勝負、王と安田』って書かれてね」

憧れの神様を前に、安田の投球にはいつも敬意が込められていた。王に相対する際、投手としての戦略はズバリ「逃げないこと」であったという。

「そう、逃げなかったですね。そりゃそうですよ。王さんとの対戦で四球になっちゃった時は、いつも心のなかですみませんって謝ってましたよ。だって、世界の王を歩かせても意味ないですから。王さんにはホームランを10本、打たれてるんだけど、そのうちスライダーが8本。左打者の王さんからすれば逃げていくスライダーをそれだけ打たれてて、インコースを打たれたのは2本なんだよ。あとは一本足打法のタイミングを狂わせるために、投球動作にいつも変化をつけたりね」

王にも明確な苦手意識があったという話は有名である。実際、現役時代の安田に対する王の打率は2割5分4厘。ちなみに阪神のエースであった江夏豊に対する王の打率は2割8分7厘であり、こうした数字を見てもやはり安田は真の王キラーであったのだ。

燃える相手はやはり、王貞治

安田は、あるインタビューでの王のコメントをはっきり覚えていると言った。その時の評価はとびきりうれしい思い出の一つだと子どものように笑いながら話す。

「『ベンチから見ているとセ・リーグで一番、球の遅い投手は安田だ』と。そうですね、ベンチから見たら僕の球なんて屁みたいなもんですよ（笑）。でも、王さんはその後『バッターボックスに入った時、一番速く見えるのも安田の球だ』って。嬉しかったですよ、これは」

王からの評価が特別うれしいのも当たり前だろう。そもそもプロ入りを決めたのは、王の存在があったからだった。社会人時代、ヤクルトからドラフト指名されても周囲ではプロ入りなど無理という声しか聞こえてこなかったと話す安田。本人でさえ無謀な賭けだと感じていたプロ入りだったが、その背中を押したのは長嶋、王と対戦してみたいという強い願望だったのだ。

「初めは川上哲治さんの大ファンで、川上さんが引退しちゃったから自然とＯＮのファンになった。だから本当に一回でいいから長嶋さん、王さんに投げてみたいっていう大きな夢が幼稚園の頃からあったんだよね。二人の神様に対して自分が通用するなんてもちろん思ってなかったんだけど、挑戦はしてみたいじゃないですか。だから後先考えずプロに入った。でも、実際に対戦するとなったらそりゃいろいろ、考えましたよ。長嶋さんは全盛期を過ぎてしまっていたんで、やっぱり燃える相手といえば王さんだったんです」

そうは言うものの、相手は世界の王である。圧倒的な長打力を誇る王に対して、安田はどんな勝負を意図していたのか、聞いてみる。

「僕は王さんの打法、一本足こそが欠点だと思っていた。だって普通は二本足で立つのに一本でしょ(笑)。だったら力も半分になるわけだし、あのフォームだからこそ攻めるべきコースがあるだろうと。それが、キレのいいインハイの球だった」

興奮しすぎて舞い上がった結果は

安田にとっての忘れられない一球、記憶にこびりつくワンシーンも当然、ONとの対戦だ。なにしろ憧れの神様である。いや、正確にいえば「一球」でなく、「八球」ということであるらしい。

「もちろんそう。長嶋さん、王さんに投げられた最初の機会がキャリアを通じて最高の瞬間だった。それがプロ入り一年目の一九七二年四月二十二日、割と早いタイミングでね。自分でもどういう気持ちになるか分からなかったんだけど、実際、対戦するとなったら頭の中は真っ白(笑)。あれほどあがっちゃったっていうのは現役時代、他にはなかった。もう嬉しくてたまらん、という感じで興奮しちゃってね。その時、長嶋さん、王さんに投げたのは合計で八球だった」

どんな球種で勝負しようとしたか、その時の脳内を解説してもらおうと質問したところ、あまりにも拍子抜けの答えに筆者の腰は、砕けた。

「それが球種を全く覚えてない（笑）。だって、舞い上がっちゃってるから。結果は王さんに3ボール、1ストライクから四球、長嶋さんは三球目を打って、サードゴロ。でも、何を考えていたとか、どんな球を投げたとか、本当になーんにも覚えてない。それでも人生で最高の瞬間だな、やっぱり。自分としてはバカでかい夢だったんだけど、それがかなっちゃったってこと。現役を通じて僕が頭の中、真っ白になったのはその時の対戦だけ。日本シリーズ第1戦で先発しても別にどうってことなかった。ONとの対戦は緊張とか恐怖とか全然なくて、もう嬉しいっていう気持ちだけでね。もし時間を戻せるならもちろんあの瞬間に戻りたいね。また舞い上がっちゃって記憶に残らないかもしれないけど（笑）」

終始、期待通りのトリックスターらしい軽妙な語り口。ケガの影響もあり実働十年とやや短いながらも、人生最大の夢をかなえた充足感はひときわだと楽しげに笑った。ところで筆者は、取材を終えて家に帰り、真っ先に初代ファミスタ（ファミリースタジアムの略。任天堂のファミコンで遊ぶ、野球ゲームの人気ソフト）を押し入れから引っ張り出した。画面の中の度を越した変化球が記憶の奥底に残っていたからだった。そこに登録された「やすだ」の変化球は、まさに本人のボールそのものである。なるほど、恐ろしくグニャグニャ曲がるそのスローボール。これほどトリッキーな球を打てる打者は、ゲームの世界にもやっぱりほとんどいなかった。プロ野球史上に残る稀代の変化球投手、安田猛。彼の勇姿を、我々は決して忘れない。

やすだたけし

1947年福岡県生まれ。小倉高校時代には春の選抜に出場。早稲田大学、大昭和製紙でのプレーを経て1971年のドラフト会議でヤクルトから6位指名を受け、入団する。翌年からいきなり50試合に登板し、7勝、防御率2.08をマークし、新人王、最優秀防御率のタイトルを獲得。翌シーズンも防御率2.02をマークし、2年連続最優秀防御率のタイトルを獲得した。1975年には右の松岡弘とともに左右の両エースとしてチームを牽引。このシーズンから3年連続でセ・リーグ最多無四球試合を記録し、1978年には15勝を挙げるとともにチームもリーグ初優勝を達成。1981年には通算10年間の現役生活を終え、引退する。オールスターゲームには3度出場、81イニング連続無四死球(1973年)などの記録を残す。引退後もヤクルト一筋で一軍投手コーチ、スカウト、スコアラー、編成部長などを歴任。2021年2月20日、胃がんのため73歳で逝去。

Chapter 37

KAZUNORI SHINOZUKA

BATTING TITLE: 1984, 1987
BEST NINE AWARD: 1981, 1982, 1984, 1986, 1987
GOLDEN GLOVE AWARD: 1981, 1982, 1984, 1986
.304 ALL-TIME BATTING AVERAGE
1696 CAREER HITS

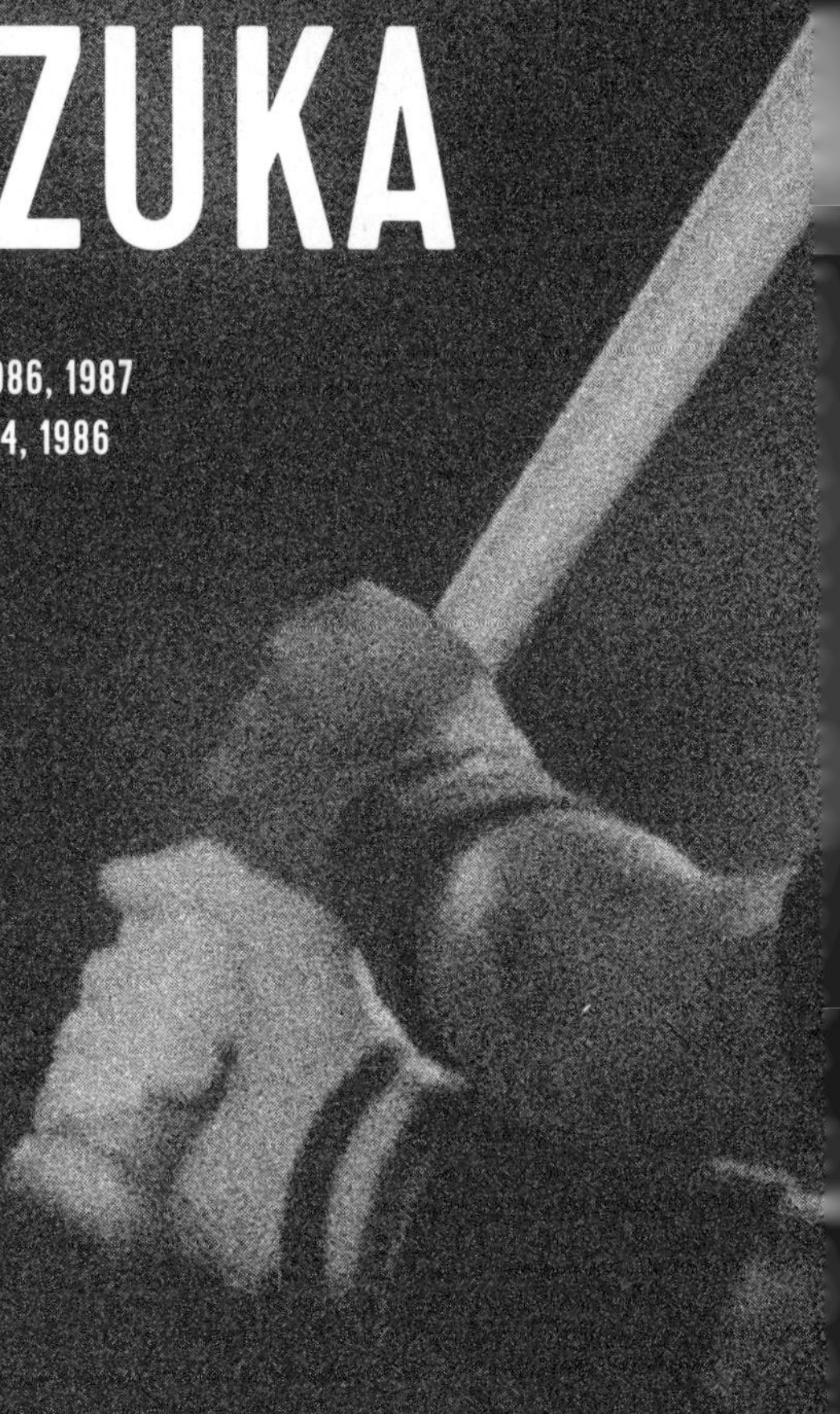

余計なことを考えないで打席に立つっていうのは、言うほど簡単ではない。

Chapter 37

篠塚和典

一九八〇年代、テレビをつけるとこの人はいつだってヒットを打っていたように思う。やわらかいフォーム、しなやかなバットさばき、そして、右にも左にも打ち分ける洗練された技術。バッティングのなんたるかを知らない人間でさえつい見とれてしまう美しさが、確かに、篠塚和典の打球にはあった。そんな偉大なバッターを前に、まず聞いてみたかったのは、なぜ、あれだけコンスタントにヒットを打ち続けられたのかということ。世界レベルの大打者であるイチローでさえ舌を巻く篠塚の打撃理論とはいかなるものなのか、単刀直入に本人へとたずねてみた。

「ピッチャーやキャッチャーと話をしていてある時、分かったんですけど、バッテリーっていうのはストライクじゃなく、ボールをどう振らせるかってことをいつも考えてる。じゃあ僕はそのボール球を打っちゃえば打率が残せるだろうと思ったんです。ストライクゾーンだけ振っていても打率は上がらないでしょ。だから練習の時は、ストライクゾーンからボール何個分離れているところまでミートできるかってことをいつも意識してましたよ。それと、ボール球を打つっていうことはフォームを崩されながら打つっていうことでもある。つまり、ある程度泳がされてもボールに対応していこうっていう、ね。ボールが変化しても膝を柔軟に使えれば、泳がされたように見えてもボールをミートすることができるんで。自分の中ではきれいに振るというケースより、崩して打つというスイングの方が圧倒的に多かったんですよ」

このコメントを聞いて、筆者はストンと腑に落ちた。原辰徳や中畑清よりも、篠塚のスイングの方が断然、美しく見えたのはその柔らかさがあったからだ。そして、崩された状態を想定したミート技術こそがあの柔らかさを実現できた理由。そもそもストライクよりボールを狙っていたという思考がユニークであろう。最も苦手なコースはと聞くと、笑いながら「ど真ん中」と答える篠塚。練習では際どいボールを中心に打つため、身体がど真ん中に対してスムーズに動いていかないとか。常に高打率を狙う場合、真ん中よりは「くさい」ボールをまずは意識する必要があるという。

ミスターだけが見抜いた輝ける才能

ミートの技術に関して、そのヒントを得たのは十代半ばの頃。タイガースの安打製造機、藤田平を見て気づきを得たと当時を振り返る。

「藤田さんを参考にしたというより、一瞬、見てですね。全く力まず、来たボールを簡単にポンと打ってるなっていう。それで自分も藤田さんのようにきれいな流し打ちができるようになりたいなと思うようになっていったんです。もともとボールを捉えることに関しては相当、自信があったので、あとは身体が開いちゃったり、突っ込んだりした時もバットのヘッドが後ろに残るようにすればいいと。中学の時にこれを意識して、高校の時はインパクトのポイントをどれだけ後ろにできるかってことだけを練習してたかな。ボールを巧くミートするにはバットのヘッドが前に出るのを我慢するのが鉄則。この感覚を身体に染み込ませるしかないんです」

ミートの技術に磨きをかけながら、徐々にパワーをつけていくことで、高打率の長距離打者として自信を深めていった高校時代。ところがプロ球界は、篠塚をそれほど高く評価していなかった。有望な球児を物色していた巨人のスコアラーは全員、篠塚のドラフト1位指名に反対。そんな中、「俺が責任を取るから」の一言で、ドラフト1位指名を推したのが長嶋茂雄監督だった。

「自分は肋膜炎もやってたし、身体も細いし大きくなかった。だけど長嶋さんは1位指名してくれたっていうことが、現役引退するまでずっと僕のモチベーションになってましたよね。とにかく早くレギュラーになって、ミスターに恩返ししなきゃいけない。篠塚を獲ったことでミスターに恥をかかせるなんて絶対にできないってね」

そんなミスターが入団直後の篠塚にかけた一言も、実に絶妙だった。

「やっぱりお前は、ジャイアンツの良い二番バッターになれるよ」

これを聞いた本人は一瞬、たじろぐ。高校時代は長打を秘める三番打者としての自負があった。それなのに、なぜ二番なのか。当初はその意味を理解できなかったという。

「プロ入りして半年くらい経ってからかな。その意味が分かりましたよね。プロには自分よりパワー

のあるバッターがいくらでもいると。そんな中で僕が長打ばかり狙っていたら、選手としてすぐ終わっちゃうなと感じた。だから自分はミスターの言葉もあって、ヒットをたくさん打とう、それで生き残っていこうと早い時期に気づくことができたんです」

ミスターが辞めるなら自分も辞めよう

長嶋と篠塚の良好な関係はこの後もずっと続いていく。一九七九年のオフには俗にいう地獄の伊東キャンプで篠塚をはじめ、中畑清、松本匡史《ただし》、山倉和博といった若手を長嶋監督が徹底的にしごき、こうしたフレッシュな面々が翌シーズン、活躍することを誰もが期待した。ところが一九八〇年のシーズンは結局3位と期待はずれの結果に。この年のオフ、フロントとのギクシャクした関係もあり長嶋監督の退任が決定する。そして、この退任を報道で知った篠塚は、なんとも思い切った決断をするのだ。

「やっと力もついてきてミスターに恩返しできるっていう時期。そんなタイミングで長嶋さんが辞めてしまうのはすごくショックでした。それでもう翌日には長嶋さんに直接、電話して、僕も辞めますって。迷いはなかったですね」

それを聞いたミスター。優しい語り口でこう返したという。

「気持ちはありがたい。でもお前たちがこれからのチームを背負っていくんだ。頑張れ。俺は外から応援してるから」

これを聞いたことで、退団を踏みとどまり、気持ちも一新。ミスターのためにというモチベーションも一層、燃え盛った。レギュラーを確実なものとし、3割以上の打率を残し続け、タイトルを。こうした道筋を明確にイメージすることで、選手としての質もより向上していった。

そしていよいよ大ブレイクの時を迎えるかと思われた一九八一年のシーズン。誰の目にも篠塚の充実ぶりは明らかだったが、今度は強力なライバルが二塁の定位置を脅かしていた。超大物ルーキーの原辰徳だ。本来は三塁手の原だったが、サードには中畑がいたため二塁での起用が既定路線に。篠塚は原の入団によってあっさりとポジションを失う格好となってしまった。

「自分としては自信があったんですけど、原はセカンドで決まりという感じがチーム内にもあったので、オープン戦でもなかなか使ってもらえなくてね。まあ開幕はベンチだなっていうことが分かっていたんです。そんな時、ミスターが電話をくれたんですよ。『腐るな、絶対、チャンスが来るから』って。どんな時でも試合を想定した練習をしておけと。ただ漫然と打つんじゃなく、ランナーがいると想定して自分はどう打つか、とかね。結局、開幕から一カ月後に中畑さんが故障して、原がサードに回り、僕が二塁に復帰した。中畑さんが戻ってきても僕が二塁に定着し続けられたのはやっぱりミスターの言う通り、いつも試合を想定したバッティングをしていたおかげ。誰にとっても、長嶋さんの一言っていうのは本当に大きい。だけど僕にとってはより特別な重みがあるんです」

冷静さを失わせたタイトルの重圧

打撃に関する思想や技術論について話す姿を見ていると、その冷静さがよく理解できる。よほどのことがなければ動揺しない性格なのだろう。だからこそ、邪念に惑わされることなく、球を打つことだけに集中できるのだ。そんな篠塚がキャリアの中で唯一といっていいほど激しく動揺したのが、一九八四年のシーズン終盤。厳しい首位打者争いがピークに達した十月二日のヤクルト戦だった。それまで三年連続で3割をマーク。打者としての絶対的な自信も芽生えていた頃だ。

「長女が生まれたということもあって、なにか記念になるようなことができればとも思っていた。だからあのシーズンははっきりと、開幕前から首位打者を獲るという形で入っていったんです」

言葉通りの活躍でシーズン終盤まで快調にヒットを重ねてきた篠塚。そして最終局面に近い128試合目、ヤクルトとの対戦を迎えることになる。ヤクルトには首位打者争いで猛烈に追い上げを見せる若松勉がスタメンに名を連ねていた。

「若松さんにとっては、四打席すべてでヒットを打てば大逆転で首位打者を取れるっていう状況。僕の方は先に一本ヒットを打てば首位打者が決まるっていう状況だったんです。そんな試合で、ピッチングコーチの堀内(恒夫)さんが先発の槙原(寛己)に『若松だけには打たせるな』って話しているのを聞いちゃったんですよね。それで、僕が早く一本打てば槙原が安心して投げられるなっていうのもあったし、自分としてもタイトルはもちろん欲しいっていう気持ちが必要以上に膨らんでいった。若松さんの方が厳しい状況なのに、僕は一本打てばいい、一本打てばいいっていうことだけを試合中、考えるわけです。だけどそういう精神状態だとバッターボックスに立っている気さえしない。浮足立つってこういうことかと初めて実感しましたね」

いつも冷静な対応で鳴らしていたはずの巧打者がタイトルを目の前に、まさかの二打席連続凡退。それまで野球を続けてきて初めて味わう、言ってみれば〝金縛り〟のような状態に陥ってしまった。この三年前にも藤田平と苛烈な首位打者争いを演じていた篠塚。この時も1厘を争う僅差の戦いだったが、緊張とは無縁の境地でクールに打席へと向かえていたのだ。

どうしても身体が上手く動いてくれない

「一九八一年のシーズンは選手として良い土台づくりをしようということだけ考えていた。自分を確立しようっていうことが最大のテーマだったんで、タイトルへのプレッシャーなんてなかったんです。それとあのシーズンは、心のどこかで藤田さんにタイトルを獲ってほしいって思ってた。僕はまだシーズン通じて3割を打ったことがなかったんで、その程度の自分が首位打者を獲ったりしたらそこで天狗になって、選手として終わってしまうんじゃないかという予感もあったんです。だけど、一九八四年のシーズンは本気でタイトルを獲りにいってたから逃すわけにはいかなかった。そういう気持ちが、若松さんのいるヤクルト戦で裏目に出たんですね」

結局は三打席目でセンター前ヒットを放ち、首位打者を確定。この打席で真芯に捉えたボールを記憶の中の最も重い一球として語った篠塚。後にも先にも、これほど身体が上手く動いてくれない試合はなかったという。

「余計なことを考えないで打席に立つっていうのは、言うほど簡単ではないんですけどね。僕の場合は、まず速いストレートのタイミングで待つ。その通りのボールがくればとにかく強く振っていくし、変化球で崩されたらそこに合わせていけばいい。基本的にはそれだけを考えているんです。だから普段はヒットを打つぞなんて考えていなくて、頭にあるのは強く振っていくというシンプルなことだけ。そういう感じなので打席の中で迷うということがほとんどないんです」

どんな質問に対しても曖昧さはなく、的確な答えで丁寧に話してくれた篠塚。二時間超のインタビューではっきりと伝わってきたのは、この人が持っていた二つの大きな武器の存在だった。一つはシンプルでロジカルな思考からくる冷静さ。そしてもう一つは、長嶋茂雄へ恩返しするんだという強い使命感。ミスター・ジャイアンツへの敬意こそがこの偉大な打者を支え、才能を開花させる原動力となったのである。

「もっとやれたかなという気持ちもあるけど、まあ首位打者を二回獲れたんでね。ミスターへの恩も少しは返せたかなって思いますよ。それと、僕の通算打率は3割4厘で長嶋さんは3割5厘。1厘の差じゃ恐れ多いですけど、歴代打率ではミスターが13位で僕が14位（二〇二一年十一月時点）っていうのも、自分としては気に入っているんです」

しのづかかずのり

1957年東京都生まれ、千葉県育ち。銚子商業高校時代、夏の甲子園で2本塁打し、同校を初優勝に導く。1975年のドラフト会議で巨人・長嶋茂雄監督がドラフト1位指名を敢行し、入団。1979年オフにはいわゆる「地獄の伊東キャンプ」に参加し、翌1980年にはセカンドのレギュラーに定着。1981年には三番打者としての出場が増え、阪神の藤田平と熾烈な首位打者争いを展開。惜しくもタイトルは逃すが3割5分7厘の好成績を残す。このシーズンから5年連続で3割以上の打率を維持し、1984年、1987年にはセ・リーグ首位打者に。80年代から90年代初頭の巨人に不可欠な巧打者として、6度のリーグ優勝、3度の日本一に大きく貢献する。1994年に引退するまで19年間、巨人一筋。通算打率3割4厘、通算本塁打92本。ベストナイン5回、ゴールデングラブ賞4回など受賞も多数。引退後は巨人や日本代表で打撃コーチなどを務めた。

特別付録

あの選手が最も輝いた時代

そのシーズンを振り返る

1977年の
ヤクルトスワローズと若松勉

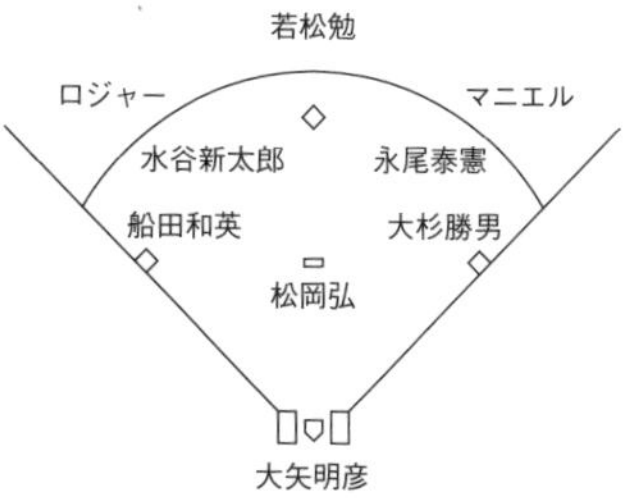

広岡達朗監督就任2年目のシーズン。前年からチームが標榜する管理野球が成果を挙げ、4月はスタートダッシュに失敗したものの、6月には2位に浮上。シーズン終了時には首位巨人とゲーム差15ながら2位を確保した。投手陣は安田猛が17勝、鈴木康二朗が14勝を挙げるなど活躍。攻撃陣は大杉が打率3割2分9厘で31本塁打、マニエルが打率3割1分6厘で42本塁打と自慢の長距離砲が大活躍し、チームの躍進を支えた。プロ入り7年目の若松は主に三番、センターで116試合に先発出場し、打率3割5分8厘で2度目の首位打者を獲得。6月には代打出場で2日連続のサヨナラ本塁打も記録。結局、若松は本塁打20、安打数158(リーグ1位)と充実のシーズンを送った。

1979年の
広島東洋カープと高橋慶彦

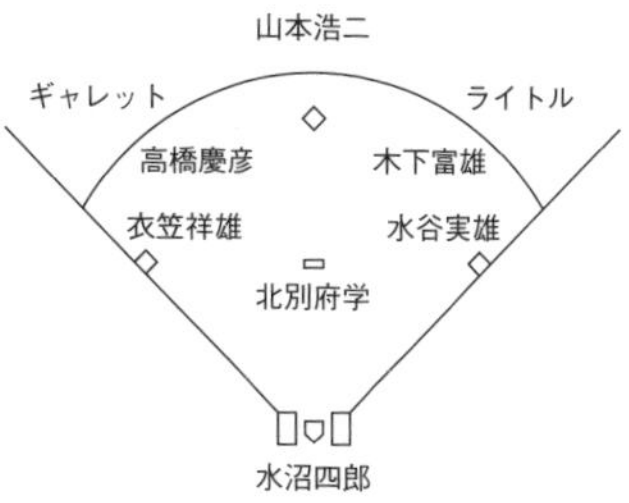

古葉竹識監督就任5年目のこのシーズン。一番には俊足巧打の高橋、クリーンアップはライトル、山本浩二、水谷実雄ら重量級のスラッガーたち、投手は北別府学、池谷公二郎、大野豊、抑えの江夏豊と充実の陣容が揃った。春先は波に乗れなかったものの、7月には高橋が日本新記録の33試合連続安打を達成。チームも調子を上げ、8月には一気にセ・リーグ首位に。最終的には2位の横浜大洋に6ゲーム差をつけて、4年ぶり2度目の優勝。高橋はチーム唯一の打率3割以上をマークし、55盗塁で初の盗塁王も獲得。チーム全体としても盗塁数143でセ・リーグ1位と、存分にその機動力を見せつけた。日本シリーズでは近鉄と対決しカープが史上初の日本一を達成する。

1973年の阪急ブレーブスと長池徳二

前年優勝の余勢を駆ってさらなる躍進が期待されたシーズンだったが、春先は投手陣が低迷し、4月は4位に。次第に勢いを取り戻して前期は3位、後期は優勝でプレーオフに進むが南海の前に屈し、パ・リーグ制覇は成らず。最終的には加藤が首位打者を獲得、長池は本塁打王と打点王の二冠、福本は盗塁王と攻撃陣は好成績を残し、投手陣も防御率3.30でリーグトップの成績に。春先の不調が最後まで響いたシーズンとなり、11年間、監督を務めた西本幸雄が辞任する形に。長池は打率3割1分3厘、2年連続本塁打王、打点王など不動の四番として申し分ない働き。9月には通算250本塁打も達成したが、日本シリーズで巨人を倒すという大きな目標はお預けとなった。

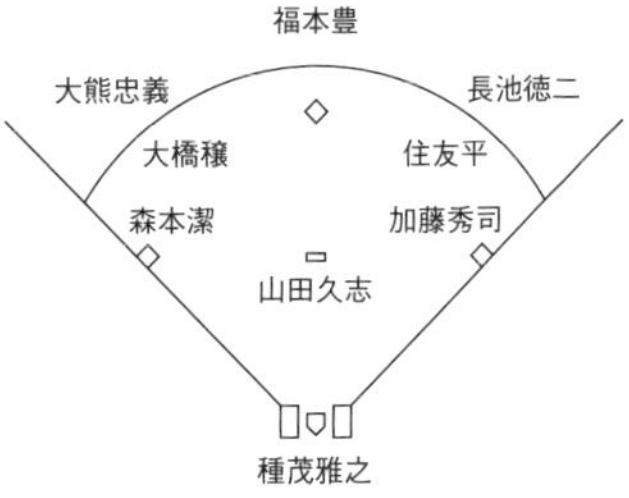

1983年の近鉄バファローズと大石大二郎

近鉄は前年の3位からステップアップを目論むシーズンだったが、西武と阪急、ロッテがスタートダッシュに成功。4月は最下位、5、6、7月は5位と低迷が続いた。攻撃陣では前年引退した主軸・佐々木恭介の不在が響き、チーム打率2割6分2厘(リーグ6位)、本塁打134本(リーグ4位)と破壊力に欠けた。投手陣では鈴木啓示が14勝を挙げたが、他に計算できる投手が不在でチーム防御率4.49(リーグ4位)と不調に終わり、チームはパ・リーグ4位でフィニッシュ。プロ3年目の大石は一番に定着し、60個の盗塁をマーク。初の盗塁王を獲得し、阪急の福本が13年間、続けていた連続盗塁王の記録を阻止した。打率も2割8分7厘、ベストナイン受賞と一番打者の重責を果たし、充実のシーズンとなった。

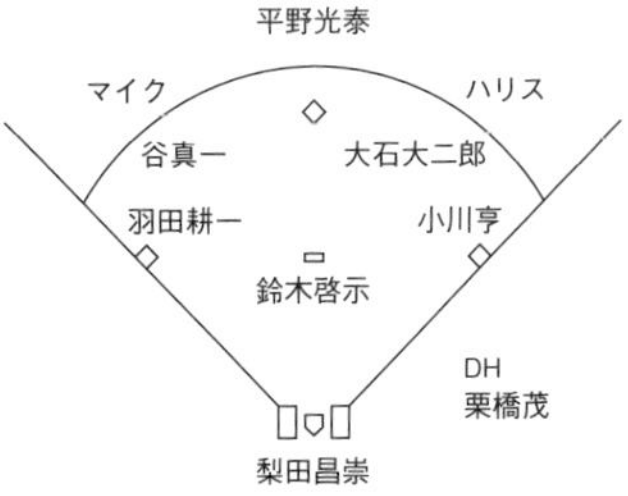

1977年の読売ジャイアンツと河埜和正

長嶋茂雄が監督に就任して3年目のシーズン。ペナントの行方とともに、王貞治の本塁打世界記録達成にも注目が集まった。巨人は4月から好調で8月終了時には2位のヤクルトに12ゲーム差を付け首位を独走。シーズン終了時には2位に15ゲーム差を付け、結局、4月から首位を明け渡すことなく、セ・リーグ2連覇を達成した。河埜は主に七番打者、六番打者として先発起用され、ショートの定位置を保持。初の規定打席に到達し、打率2割9分4厘とキャリアハイの成績を残した。また、ベストナインの受賞、オールスターへも初出場。2年連続となった阪急との日本シリーズでチームは1勝4敗と苦杯をなめたが、河埜は第3戦でサヨナラ3ランホームランを放つなど活躍した。

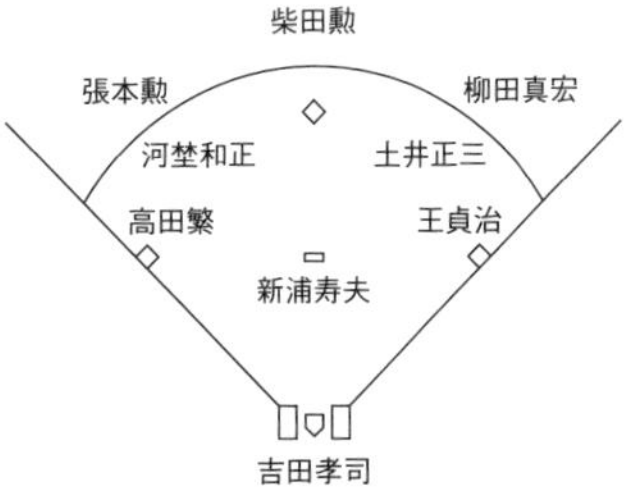

1987年の近鉄バファローズと新井宏昌

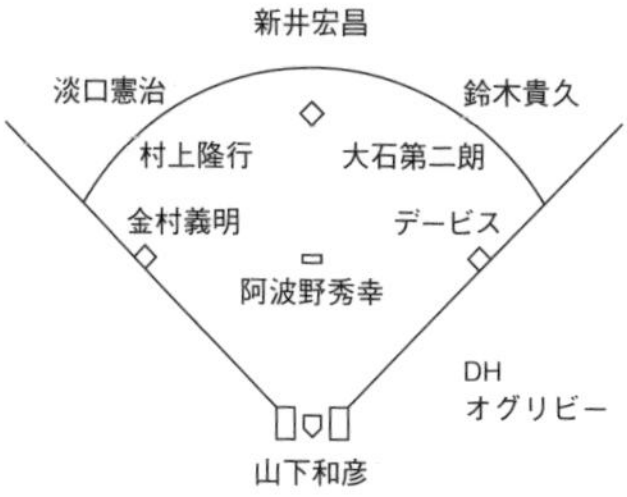

岡本伊三美監督就任4年目のシーズン、近鉄はメジャーリーガーのオグリビーを獲得して攻撃力を強化。期待通り、デービスやオグリビーらの長距離砲、新井、大石らの巧打と機動力によってチーム打率は2割7分（リーグ2位）、チーム本塁打135（リーグ3位）と攻撃陣が好調だったが、投手陣が崩壊。阿波野が15勝を挙げたもののチーム防御率4.22、失点599と共にリーグ最下位に。結局、チームは首位に21.5ゲーム差をつけられてリーグ最下位でフィニッシュ。移籍後2年目の新井は二番、三番での先発起用に応え、打率3割6分6厘で初の首位打者を獲得。ベストナイン、ゴールデングラブ賞の受賞、オールスターにも初出場を果たし、その存在感を存分に発揮した。

1972年の阪急ブレーブスと福本豊

西本幸雄監督就任10年目となるシーズンは一番に福本、二番に大熊、三番に加藤という打順を確立させ、以降、効率よく得点を重ねる阪急のパターンが長年にわたり定着していく。投手陣では山田、足立光宏、米田哲也らが好投を続け、チーム防御率3.19、失点480とともにリーグ2位の成績でシーズンを通じて安定の試合運びが際立った。結局、5月以降は一度も首位を明け渡すことなくパ・リーグ優勝を達成したが、日本シリーズでは巨人に1勝4敗と日本一を逃してしまう。プロ入り4年目の福本は122試合に出場し、日本記録となる106盗塁で3年連続の盗塁王を獲得。打率3割1厘、ベストナイン、ダイヤモンドグラブ賞受賞と攻守にわたり、チームに大きく貢献した。

1980年の近鉄バファローズと梨田昌崇

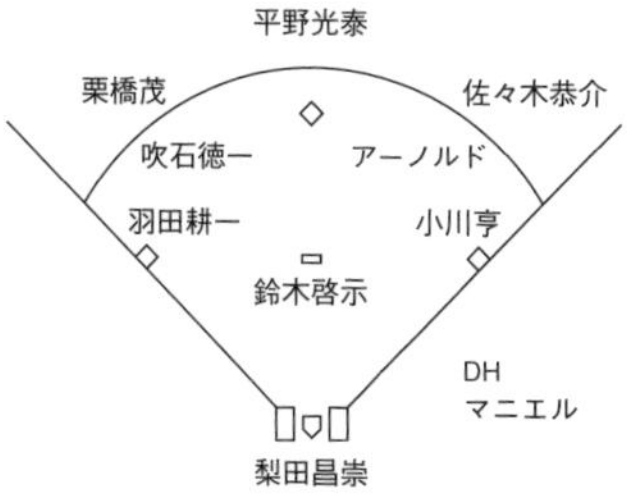

前年は初優勝を遂げたものの、俗に言う「江夏の21球」によって日本一の座を逸した近鉄。前後期制であったこのシーズン、前期はロッテに優勝を譲ったが、後期は最終戦でからくも優勝を決め、プレーオフでロッテを振り切り、パ・リーグ連覇を達成する。攻撃陣では主砲のマニエルが本塁打王と打点王の二冠を獲得するなど「いてまえ打線」が爆発し、シーズン最多本塁打239は当時の日本新記録ともなった。だが、日本シリーズでは2年連続で広島の前に屈してしまう。当時、27歳だった梨田はこのシーズン、打率2割9分2厘、盗塁阻止率4割7分9厘と攻守両面で抜群の成績を残し、チームを支え、リーグを代表する捕手として多くのファンの記憶に刻まれた。

1982年の 中日ドラゴンズと中尾孝義

近藤貞雄監督の2年目は小松辰雄、鈴木孝政、都裕次郎、三沢淳、郭源治ら充実の投手陣が機能。ストッパーには牛島和彦が控え、それまでの弱点だったディフェンス面での進化が光った。攻撃面では田尾が最多安打、最多出塁を記録し、谷沢、モッカ、大島、宇野らの中軸も爆発。プロ入り2年目の中尾は正捕手として119試合に出場し、本塁打18、打率2割8分2厘、ゴールデングラブ賞の受賞、ベストナインと走攻守にわたって優れた能力を見せつけた。チームは9月にマジック点灯、10月には首位打者を争う田尾が5打席連続四球にあいながらも、強竜打線が大洋に勝利し、優勝が決定。日本シリーズでは広岡達朗監督率いる西武と28年ぶりの対決となったが、2勝4敗でシリーズ制覇を逃す。

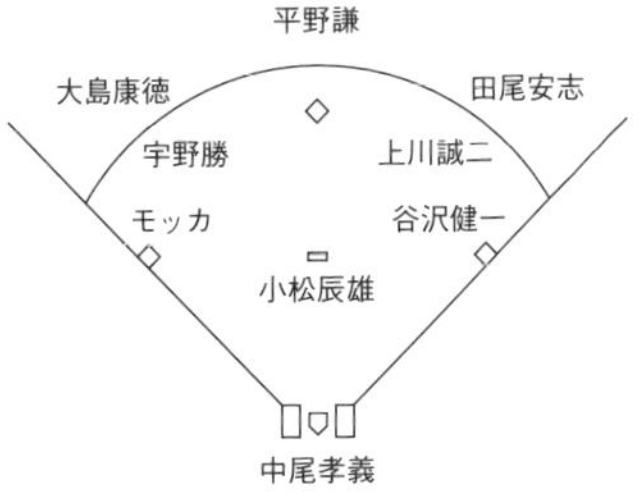

1985年の 阪急ブレーブスと松永浩美

前年パ・リーグ優勝を果たし、2連覇を狙ったこのシーズン。攻撃陣は主力のブーマー、松永、福本らに、期待のヒックスが加わりパワーアップ。投手陣もエースの山田久志、今井雄太郎、佐藤義則と計算の立つ人材が揃ったものの、チームは4月から低迷。6月に一時は盛り返すもAクラスを維持するのがやっとでシーズン終了時は4位でフィニッシュ、期待はずれのシーズンとなった。チーム本塁打は197本(リーグ2位)、チーム打率も2割7分4厘(リーグ2位)に加え、盗塁は156個(リーグ1位)を記録したが、防御率4.98と投手陣の崩壊が響いた。プロ入り7年目の松永は主に五番打者として起用され、38個で盗塁王獲得、自身最多となる本塁打26本、打率3割2分と抜群の活躍を見せた。

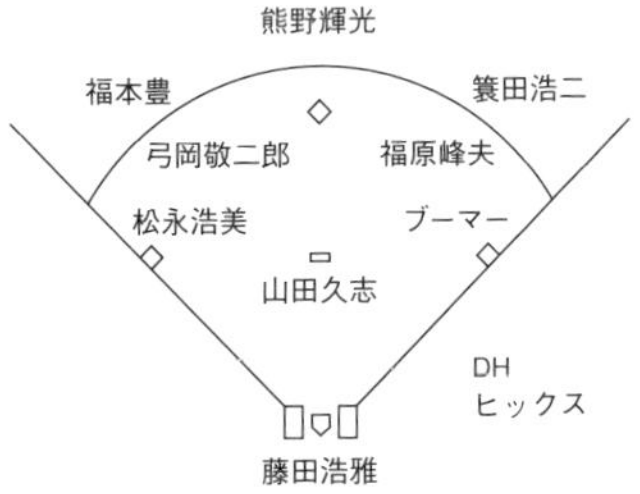

1981年の 読売ジャイアンツと角三男

このシーズンは江川卓、西本聖、定岡正二を三本柱、角を抑えの切り札として安定したディフェンス力で臨んだ巨人。5月以降は順調に白星を重ね、藤田元司監督の就任初シーズンを優勝で飾る。とりわけ江川が20勝、221奪三振、防御率2.29と圧倒的な成績で投手の賞を総ナメ。日本シリーズでは日本ハムとの後楽園対決を4勝2敗で制し、日本一に。新人の原辰徳もシリーズで2本のホームランを記録し、後の時代を背負って立つ若手が軒並み活躍したフレッシュなシーズンとなった。入団4年目の角はストッパーとしてキャリアハイの20セーブを稼ぎ、最優秀救援投手のタイトルを獲得する。打者397人に対して奪三振121個、防御率1.47とその重責を十二分に果たした。

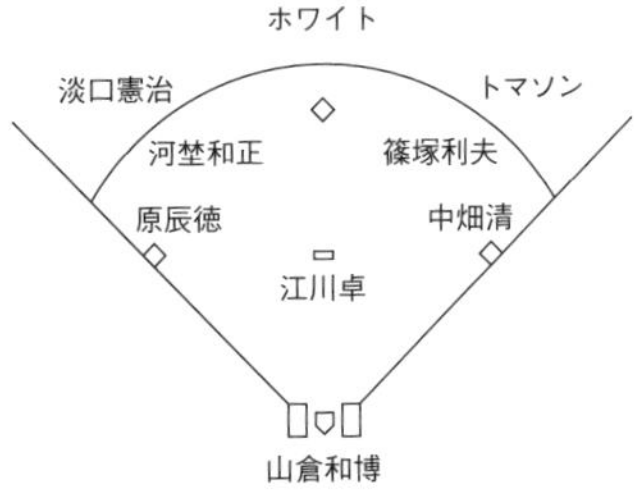

1988年の
西武ライオンズと石毛宏典

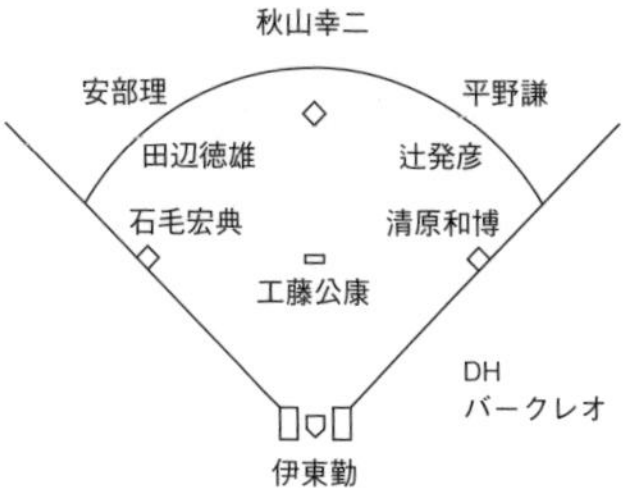

石毛がプロ入り8年目を迎えたこのシーズン、西武は強さのピークにあったと言っていい。終盤、近鉄に追い上げられ、伝説の10.19を経て肝を冷やしたものの、結局、4年連続11度目のリーグ優勝を達成。日本シリーズでは中日と対戦し、4勝1敗の成績で3年連続8度目の日本一を達成した。石毛自身は本塁打21本（チーム4位）、打率2割8分3厘（チーム4位）、打点63（チーム4位）、22盗塁（チーム最多）とバランスのよい成績で勝利に貢献。秋山、清原、バークレオらの長距離砲と、巧打と機動力を備えた石毛、平野、辻らが上手く嚙み合った打線が光るシーズンとなった。石毛にとっては1000安打、150本塁打、1000試合出場、日本シリーズMVPを記録した印象深い一年である。

1982年の
横浜大洋ホエールズと長崎啓二

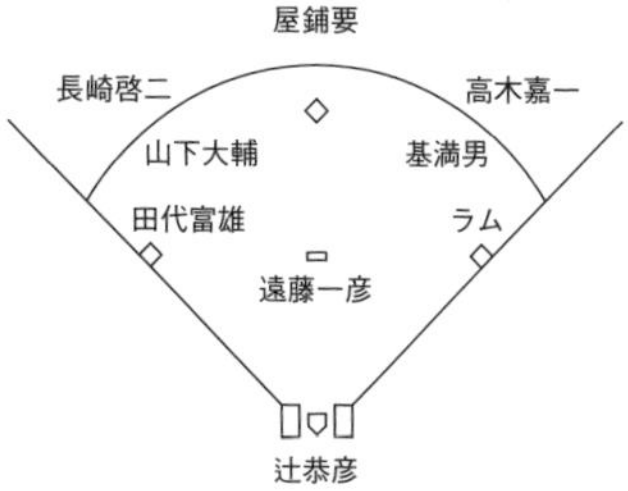

関根潤三が監督に就任して1年目のシーズン。前年は首位の巨人に31.5ゲーム差をつけられ最下位に沈んだが、4月には首位争いに食い込む。しかし5月から次第に失速。投手陣は先発の遠藤一彦、平松政次、抑えの斉藤明夫らが奮闘するもチーム防御率は3.92でセ・リーグ最下位。チーム打率も2割5分でセ・リーグ5位と攻守ともに低迷し、チームはセ・リーグ5位に終わる。プロ10年目となる長崎はシーズンを通じて好調を維持。中日の田尾安志と熾烈な首位打者争いを展開し、結局、田尾に1厘差を付け、打率3割5分1厘で首位打者を獲得したほか、ベストナインも受賞。5月には1000試合出場達成とサヨナラ満塁ホームランを記録。オールスターへの初出場も果たした。

1975年の
阪急ブレーブスと山口高志

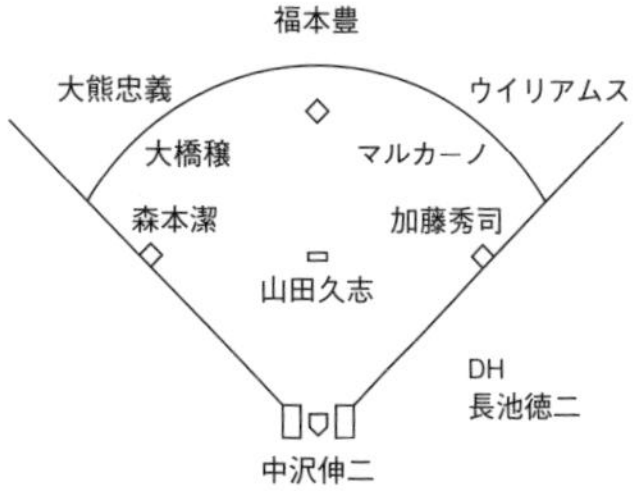

上田利治が監督に就任して2年目のシーズン。パ・リーグではこのシーズンからDH制がスタートしたことから長池徳二がバッティングに特化したほか、ウイリアムス、マルカーノら有望な外国人選手も加入し、阪急の黄金時代の幕開けを告げるシーズンとなった。チームは前期を難なく優勝したものの、一転して後期は最下位に沈む。プレーオフでは近鉄を破り、苦しみながらも3年ぶりのリーグ優勝を成し遂げる。山口高志にとってはルーキーイヤーであり、自慢の豪速球で存在感をアピール。12勝13敗、防御率2.93で新人王に輝いた。前期優勝、プレーオフでのパ・リーグ優勝、日本一と1年で3度の胴上げ投手に。日本シリーズでは5試合に登板して獅子奮迅の活躍を見せ、MVPも獲得した。

1980年の日本ハムと柏原純一

大沢啓二監督5年目のシーズンはクルーズ、ソレイタの2人を獲得し、強力打線を形成。投手陣は新人の木田が最多勝利、最高勝率、最優秀防御率、最多奪三振と目覚ましい活躍を見せたほか、間柴茂有（ましばしげくに）、高橋直樹らも好調を維持し、チーム防御率3.61はリーグ1位を誇った。後期は当初、首位を維持していたものの終盤失速し、結局シーズン最終成績は3位に。移籍して3年目の柏原は130試合出場、主に三番として起用され、本塁打34、打点96と中軸打者にふさわしい数字を残し、チームを牽引した。守備面では1塁、2塁、3塁など内野の様々なポジションで起用され、高い能力を示した。ちなみにこのシーズン以降、柏原は5年連続全試合出場を果たすことになる。

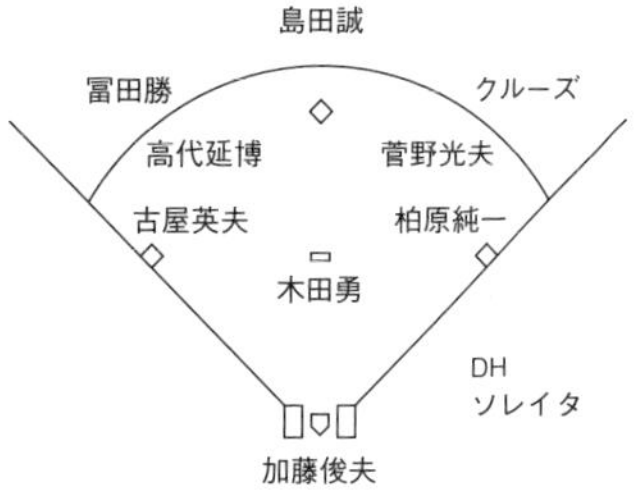

1977年の読売ジャイアンツと柳田真宏

長嶋茂雄監督3年目となるシーズン。開幕から4連勝と波に乗る巨人は、4月中、さらに8連勝と他チームの付け入る隙がない状態で春から首位をキープ。王、張本らの長距離砲、柴田、高田、土井らの巧みな打撃と走力などが噛み合い、チーム本塁打181本（リーグ2位）、打率2割8分（リーグ1位）と攻撃陣がチームの躍進を支え続けた。また、9月には王がハンク・アーロンの記録を破る通算756本目の本塁打を放っている。結局、巨人は2位に15ゲーム差を付けて余裕のセ・リーグ2連覇を達成するも日本シリーズでは阪急に1勝4敗と惨敗した。プロ入り11年目の柳田は五番打者として初の規定打席到達も果たし、打率3割4分（リーグ3位）、本塁打21本を記録、自身にとってキャリアで最も充実した一年となる。

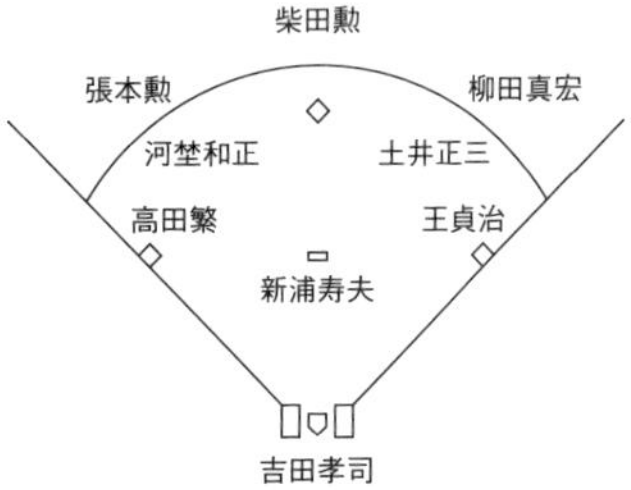

1976年の阪急ブレーブスと山田久志

上田利治監督就任3年目のシーズン。前年にリーグ優勝、初の日本シリーズ制覇を達成したチームはエース山田の他、山口高志、足立光宏ら、投手陣が充実。福本、加藤、長池ら打撃陣も破壊力満点で、難なく前期を優勝。後期は一時、南海に後れを取るが最終的には逆転。山田はキャリアハイとなる26勝で最多勝利、加えて最高勝率、最優秀選手賞をトリプル受賞したほか、ベストナインにも選出される。日本シリーズでは巨人と対戦し3連勝の後、3連敗。最終戦では4対2で勝利し6度目の挑戦にして初の打倒巨人を達成した。山田は第1戦先発（勝ち負けつかず）、第3戦先発（勝利投手）、第5戦先発（敗戦投手）、第6戦リリーフ（敗戦投手）と獅子奮迅の活躍でチームに大きく貢献した。

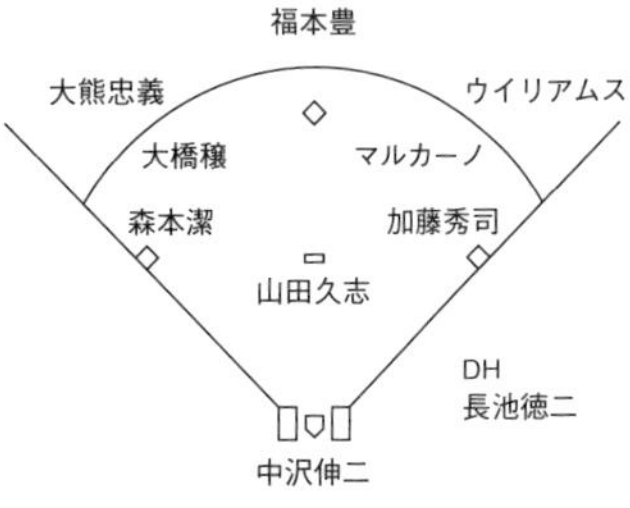

1967年の
読売ジャイアンツと柴田勲

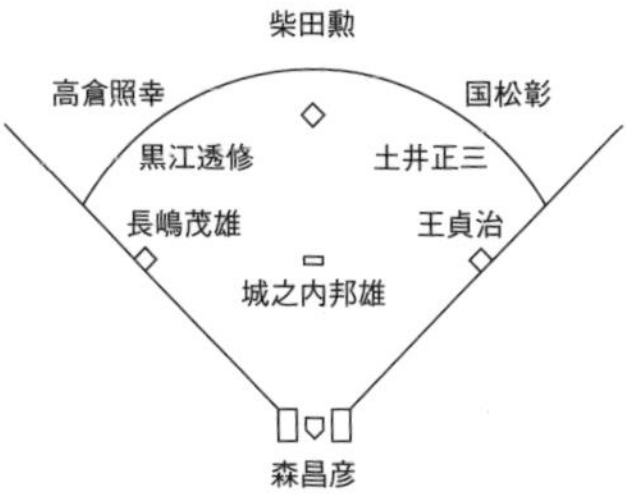

川上哲治監督就任7年目となるシーズン。前年までV2を達成しV3に挑むべく、一番・柴田、二番・土井の打順を定着させ、王、長嶋で得点するという必勝パターンを確立させた。投手陣には城之内、金田正一、渡辺秀武のほか、プロ入り2年目の堀内恒夫が活躍。4月からシーズン終了時までつねに首位をキープし続け、最終的には2位の中日に12ゲーム差をつけてセ・リーグ優勝を決める。日本シリーズでは阪急と対戦し、4勝3敗でV3を達成。プロ入り6年目の柴田は126試合に出場して70盗塁をマークし2年連続盗塁王を獲得。打率2割8分7厘、本塁打18本と非凡な打撃センスを見せつけ、セ・リーグ屈指のリードオフマンとして存分に存在感をアピールした。

1977年の
クラウンライターライオンズと
竹之内雅史

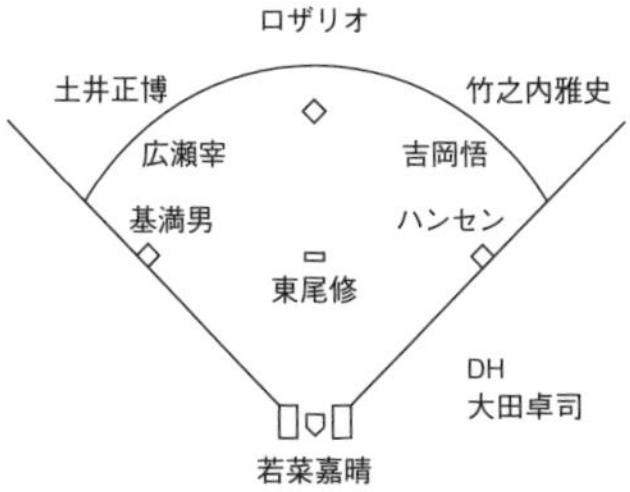

前年までの太平洋クラブに代わり、クラウンガスライターが命名権を取得した直後のシーズン。主軸の土井、大田、竹之内らが攻撃面で奮闘し、チーム本塁打は128本とリーグ2位を記録。しかし投手陣は東尾を除いては不振で、打ち込まれることが多く、シーズン序盤から苦戦。前期は首位に14ゲーム差を付けられての最下位。後期も首位に7.5ゲーム差をつけられ5位に沈み、シーズントータルで最下位に終わった。この年の低迷により監督2年目の鬼頭政一は辞任し、翌シーズンからは根本睦夫の監督就任が決定する。プロ入り10年目、32歳の竹之内は自己最高のリーグ3位となる26本塁打を記録し、9年連続二桁本塁打も達成。9月には区切りとなる1000試合出場も果たす。

1978年の
横浜大洋ホエールズと山下大輔

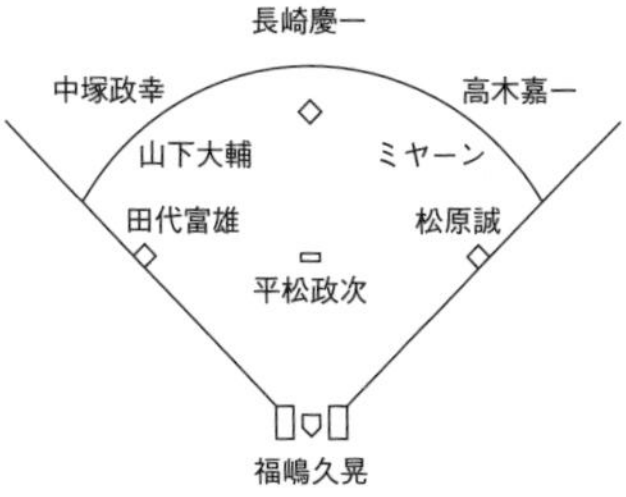

それまで緑とオレンジで親しまれたチームカラーを一新し、ホームも川崎から横浜へ移転。横浜大洋として再出発を果たしたのがこのシーズンだった。別当薫監督に率いられた新生ホエールズは開幕直後から好調な滑り出しをみせ、巨人やヤクルトと首位争いを演じ、一時は首位に。ところが終盤には力尽き、4位でフィニッシュ。ただ、チーム打率はリーグ3位を記録し、投手の野村収が17勝で最多勝利、斉藤明雄が最多奪三振のタイトルを獲得するなど投手陣も奮闘した。不動のショートストップとしてチームの守備を支えた山下大輔は3年連続3度目のダイヤモンドグラブを受賞。また、前年からの遊撃手連続守備機会無失策も継続し、ついに日本記録を樹立した。

1975年の
太平洋クラブライオンズと東尾修

このシーズンは大洋ホエールズから大打者、江藤慎一をトレードで獲得すると同時に、江藤が選手兼監督として着任。さらに白仁天(はくじんてん)、土井正博といった長距離打者をトレードで獲得し、打線の強化を図った。結果として土井は34本で初の本塁打王を獲得。白も初の首位打者を獲得するなど打線が牽引する格好で前期は2位、後期は4位、シーズン最終成績は3位と満足できる結果に。チームとしては1967年以来のAクラス入りを達成した。プロ入り7年目であった東尾は31試合に先発、23勝で最多勝利を獲得すると同時に奪三振数も154個でパ・リーグトップ。また完投試合数25、完封試合数4と圧倒的な活躍で自他共に認める絶対的エースの座を不動のものとした。

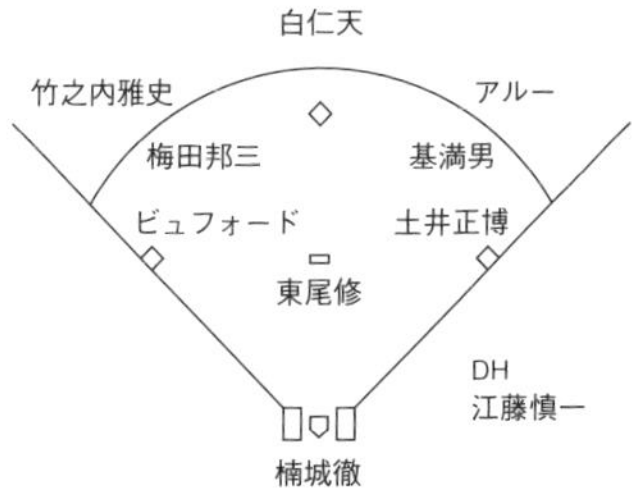

1979年の
阪神タイガースと若菜嘉晴

ブレイザー監督就任1年目のシーズンは、江川卓とのトレードで加入した小林繁の活躍に注目が集まった。結局、小林は巨人から8勝を挙げ、22勝、防御率2.89をマークしたが、他投手の低迷でチーム防御率は4.15とリーグ5位に。一方、打撃陣は四番の掛布を始め、ラインバック、スタントン、真弓、竹之内らが活躍し、チーム本塁打172本(リーグ1位タイ)、チーム打率2割6分8厘(リーグ1位)と好調であった。チームは夏場に2位へと浮上したが最終的には4位でフィニッシュし、攻守のバランスの悪さが際立ったシーズンに。田淵幸一らとのトレードで移籍してきた若菜は正捕手として初の規定打席到達も果たし、リーグ10位となる打率3割3厘でシーズンを終えた。

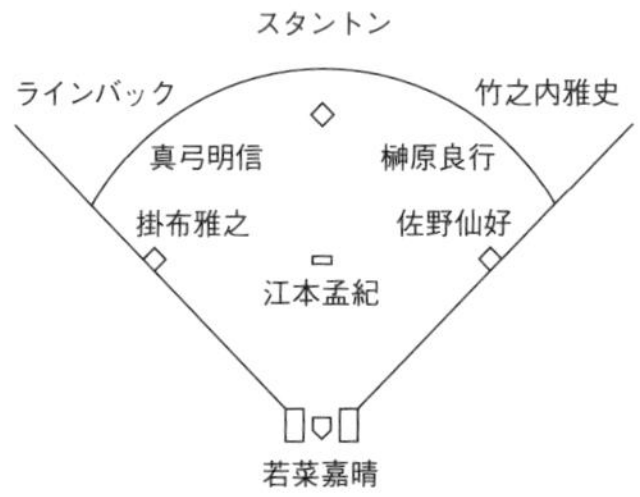

1983年の
読売ジャイアンツと松本匡史

前シーズンはゲーム差0.5で中日に優勝をさらわれ、V奪還に燃えて挑んだ巨人。現役メジャーリーガーであるレジー・スミスを獲得したほか、原辰徳が主砲として成長。投手陣では江川卓、西本聖、定岡正二の三本柱を中心に充実の布陣が揃った。加えて、槙原寛己、駒田徳広、吉村禎章らの50番トリオが重要な戦力に成長。結局、シーズン通じて危なげなく首位を快走した巨人が広島に6ゲーム差をつけてリーグ優勝。だが日本シリーズでは広岡監督率いる西武と対決し、惜しくも3勝4敗で日本一は果たせなかった。入団7年目の松本は前年の61盗塁を上回る76盗塁をマークしセ・リーグ記録を樹立。打率も2割9分4厘とチームの得点力アップに大きく貢献した。

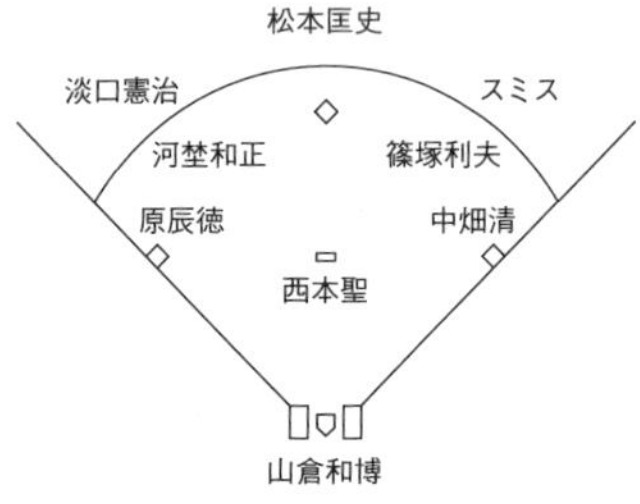

1984年の
横浜大洋ホエールズと遠藤一彦

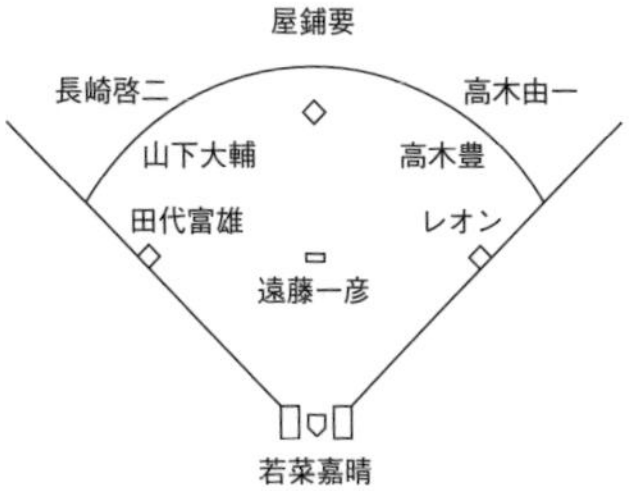

監督が関根潤三に代わって3年目のシーズン。前年に念願のAクラスを経験したホエールズだったが、投手陣のコマ不足、打線の不完全燃焼といった構造的問題を解決することはできず、開幕直後からBクラスに低迷した。結果として本塁打数はリーグトップの中日に比べて約半分の100本、チーム打率は2割6分3厘でリーグ最下位、チーム防御率は4.55とセ・リーグ5位の成績に。チームは最終的に首位広島と30.5ゲーム差という屈辱的な数字に甘んじ、リーグ最下位に終わった。プロ入り7年目のエース、遠藤はそんなチームにあって一人、気を吐き、37試合先発、18完投、勝利数17とすべてリーグトップの数字を記録。奪三振も208とリーグトップで自身のキャリアハイとなった。

1980年の
阪神タイガースと山本和行

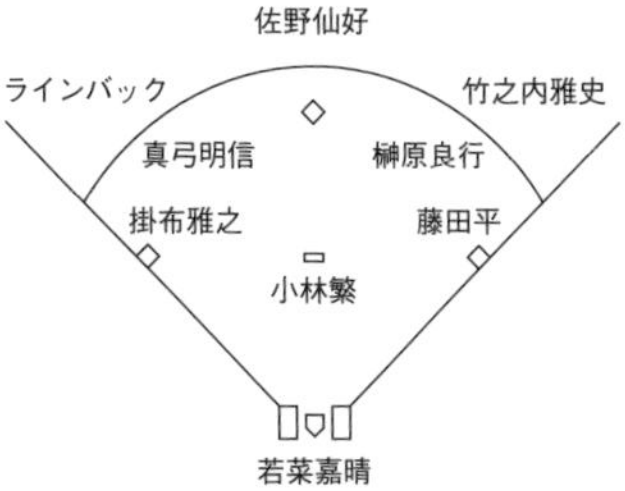

ブレイザー監督就任2年目のシーズン。チームは大学野球の花形選手であった岡田彰布、ヤクルトからヒルトンを獲得するなど攻撃面を強化した。ところが岡田の起用を巡ってブレイザー監督と球団が衝突し辞任。5月にはヘッドコーチの中西太が監督に就任する混乱が見られた。チームは5月に一時、2位まで浮上するも次第に失速し、シーズン終了時には5位に低迷。チーム打率2割6分2厘、チーム防御率3.73と攻守ともに冴えない一年に終わる。プロ入り9年目の山本は先発投手転向後の3シーズン目。31試合に先発登板して13試合完投、15勝11敗2セーブ、防御率3.26（リーグ10位）とチームを支える活躍を見せた。ちなみに山本はこの翌々年には再びリリーフへ転向を果たすことになる。

1988年の
西武ライオンズと平野謙

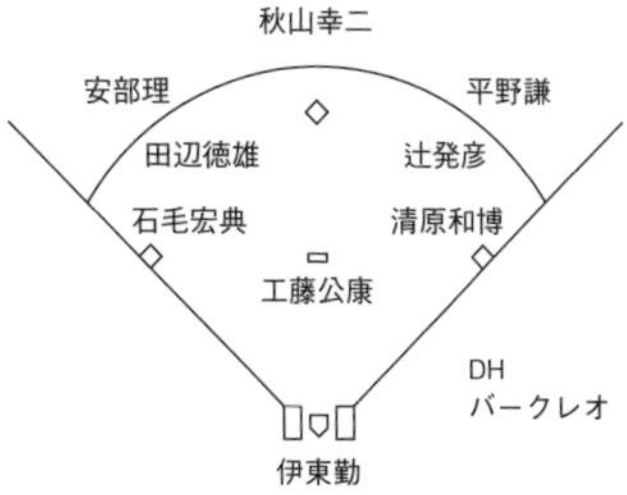

前年までパ・リーグ3連覇、日本シリーズ2連覇を達成していた西武。球界に敵なしの状態でシーズンがスタートした。オフにはエースの東尾修が賭博問題で送検されるなど多少の不安はあったが、シーズン前半は順調に勝ち星を重ねた。ところが夏頃から近鉄が驚異の追い上げを見せ、9月終了時には1位西武と2位近鉄のゲーム差が1.5に。10月にはついに近鉄が西武に肉薄し、伝説の10.19を迎えることになる。最終的には西武がゲーム差なしでパ・リーグを制覇し、日本シリーズでも中日を相手に勝利し、3年連続日本一を達成。平野は移籍1年目ながら130試合に出場し、打率3割3厘、41犠打、守備率9割9分7厘とハイレベルな活躍でゴールデングラブ、ベストナインをダブル受賞した。

1984年の
中日ドラゴンズと牛島和彦

山内一弘監督の就任1年目となったこのシーズン。投手陣では鈴木、小松辰雄、都裕次郎、郭源治らが奮闘し、攻撃陣では田尾、谷沢、大島らが爆発。7月には首位を奪還したが終盤で広島に逆転され、結局、3ゲーム差で2位に甘んじた。また、宇野が阪神の掛布と同数で本塁打王を獲得、谷沢と田尾は同数でともにリーグ最多安打を記録した。プロ入り5年目となった牛島は前年の怪我を克服し、抑えの切り札として50試合に登板とフル回転。3勝6敗29セーブ（セーブ数でリーグ1位）、防御率2.74、打者307人に対して67奪三振と抜群の投球で、チームの絶対的守護神としての役割を十分に果たした。ちなみに翌年途中からは先発に転向し、6勝8セーブを記録している。

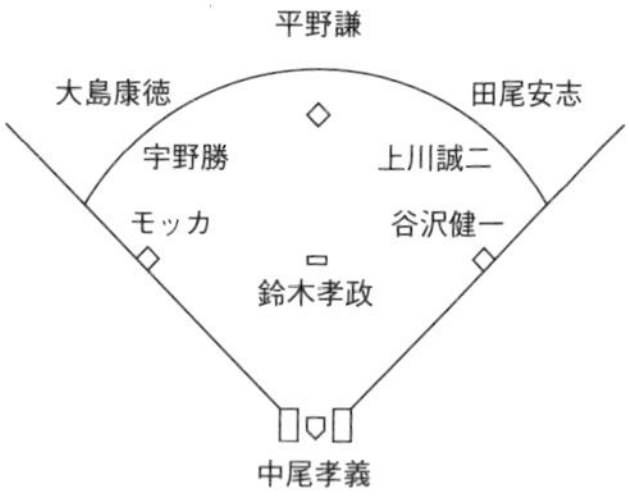

1985年の
ヤクルトスワローズと八重樫幸雄

土橋正幸監督就任2年目、前シーズン5位からの復権を目指したヤクルトだったが、開幕当初から低迷。結局10月まで最下位から脱することができず、チーム打率2割6分4厘、チーム防御率4.75はともにリーグ最下位の成績に終わってしまう。最終的に優勝した阪神とはゲーム差26.5と、極めて苦しい一年になった。正捕手として120試合に出場した八重樫は本塁打13本、打率3割4厘と好成績を残し、捕手としては球団初の3割打者となる。不調の選手が多い中、八重樫にとってはブレイクしたシーズンとなった。また、オールスターには八重樫、尾花、杉浦の3選手が出場。ドラフト1位で入団した新人の広沢克己が、本塁打18本の活躍を見せたことも印象深いシーズンである。

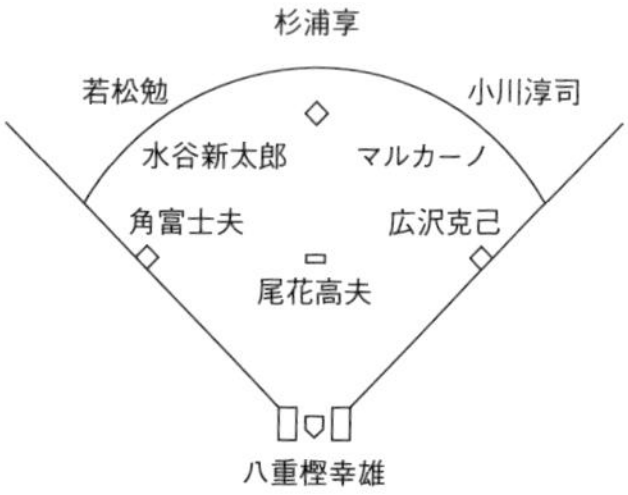

1976年の
ロッテオリオンズと村田兆治

金田正一監督就任4年目のシーズン。投手陣は村田を筆頭に、成田文男、八木沢荘六、金田留広らが揃い、チーム防御率はリーグ2位と好成績をマーク。一方、野手陣には俊足巧打の弘田、長打力を秘めたラフィーバー、ミスターロッテと呼ばれた有藤、豪打の江藤慎一、セカンドの名手・山崎裕之など充実のメンバーが揃っていたものの、本塁打数はリーグ5位、チーム打率はリーグ4位と低迷。投高打低のチーム状況が響き、パ・リーグ3位に終わる。このシーズン、村田はフォークボールを完成させ、このボールが実戦で威力を発揮。結果、キャリアハイの21勝をマークしたと同時に奪三振王、2年連続となる最優秀防御率も獲得し、名実ともにパ・リーグナンバーワン投手となった。

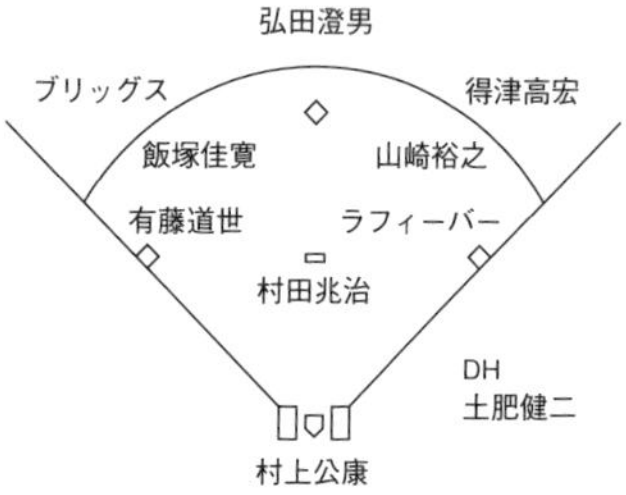

1981年の
読売ジャイアンツと江川卓

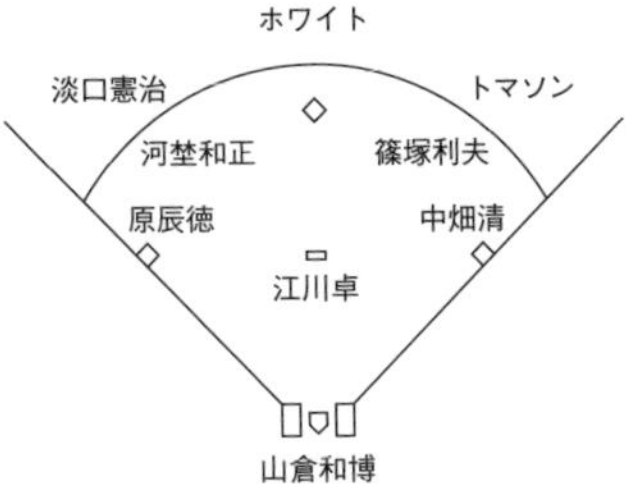

新監督・藤田元司が指揮したこのシーズン。開幕当初から10連勝など好調をキープし、最終的には2位の広島に6ゲーム差で4年ぶりのセ・リーグ優勝を達成。日本シリーズでは日本ハムを破り、V9以来となる8年ぶりの日本一を達成する。プロ入り3年目の江川はシーズン20勝、完投数20、奪三振221と最高の活躍で最多勝利、最優秀防御率、最多奪三振など投手四冠王に。投手陣はそのほか、西本聖、定岡正二、加藤初ら充実の陣容で、チーム防御率もリーグトップを記録。攻撃陣では新人王を獲得した原が22本塁打と活躍したほか、松本、篠塚、中畑ら役者が揃ったシーズンとなった。日本シリーズでは3度の先発を果たした江川が2勝をマークし、優秀選手賞を受賞。

1979年の
阪神タイガースと掛布雅之

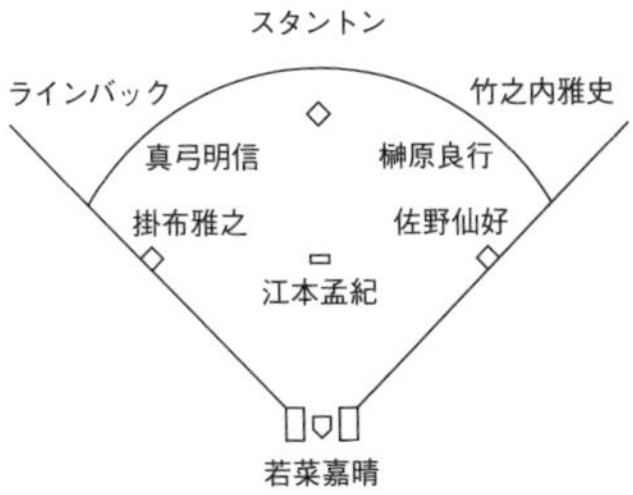

ドン・ブレイザー監督就任1年目、主砲の田淵幸一が西武へ移籍した直後のシーズン、三番には掛布を据え、真弓、若菜、竹之内、スタントンら新戦力も充実。想定通り、打線はシーズンを通じて好調を維持し、チーム打率2割6分8厘（リーグ1位）、チーム本塁打172本（リーグ1位タイ）の成績を残す。一方、投手陣は江本、山本和行らの先発陣がいまひとつの働きでチーム防御率は4.15、失点602と共にリーグ5位に甘んじた。夏場は2位に浮上したものの最終的には4位でフィニッシュし期待はずれのシーズンに。掛布は田淵の穴を埋めるべく本塁打48本で初のタイトルを獲得し、デビュー6年目にして100本塁打も達成。打率3割2分7厘、打点95と新たな主砲として存分に活躍した。

1979年の
広島東洋カープと水沼四郎

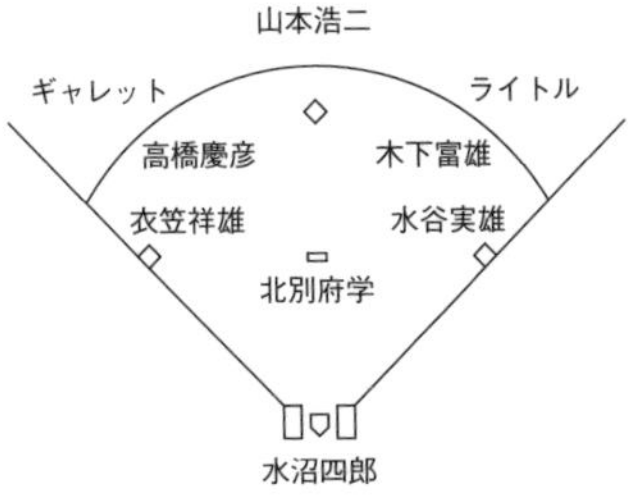

前年3位に終わったカープ。開幕ダッシュに失敗した後も冴えない試合展開が続くが徐々に盛り返し、6月終了時には4位、7月終了時には2位、8月終了時にはついに首位へと躍り出る。その後は一度も首位を明け渡すことなくフィニッシュ。4年ぶり2度目のリーグ優勝、日本シリーズでは近鉄を相手に勝利し、悲願の日本一を達成する。北別府、池谷公二郎、江夏豊らの強力投手陣はチームのシーズン防御率3.74（リーグ1位）に大きく貢献。またチーム打率は2割5分7厘（リーグ5位）ながら、シーズン通算盗塁143（リーグ1位）と機動力を存分に発揮した。水沼は正捕手として100試合に出場し、2割7分7厘と攻撃面でもチームの躍進を支えたほか、盗塁阻止率4割4厘（リーグ1位）を記録する。

1979年の
近鉄バファローズと栗橋茂

西本幸雄監督就任6年目のシーズン。ヤクルトから強打者、マニエルを獲得し、四番に起用。これが当たり、マニエルの本塁打に引っ張られるように佐々木、栗橋、小川、羽田（はだ）らの打線が爆発。前期は4月から首位を快走し1位でフィニッシュ。後期は5位から順に調子を上げ、2位でフィニッシュし、阪急とのプレーオフにも勝利して悲願のリーグ初優勝を達成する。日本シリーズでは広島と対戦し3勝3敗ともつれた後の第7戦、俗に言う「江夏の21球」によって惜しくも日本一を逃した。プロ入り6年目の栗橋は130試合に出場し、本塁打32本、打率2割9分1厘、打点80とクリーンアップの責任を果たした。日本シリーズには7試合出場を果たすも、18打数2安打と不調に終わる。

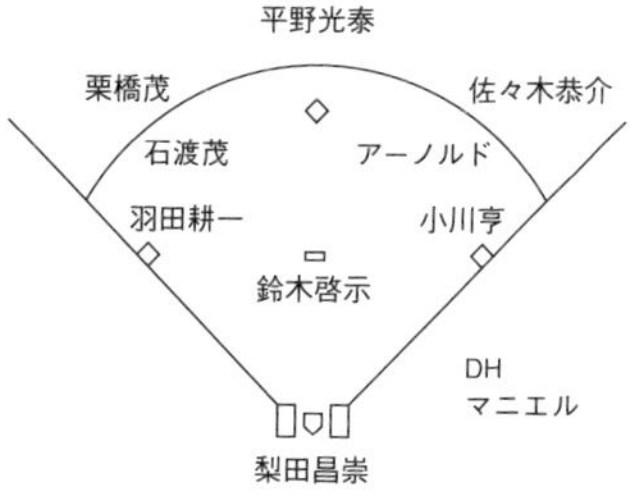

1985年の
中日ドラゴンズと宇野勝

山内一弘監督就任2年目のシーズン。投手陣は小松、郭源治、鈴木孝政らの先発要員に、抑えの牛島和彦と充実の陣容。攻撃面では要であった田尾安志を西武へ放出した直後で、チーム打力の低下を、谷沢、大島、宇野、モッカ、川又らが補う格好に。4月は3位をなんとか維持したものの、次第に低迷し、6月には5位まで順位を下げてしまう。エースの小松が17勝、郭が11勝と投手陣は奮起したものの、打撃陣の不振もあり、最終的には5位でフィニッシュ。プロ入り9年目、前年本塁打王の宇野は勢いをそのままに41本の本塁打を量産し、遊撃手としての歴代最多本塁打記録を樹立（2022年11月現在、日本記録）。打率も2割7分4厘と、六番打者として中日の攻撃力に厚みを加えた。

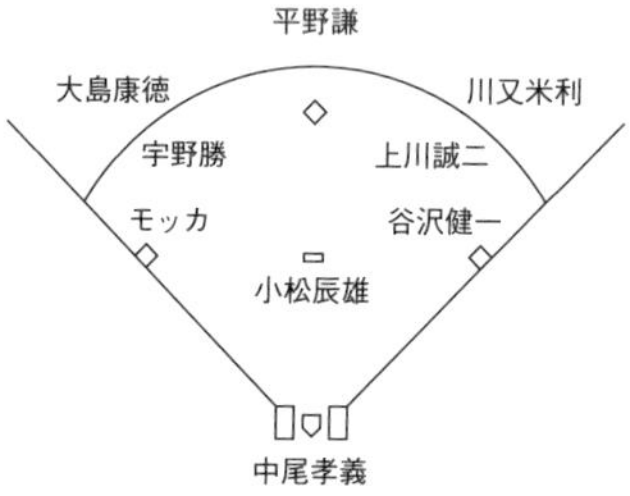

1983年の
読売ジャイアンツと淡口憲治

藤田元司監督率いる巨人は前年2位の雪辱を果たすべく、大物外国人レジー・スミスを獲得して攻撃力を強化。原、中畑、篠塚らの主軸打者の活躍もあり、チーム打率2割7分5厘（リーグ1位）が首位快走の原動力に。投手陣は西本、江川卓、定岡正二の三本柱が順調に勝利を重ね、槙原寛己も台頭するなど安定した試合運びに貢献。結局、シーズン終了時には広島に6ゲーム差を付けて優勝を果たす。日本シリーズでは西武と死闘を演じたが、江川の不調もあり惜しくも3勝4敗で日本一を逃す。クリーンアップの一角を担った淡口はレフトの定位置を確保し、初の規定打席に到達。打率3割2厘（リーグ13位）とシュアーなバッティングでチームを支えた。6月には節目の1000試合出場を達成する。

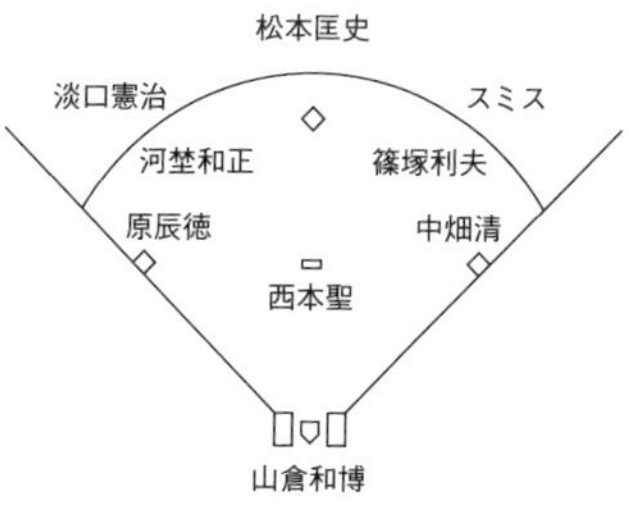

1973年の
ヤクルトアトムズと安田猛

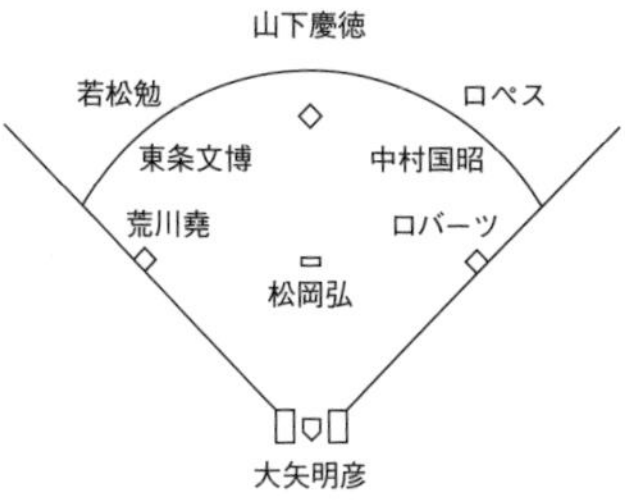

前年4位からAクラス入りを目指したこのシーズン。しかし開幕から6月終了時までは最下位に低迷。後半戦はやや盛り返すもシーズン終了時には首位の巨人に4.5ゲーム差を付けられ4位でフィニッシュ。攻撃の要、若松は好調を維持するものの長距離砲不在が響き、チーム本塁打が78とリーグ最下位、チーム打率も2割2分8厘とリーグ5位に留まった。一方、松岡、安田、浅野啓司らの投手陣は発奮し、チーム防御率2.60でリーグ1位の成績を残す。プロ入り2年目の安田はリーグ最多となる53試合に登板、10勝を記録し、防御率2.02で最優秀防御率を2年連続で獲得するなど大活躍。9月には81イニング連続無四死球の日本記録を樹立するなど目覚ましい投球が光る一年となった。

1984年の
読売ジャイアンツと篠塚利夫

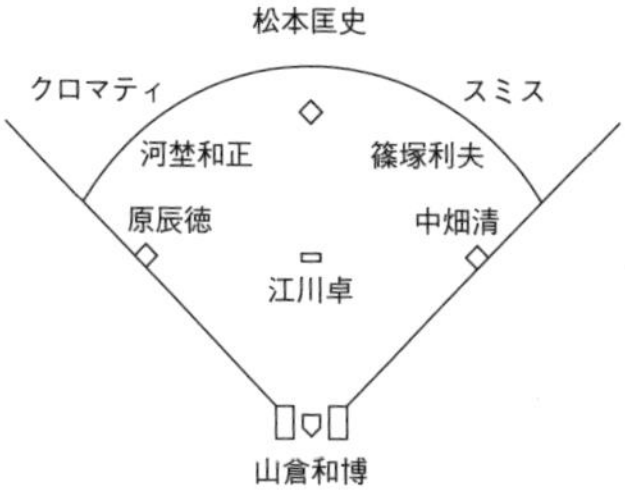

王貞治が監督に就任して1年目のシーズン。攻撃陣は原、スミス、中畑、篠塚らを擁する充実の布陣に、メジャーリーグからクロマティを獲得。ところが開幕ダッシュに失敗し、4, 5月は5位に低迷。投手陣では江川、西本聖の両エースがともに15勝を挙げたほか、斎藤雅樹の台頭、角三男、鹿取義隆らダブルストッパーの活躍によりチーム防御率は3.66(リーグ2位)と奮闘。しかし最終的には首位の広島に8.5ゲーム差を付けられ3位でフィニッシュという不本意な成績に。プロ入り9年目のシーズンとなった篠塚は主に二番打者として起用され、打率3割3分4厘で初の首位打者を獲得。二塁打も35でリーグ最多、本塁打も12本と申し分ない成績を残し、3年連続となるオールスター出場も果たした。

Note 1
本コーナーのダイヤモンド上に記載した各チームのメンバーは、該当年度の成績、出場機会などを筆者が総合的に検討し、選出したものです。特定の試合に出場した先発メンバーではありません。

Note 2
改名されている選手もいますが、年代が特定できる場合は、引退時の登録名ではなく、当時の名前を使用しています。

ほんの一瞬、たったの一球を求めて

一九八九年十月十二日。筆者は大学の授業をサボり、仲間5人と連れ立って西武球場へと駆けつけていた。西武対近鉄のダブルヘッダーを目撃するためである。小学生の時からなぜだか知らんが「B」マークの付いたキャップを愛用し、なぜだか知らんがいつの間にか近鉄ファンになっていた筆者。前年、10・19というあり得ないほどの悔しさを経験していただけに、この日はおあつらえ向きのリベンジが一年越しで用意されたようにも思えた。とは言え、西武がこのダブルヘッダーに連勝してしまえば近鉄はまたしてもすんでのところで優勝を逃すというシチュエーション。近鉄が前年の復讐を果たすにはこの敵地で2連勝し、マジックを点灯させる必要があった。望むのは最強の敵を相手に2連勝という相当に高いハードルだったのである。

試合が始まるとジワジワ、西武の強さがあらわになる。五回裏を終わって5対1と西武が4点リード。相手のマウンドは郭泰源だし、いくら近鉄ファンといえどもここから大逆転をかますなどと信じるのは難しかった。でもそんな状況で、近鉄の攻撃、ノーアウト満塁の状況ができあがっていった。打席には前打席でホームランを打っていたラルフ・ブライアント。ここでまたホームランが出れば一気に追いつくわけだが、そんな奇跡のような、ドラマのようなことが起こるだろうか？　そして初球が投じられると、カコーン！と気持ちのいい音を残して白球はスタンドへ。この時に見た打球の残像は、ただ近鉄のファンであっただけの筆者にも鮮烈な記憶として残り、ブライアントが起こした奇跡の感触は幸福な体験として今でも筆者の脳内で活きている。郭泰源が投げたたった一球、そしてブライアントが打ったたったの一球。それだけのこと、一瞬の出来事なのに、近鉄ファンにとっては奇跡と歓喜、西武ファンにとっては暗転や恐怖として、末永く記憶に残り続ける。

古い記憶を引っ張り出そうとすれば、こうした鮮烈な一球はいくらでも挙げることができる。一九八六年の日本シリーズ第1戦で見た、東尾修の精密な投球を打ち破る山本浩二の一発。一九七八年の日本シリーズ第7戦で大杉勝男が放ったホームランとその後の上田監督の猛抗議。もちろん王貞治の756号だってそうだし、二〇〇九年のWBCでイチローが韓国相手に放った起死回生のタイムリーだってそうだ。つまるところ、筆者はこうしたたった一球、ほんの一瞬の強烈なドラマを目撃するために、二時間、三時間にも及ぶ試合や、春から秋までの長いシーズン、野球に惹かれ続けているのである。

このような原体験、自分なりの仮説が本書の土台に鎮座する。対象を平成や令和ではなく昭和のスター選手に限定したのは、単に筆者の思い入れが大きかったが、強烈な個性の選手ばかりでまとめていきたかったという企画方針もある。選ばせていただいた選手たちはまさに独断と偏見。筆者が憧れた、いつも気になっていた、アクが強い、強烈な存在感といった理由でコンタクトをとっていった。チームはできるだけ12球団満遍なく、と思ってもいたが、昭和の時代に限定したことで結果として巨人、阪急、西武所属の選手が多くなった感はある。こうした背景によって本書ができあがったゆえ、ひいきチームやひいきの選手が少ないじゃないかという批判はどうか、ご容赦いただきたい（笑）。

強面《こわおもて》の福本さんがとてつもなく優しく、笑える話をいくつも披露してくれたこと。若松さんや長崎さん、新井さん、篠塚さんの打撃理論を語る姿に惚れ惚れしたこと。山田さんや江川さん、遠藤さんのジェントルマンぶりには心底、しびれたこと。撮影を嫌がる東尾さんに無理矢理レンズを向けてさらに嫌がられたこと。村田さんにいきなりフォークボールの握りで腕をつかまれ、たいそう痛くも嬉しかったこと。牛島さんや若菜さん、梨田さんの話を聞きながら涙腺がゆるんでしまったこと。病床の安田さんが爽やかな笑顔を見せてくれたこと。そして、栗橋さんには一回目の取材をまんまとすっぽかされたけど、二回目の取材で最高の時間を持てたこと。至福の思い出がいくつも今、頭の中を駆け巡る。

取材に協力していただけた元スター選手の皆さん、本企画を連載として雑誌でスタートさせてくれた小笠原暁さん、雑誌連載をまとめることに快諾してくれた北村明広さん、インタビュー取材をパーフェクトに段取っていただいた洞澤栄一郎さん、アートディレクターの古平正義さん、記録を詳細に確認していただいた伊藤友一さん、そのほか本書の実現に力をお貸しいただいたすべての皆さんに最大級のお礼を申し上げます。そしてなにより、雑誌連載時から筆者の記事に目をつけていただき、この書籍刊行へとつなげていただいた朝日新聞出版・斎藤順一さんの情熱と仕事ぶりに敬意を表すると同時に、ありったけの感謝、感激の気持ちをお伝えいたします。

宇都宮ミゲル

本書は、「昭和40年男」（クレタパブリッシング発行）に、
２０１７年1月より２０２２年1月まで連載された「昭和のベースボールドキュメント　あの一球」
「名手が語るベースボールドキュメント　追憶のボール」より30回分を加筆修正し、
新たに新井宏昌、柏原純一、栗橋茂、柴田勲、福本豊、山本和行、若松勉（敬称略）の７名に
新規取材し、特別付録を書き下ろして、再構成したものです。
選手名は原則として引退時の登録名を使用しています。
但し改名されている方に関しましては、文中で特定できる場合、当時の氏名で表記してあります。
敬称は略しています。

ブックデザイン ―― 古平正義
ポートレート撮影 ―― 宇都宮ミゲル

データ校閲 ―― 伊藤友一
校閲 ―― 藤沼 亮／鮫島忠夫
写真提供 ―― 朝日新聞社／アフロ／共同通信社／時事通信社／産経新聞社／毎日新聞社
DTP ―― 朝日新聞総合サービス
協力 ―― 株式会社レガシージャパン／阪本紫朗
企画編集 ―― 斎藤順一（朝日新聞出版）

宇都宮ミゲル

1967年神奈川県生まれ。編集プロダクション「miguel.（ミゲル）」代表。デザインや旅、スポーツ、移住、グラフィックデザイン、音楽、ビジネス、医療などを守備範囲に執筆、編集を行う。里山暮らし専門誌「Soil mag./ソイルマグ」（ワン・パブリッシング刊）プロデューサー。著書に「お気軽移住のライフハック100」（集英社インターナショナル刊）がある。奥多摩の山中にある古民家を拠点に、田舎暮らしと仕事を満喫中。

一球の記憶

2023年3月30日　第一刷発行
2023年6月30日　第二刷発行

著者　宇都宮ミゲル
発行者　宇都宮健太朗
発行所　朝日新聞出版
〒104-8011 東京都中央区築地5-3-2
電話 03-5541-8832（編集）／03-5540-7793（販売）
印刷製本　中央精版印刷株式会社
印刷　大日本印刷株式会社

Published in Japan by Asahi Shimbun Publications Inc.
ISBN 978-4-02-251892-7

定価はカバーに表示してあります。
落丁・乱丁の場合は弊社業務部（03-5540-7800）へご連絡ください。
送料弊社負担にてお取り替えいたします。